# L'ÉCOLE
## DES MŒURS.

### TOME TROISIEME.

# L'ÉCOLE
## DES MŒURS,
### OU
## RÉFLEXIONS
#### MORALES ET HISTORIQUES
##### SUR
#### LES MAXIMES DE LA SAGESSE.

Ouvrage utile aux jeunes gens & aux autres personnes, pour se bien conduire dans le monde.

### NOUVELLE ÉDITION,

*Revue & corrigée avec soin, & augmentée de plusieurs nouveaux traits d'Histoire.*

### TOME TROISIEME.

### A LYON,
Chez BRUYSET aîné & Compagnie.

An VI. — 1798.

# L'ÉCOLE
## DES MŒURS,
## OU
# ÉFLEXIONS
### MORALES ET HISTORIQUES
#### SUR
### ES MAXIMES DE L'HONNÊTE HOMME.

XXV.

*Reprenez sans aigreur.*

ES paroles dures & les mauvaises façons ont jamais corrigé personne : elles ne font 'indisposer & irriter contre le remede. uvent c'est moins la vérité qui blesse, e la maniere de la dire. Ne reprenez jamais e vous ne soyez bien assuré qu'on est en te ; dans le doute il vaut mieux faire sem- nt d'ignorer. On fait injure & l'on offense, squ'on reprend à tort : on s'expose à perdre fruit des réprimandes les plus justes. Il faut

*Tome III.*          A

faire celles-ci même avec tous les ménagemens que vous voudriez en pareil cas qu'on eût pour vous.

Adouciffez donc le plus qu'il vous eft poffible les réprimandes que vous êtes obligés de faire. Les meilleures font celles qui font affaifonnées d'éloges, ou qui font données indirectement. *Henri IV* étoit bon & familier. Un Gentilhomme de Province parlant un jour à ce Monarque, abufoit de la facilité du Prince & oublioit dans fa familiarité les égards refpectueux qu'il devoit. Le Roi, pour lui faire adroitement fentir fa faute, fit venir un de fes favoris, & lui parla avec beaucoup de liberté. Mais celui-ci ne s'oublia point ; & plus le Prince lui témoignoit de familiarité, plus il étoit attentif & refpectueux. Le Gentilhomme fentit la faute qu'il avoit faite ; il fe jeta aux pieds du Roi, & lui dit : *Sire, je demande pardon à Votre Majefté : je fuis auffi confus de ma faute, que fenfible à la bonté avec laquelle vous avez bien voulu me la faire connoître.*

Cette maniere douce & polie de reprendre fans que la perfonne même puiffe s'en offenfer, doit vous fervir de modele. Si vous êtes obligé de reprendre, faites le ; car il ne faut pas donner dans la molle indolence de certaines gens qui ne veulent faire de peine à perfonne, de peur de fe faire la moindre peine à eux-mêmes : mais reprenez toujours, autant qu'il vous fera poffible, avec douceur & fans emportement. Que vos remontrances foient moins des leçons que des confeils : qu'elles paroiffent dictées par l'amitié, & inspirées par l'intérêt que vous prenez à la personne qui en est le sujet. La raison peut éclairer, mais c'est le sentiment qui persuade ; & lorsque c'est le cœur qui parle, il est toujours sûr de toucher le cœur qui l'écoute. Il faut blâmer le vice sans irriter le vicieux.

> On ne corrige point l'orgueil qu'on humilie.
> Sous le pied qui l'écrase un serpent se replie.

Il y a des personnes qui ne devroient jamais se mêler de reprendre & de corriger, parce qu'elles le font toujours mal. Les gens vifs ne se possedent pas assez : les esprits durs ne ménagent rien. Un Confesseur de ce caractere vit, dit-on, un jour approcher de son tribunal un Sergent d'infanterie, qui avoit sa hallebarde & qui la posa à côté de lui. Ce pénitent débuta par lui dire, qu'il s'accusoit de s'être donné au diable. *Reprenez votre hallebarde*, reprit brusquement le Confesseur, *& allez-vous-en servir votre maître*. Le Sergent se retira plein de honte & de colere, & ne manqua pas d'y envoyer aussi le Confesseur. Il y avoit beaucoup d'humeur & de dureté, pour ne rien dire de plus, dans une pareille conduite. Ce n'est point par les accès d'une indignation déplacée, c'est par les attraits d'une piété douce & compatissante que les cœurs se gagnent à la vertu. Un zele amer est plus propre à les aigrir qu'à les attirer.

Celui de saint *François de Sales* étoit bien différent. Ce fut par sa grande douceur qu'il ramena un si grand nombre d'hérétiques dans le sein de l'Eglise. Les Auteurs de sa vie attestent qu'il en a converti plus de soixante & dix mille, parmi lesquels il y en avoit plusieurs de distingués par leur noblesse ou par leur science. Ce qui faisoit dire au savant Cardinal du Perron : *Qu'il n'y avoit point d'hérétiques qu'il ne pût convaincre, mais qu'il falloit s'adresser à M. de Geneve pour les convertir.*

Il savoit néanmoins animer quelquefois son zele d'une juste indignation, lorsqu'il le falloit. Il ne vouloit pas que, sous prétexte de bonté & de douceur, on laissât le crime impuni, ou qu'on donnât occasion de le commettre avec plus de hardiesse. *Il faut,* disoit-il, *savoir mêler à propos la douceur & la sévérité.* Un jour qu'il prêchoit, il apperçut un jeune libertin, qui faisoit à une fille des gestes trop libres & trop indécens. Cette insolente impiété le toucha vivement. *Comment!* s'écria-t-il en interrompant son sermon, *fera-t-on de l'Eglise de Dieu une caverne de voleurs & d'impudiques? Si vous ne cessez de faire ces insolences, je vous montrerai au doigt & je vous nommerai devant tout le monde.* Ce qui regarde ma propre personne, disoit-il souvent, ne me touche point; mais tout ce qui regarde Dieu, me touche si puissamment, qu'il n'est rien que je ne fasse afin que chacun se range à son devoir.

Nous devons de même, quand il s'agit des intérêts & de la gloire divine, nous livrer, s'il le faut, à une sainte colere. Lorsqu'on aime sincérement Dieu, on est vivement touché de ce qui l'offense. Mais il est à propos souvent de tempérer l'amertume du zele par la douceur de la charité, qui fait garder des ménagemens & s'arrêter où il faut. Ainsi nous voyons *Jesus-Christ* lui-même, quoiqu'il fût le plus doux des hommes, s'indigner à la vue des profanateurs du temple, faire un fouet de cordes & les chasser. Il sembloit qu'il allât exterminer tous ces sacrileges : cependant il ne blessa personne, & l'on ne voit pas même qu'il en frappa un seul. Son zele, tout ardent qu'il étoit, se borna simplement à leur faire une vive réprimande, à renverser leurs tables & à les faire sortir du temple. S'il prenoit aussi dans quelques occasions un ton plus vif & plus animé qu'à l'ordinaire à l'égard de ses Disciples, en leur reprochant leur grossiereté, leur incrédulité & leurs autres défauts, ils étoient bien convaincus par toute sa conduite à leur égard, qu'il les aimoit, qu'il n'agissoit ainsi que par bonté, pour leur rendre ses instructions plus sensibles, & les imprimer plus fortement dans leur esprit.

On peut sans doute en user quelquefois de même, lorsqu'on parle à des gens stupides & grossiers, dont tout le sentiment est dans les oreilles; ou à des enfans, de qui l'imagination volage & dissipée ne feroit pas toujours assez d'attention à ce qu'on leur diroit avec une tranquille douceur. Mais il ne faut jamais, ni pour eux, ni pour qui que ce soit, en faire une habitude, & y mêler de la dureté ou de l'aigreur. La dureté ne produit aucun bon effet & rebute ordinairement : l'aigreur n'eſt propre qu'à indiſpoſer, à faire haïr & à nous attirer ſouvent des réponſes déſagréables & piquantes. Un Préſident d'un très-petit génie, appelé *Gouſſaut*, ſe trouvant dans une aſſemblée où l'on jouoit, ſe mit derriere la chaiſe d'un des joueurs. Celui-ci ayant fait au jeu une lourde faute, dit ſans réflexion ou ſans ſavoir que le Préſident fût ſi près de lui : *Je ſuis un franc Gouſſaut.* Vous êtes un ſot, lui dit le Préſident piqué. *C'eſt ce que je voulois dire*, répliqua l'autre.

M. *de Harlai*, Premier Préſident du Parlement de Paris, avoit infiniment plus d'eſprit & de mérite. Une Dame fort laide vint ſolliciter auprès de lui un procès qui devoit bientôt ſe juger & qui étoit de conſéquence. Il la reçut avec un front ſourcilleux. Elle crut que cet accueil lui annonçoit la perte de ſon procès. Elle ſortit fort mécontente ; & dans ſa colere, qu'elle exprimoit à tout le monde, elle ne déſignoit ce Magiſtrat que par le nom de *vieux ſinge*. Cela revint aux oreilles de M. de Harlai : mais ſourd à la voix du reſſentiment, il écouta l'équité qui lui parla en faveur de la Dame. Elle apprit, contre ſon attente, le gain de ſa cauſe. Elle ne manqua point d'aller remercier ce Magiſtrat, en lui montrant un cœur plein de reconnoiſſance. M. de Harlai regardant la Marquiſe avec un air riant, lui dit : *Il ne faut pas, Madame, que vous ſoyez ſurpriſe de ce que j'ai fait pour vous ; les vieux singes sont charmés d'obliger les guenons.*

La maniere dont il reprit le Chef d'une Troupe de Comédiens, n'est pas moins ingénieuse. Ils étoient venus pour lui demander une grace : leur Chef dit qu'il venoit de la part de sa Compagnie le supplier d'une telle chose. *Je délibérerai avec ma Troupe*, répondit M. de Harlai, *pour savoir si je dois accorder à votre Compagnie la grace qu'elle me demande.*

On s'imagine quelquefois qu'il faut gronder & reprendre vertement ses domestiques, afin d'être mieux servi ; & c'est au contraire le vrai moyen de l'être mal. En grondant, on dégoûte plus qu'on n'encourage : on ne parvient tout au plus qu'à faire des hypocrites, qui savent bien dans l'absence des maîtres se dédommager de la contrainte qu'a coûté leur présence. Un homme sage & modéré sait parler en maître à un domestique, sans l'injurier & sans dire aucun mot dont il puisse être offensé. Il lui reproche ses fautes avec fermeté, sans manquer au respect qu'il doit à la dignité de l'homme. Il blâme ce qu'il a fait par sa volonté, sans rien blâmer de ce que la nature ou la fortune a fait en lui. Il cherche à corriger le coupable, & non à le mortifier. Aussi, loin de lui savoir mauvais gré, on l'estime, on le remercie, & on ne l'en aime que davantage.

Vous savez sans doute ce beau trait de M. *de Turenne*, qui a été souvent cité & qui mérite toujours de l'être. Un jour d'été, il étoit en petite veste blanche & en bonnet à une fenêtre de son antichambre. Un de ses gens survient, & trompé par l'habillement, le prend pour l'aide de cuisine. Il s'approche doucement par derriere, & lui applique un grand coup sur les fesses. L'homme frappé se retourne à l'instant. Le valet voit en tremblant le visage de son maître : il se jette à ses genoux tout éperdu : Monseigneur, lui dit-il, j'ai cru que c'étoit Georges. *Et quand c'eût été Georges*, reprit M. de Turenne en se frottant le derriere, *il ne falloit pas frapper si fort*. C'est toute la réprimande qu'il fit à ce domestique, & c'est ainsi qu'il en usoit à l'égard des autres. Aussi étoit-il également adoré de ceux qui le servoient & de tous ceux qui servoient sous lui.

Le ton grondeur, les paroles aigres, une dure & inflexible sévérité révoltent, aigrissent & attirent la haine : mais aussi trop de douceur autorise le mal & fait méprifer. Soyez doux, mais foyez ferme quand il le faut & que vous le devez. C'est être vicieux, que de ne pas réprimer le vice, lorsqu'on est obligé de le faire. C'est se rendre complice du mal, que de ne pas le reprendre fermement & l'arrêter quand on en a le droit & le pouvoir.

C'est-là ce qui rend si criminelle la malheureuse & pitoyable foiblesse de ces parens, qui, dans la folle tendresse qu'ils ont pour leurs enfans, dissimulent, détournent la vue pour ne pas appercevoir les fautes les plus grandes, se retirent même & disparoissent, pour avoir un prétexte de ne rien voir & de ne rien dire. Si quelquefois ils se croient obligés de les reprendre de leurs désordres devenus trop grands ou trop publics, c'est avec une foiblesse qui ne remédie à rien, qui augmente même le mal, & rend les enfans plus effrontément libertins ou vicieux.

Parens mous & aveugles, votre tendresse cruelle leur est bien plus funeste, que si vous vous armiez, lorsqu'il est nécessaire, d'une juste sévérité. Quand les réprimandes ne produisent rien, quand vous voyez des fautes sérieuses réitérées, faites parler le devoir, faites-le parler en maître & en vengeur. En corrigeant vos enfans, ils ne vous en aimeront pas moins, mais ils vous respecteront davantage. Leurs larmes essuyées, ils vous rendront justice, vous remercieront peut-être, & sûrement vous loueront un jour.

Ce n'est pas qu'il faille employer sans cesse les réprimandes & les corrections. On ne doit au contraire reprendre & punir que le plus rarement qu'il est possible : ce qui est trop fréquent ne frappe plus. C'est de la fermeté qu'il faut, & non de la rigueur. Si l'on savoit mieux conserver son autorité, sans la compromettre mal-à-propos, ou sans laisser prendre à un enfant sur soi un ascendant qu'on ne poura plus lui faire perdre; si on l'accoutumoit de bonne heure au respect & à l'obéissance, sans lui permettre d'y manquer jamais; si l'on corrigeoit dans les commencemens les petites fautes, sans leur donner le temps de se changer en habitudes; on n'auroit pas si souvent besoin dans la suite d'employer les réprimandes dures qui coûtent beaucoup à l'amour, ni de

A 5

prendre la voie quelquefois inutile & toujours fâcheuse des châtimens féveres.

 Ce que nous venons de dire pour les parens, convient aussi à beaucoup d'égards aux personnes en place. La sévérité qui maintient le bon ordre, est la gardienne des Etats. Elle est sur-tout absolument nécessaire, quand il faut contenir une multitude qui ne peut être arrêtée que par la crainte, quand il faut réprimer le vice devenu trop hardi par l'impunité, ou qu'on doit humilier l'orgueil & l'insolence. C'est cette louable fermeté qui a rendu si célebre le nom de M. *de Harlai*. Ce grand Magistrat, dont l'austere intégrité ne déridoit pas même le front pour sourire à la vertu & à l'innocence à qui elle rendoit justice, étoit pour le vice d'une sévérité inflexible qui ne faisoit acception de personne. Il étoit le fléau de la chicane & de l'injustice. Il répondit au Corps des Procureurs qui vinrent le féliciter, lorsqu'il fut fait Procureur-Général, & lui demander sa protection: *Ma protection*, leur dit-il! *les fripons ne l'auront pas, les gens de bien n'en ont pas besoin.*

 Mais ce qu'il fit en qualité de Premier Président, prouve encore mieux sa sévere fermeté. Un riche Partisan enlevoit des blés dans une année de disette, pour les revendre plus cher. M. de Harlai l'envoya chercher. Le Fermier-Général vint dans un carrosse doré & chargé de laquais. Les coursiers fringans, qui faisoient retentir le pavé, en entrant dans la cour firent un fracas qui imitoit le bruit du tonnerre. Il avoit un habit superbe, relevé d'une broderie d'un goût exquis. M. de Harlai affecta de le laisser se morfondre dans son antichambre. Il le fit enfin entrer. Quand je vous ai fait attendre, lui dit-il, j'ai consulté ma vanité ; votre carrosse ornoit ma cour, & votre personne mon antichambre. Son visage serein devint ensuite sombre tout-à-coup. Monsieur, poursuivit-il d'un ton à glacer le coupable d'effroi, je vous ai mandé pour vous dire que j'ai appris que vous prévalant de la cherté des blés, vous en faisiez de grands amas. Vous prétendez vous enrichir par la misere du peuple & vous engraisser de sa substance. J'arrêterai le cours de vos projets. Si tous ces blés que vous avez amassés ne sont pas vendus dans un mois, je vous ferai pendre. L'or & la faveur ne vous déroberont point à la Justice. Le Fermier-Général interdit se retira. Il osa porter ses plaintes au Roi sur le discours du Magistrat. *Je vous conseille*, lui dit le Roi, *d'exécuter les ordres qu'il vous a prescrits ; car s'il vous a menacé de vous faire pendre, il le fera comme il le dit.*

Lorsque la nécessité de réparer le scandale, ou l'inutilité des réprimandes secretes ne vous oblige pas à reprendre en public, faites-le toujours en particulier. On est mieux disposé à recevoir des avis humilians, quand la vanité en souffre moins. Observez la loi que la charité exige, & que prescrit l'Evangile. Epargnez au coupable une confusion qu'il ne mérite pas ; elle serviroit plus souvent à l'aigrir qu'à le corriger. Les plus sages d'entre les Païens même ont reconnu l'obligation d'avoir les uns pour les autres ce ménagement. *Socrate* reprenant un jour en public un de ses amis, Platon lui dit qu'il auroit dû faire cette réprimande en particulier : *Vous avez raison,* lui répondit Socrate, *mais vous aussi vous auriez dû me donner cet avis en particulier.*

Au reste, si vous n'êtes point chargé par état de reprendre les autres, ne le faites pas facilement, & n'imitez pas sur-tout l'indiscrete vivacité de quelques-uns, qui troublent le repos de tout le monde, parce qu'ils ne sont jamais en repos. C'est un mauvais métier que celui de censeur : on se fait haïr, & l'on ne corrige personne. Un Philosophe répondit un jour à un de ces censeurs de profession: *Comment me corrigerois-je de mes défauts, puisque tu ne te corriges pas toi-même de l'envie de corriger ?*

Il est bien de petites choses qu'on doit se passer mutuellement, & sur lesquelles il n'est ni poli ni même à propos de se reprendre. En général, la plupart des hommes aiment mieux être applaudis que repris. Nous avons beau protester qu'on ne sauroit nous faire plus de plaisir que de nous avertir de nos fautes & de nos défauts : le plus grand plaisir qu'on puisse nous faire, est de n'en pas prendre la peine. Relevez les talens, les qualités, le mérite, mettez dans un beau jour les vertus obscures, approuvez les sentimens, excusez les défauts, ne faites pas semblant d'appercevoir les vices : vous ferez le meilleur ami. Touchez aux imperfections, aux penchans favoris, aux fautes qu'on aime à fe pardonner ou qu'on craint de reconnoître : vous déplairez.

Cependant un des principaux devoirs de l'amitié, un des plus grands fervices qu'on puiffe rendre, c'eft d'avertir fon ami des fautes qu'il a commifes, afin qu'il évite d'y retomber ; c'eft de l'éclairer fur fes défauts qu'il ignore, ou qu'il prend pour des vertus par une illufion affez ordinaire à l'amour-propre. Mais la fincérité qui doit être l'ame de l'amitié, eft fouvent ce qui la fait périr. La plupart des amis ne veulent pas être repris ; ou s'ils permettent quelquefois qu'on le faffe, ils exigent tant de ménagement, d'égard, de circonfpection, il eft fi difficile de ne pas leur faire quelque peine, ils reçoivent fi froidement le fecond ou le troifieme avis, qu'on prend plutôt le parti de fe taire, de diffimuler, de flatter. Cependant, on l'a dit & il eft vrai, un ennemi qui nous reprend même avec aigreur, nous eft plus utile qu'un ami flatteur & trop indulgent, parce que le premier nous dit toujours la vérité, & que l'autre ne nous la dit prefque jamais. Un Poëte du dernier fiecle a donc eu raifon de dire :

> Que j'aime d'un ami le langage févere !
>    Que je hais le difcours flatteur
>    D'un efclave, d'un impofteur,
>     Qui me trompe en voulant me plaire !
>    Perfide, loin de m'éclairer,

Tu ne cherches qu'à m'égarer.
Par tes discours foibles & lâches,
Tu me livres la guerre, en m'annonçant la paix,
Les vérités que tu me caches,
Sont des larcins que tu me fais.

*L'Abbé* TESTU.

Peu de personnes pensent aussi bien sur ce point que M. *Helvétius*. Il avoit un vieux Secrétaire, nommé Bandot, d'un caractere chagrin, caustique & inquiet. Sous prétexte qu'il avoit vu M. Helvétius dans son enfance, il se permettoit de le traiter toujours comme un précepteur brutal traite un enfant. M. Helvétius l'écoutoit avec patience, & quelquefois en le quittant il disoit à Madame Helvétius : *Mais est-il possible que j'aie tous les defauts & tous les torts qu'il me trouve ? non, sans doute ; mais enfin j'en ai un peu ; & qui est-ce qui m'en parleroit, si je n'avois pas Bandot ?*

Aimez de même à être repris & corrigé. Si vous aviez au visage une tache qui vous rendît ridicule, ne seriez-vous pas bien aise qu'on vous en avertît ? Témoignez votre reconnoissance à ceux qui auront eu assez d'amitié & de confiance pour vous faire connoître les taches de votre ame. *Celui*, dit l'Esprit-Saint, *qui aime la correction, aime la science ; mais celui qui hait les réprimandes est un insensé* (1).

La honte d'avoir mal-fait devient une vertu,

---

(1) *Qui diligit disciplinam, diligit scientiam*, &c. Prov. 12.

quand c'eſt le repentir qui la cauſe. Ne rougiſſez donc pas d'avouer vos torts. Celui qui a de l'élévation dans l'ame ne craint point de reconnoître ſes fautes & de les réparer. *Charles IX*, Roi de France, étant à la chaſſe, vit un Gentilhomme qui couroit devant lui. Il lui cria pluſieurs fois de s'arrêter : mais celui-ci ne l'entendant point, couroit toujours. Le Roi l'ayant atteint, lui donna quelques coups de houſſine ſur les épaules, en lui diſant : Arrête-toi donc. Le Gentilhomme ſenſible à ce traitement ſe tourna vers le Prince & dit : *En quoi ai-je offenſé Votre Majeſté, pour en être traité de la ſorte ? Sont-ce là les récompenſes des bleſſures que j'ai reçues à ſon ſervice ?* En diſant cela, il ouvrit ſon habit, & lui montra des cicatrices. *Je ſuis Gentilhomme*, pourſuivit-il, *& je ne dois pas être expoſé à des coups de houſſine comme un vil eſclave.* Charles IX reconnut ſa faute, fit des excuſes au Gentilhomme, & l'aſſura qu'il n'avoit qu'à demander telle grace qu'il voudroit pour ſatisfaction.

Un jeune homme rougit, quand on le ſurprend en faute & qu'on lui fait voir qu'il a manqué. Mais ſouvent cette honte vient moins du repentir qui reconnoît ſa faute pour s'en corriger, que de l'orgueil qui ſe trouve humilié. Il ſe fâche contre ceux qui lui en font des reproches, au lieu de ſe fâcher contre lui-même de les avoir mérités. Le Marquis de *Saint-André* fit un jour à ce ſujet une belle réponſe. Il étoit venu demander un petit

Gouvernement à M. de Louvois, Miniſtre de la Guerre. Ce Miniſtre le lui refuſa, ſe reſſouvenant de quelques plaintes qu'on lui avoit faites contre lui. Cet Officier tout en colere dit: *Morbleu! ſi je recommençois le ſervice, je ſais bien ce que je ferois.* Que feriez-vous, lui demanda M. de Louvois d'un ton bruſque? *Je réglerois ſi bien ma conduite*, reprit Saint-André, *que vous n'y trouveriez point à redire.* Le Miniſtre, qui ne s'attendoit pas à cette réponſe, & qui ſe préparoit à mortifier le Marquis, s'il lui fût échappé quelque bruſquerie peu reſpectueuſe, fut ſurpris ſi agréablement, qu'il lui accorda le Gouvernement qu'il demandoit.

C'eſt un mauvais orgueil de croire qu'on ne peut avoir tort; & celui qui penſe bien, ne s'offenſera jamais, qui que ce ſoit qui lui faſſe connoître ſon devoir. Lorſque *Soliman II*, le plus grand Empereur qu'aient eu les Turcs, marchoit à la conquête de Belgrade, une femme du commun s'approcha de lui, & ſe plaignit amèrement de ce que, pendant qu'elle dormoit, des ſoldats lui avoient enlevé des beſtiaux qui faiſoient toute ſa richeſſe. Il falloit que vous fuſſiez enſevelie dans un ſommeil bien profond, lui dit en riant le Sultan, puiſque vous n'avez pas entendu venir les voleurs. *Oui, je dormois, Seigneur*, répondit-elle, *mais c'étoit dans la confiance que Votre Hauteſſe veilloit pour la ſureté publique.* Soliman aſſez magnanime pour approuver ce mot, tout hardi qu'il étoit, répara convenablement un dommage qu'il auroit dû empêcher.

Aimez comme lui la vérité, & témoignez votre reconnoissance à ceux qui vous la font connoître, de quelque maniere que ce soit. Ayez sur ce point la même sublimité de sentimens, que le célebre *Menzikoff.* Ayant laissé par sa négligence glisser de grands désordres dans l'armée Russe qu'il commandoit, il en fut sévérement repris par le Czar Pierre le Grand, qu'un Officier de l'Armée avoit cru devoir en avertir. Il se donna tant de mouvement, qu'il parvint à découvrir son accusateur. Il le fit venir & lui dit : Il faut que vous soyez un homme bien estimable, pour avoir mieux aimé vous exposer à mon ressentiment, que de laisser ignorer au Czar une chose qui l'intéresse. Soyez mon ami, aidez-moi de vos lumieres, & acceptez un présent de deux mille ducats comme une marque de mon estime.

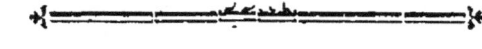

*Louez sans flatterie.*

Le flatteur admire, s'extasie. *La vérité,* dit Despréaux, *n'a point cet air impétueux.* Elle est plus simple, plus modeste. Un homme qui dit ce qu'il pense, le dit simplement, & avec un air de sincérité qui ôte tout soupçon : mais les admirations & les exclamations des donneurs de louanges doivent paroître suspectes. Les personnes sinceres ne prodiguent point les éloges.

C'est une chose assez rare de savoir manier la louange, & de la dispenser avec agrément

& avec justice. L'orgueil grossier ne loue que soi-même, & on le méprise : la vanité fine & délicate ne loue que pour avoir du retour, & l'on s'en apperçoit : le misanthrope ne loue point, parce qu'il n'est content de personne, & personne n'est content de lui : le louangeur se décrédite, & ne fait honneur ni à lui ni aux autres. L'homme sage loue ce qui mérite d'être loué.

C'est en quelque sorte se donner part aux belles actions, que de les louer de bon cœur. Une louange délicate & placée à propos, fait autant d'honneur à celui qui la donne, qu'à celui qui la reçoit. Le grand *Condé* alla saluer *Louis XIV*, après la bataille de Senef qu'il venoit de gagner. Le Roi étoit au haut de l'escalier. Le Prince de Condé, qui avoit de la peine à monter, parce qu'il avoit été fort maltraité de la goutte, dit au milieu des degrés : Sire, je demande pardon à Votre Majesté si je la fais attendre. Le Roi lui répondit : *Mon Cousin, ne vous pressez pas : quand on est chargé de lauriers comme vous l'êtes, on ne sauroit marcher si vîte.*

Les louanges ne devroient jamais être accordées qu'au mérite & à la vertu. Mais l'intérêt & la flatterie les prostituent, & les prodiguent le plus à ceux qui les méritent le moins. *Waller*, célebre Poëte Anglois, avoit comblé de louanges l'usurpateur Cromwell pendant sa vie, & composé même en vers son oraison funebre, qui passe pour un chef-d'œuvre. Lorsque Charles II, après la mort de l'usurpateur, monta sur le trône, le Poëte courtisan ne manqua pas d'aller lui présenter une piece de vers. Ce Prince les ayant lus, lui reprocha qu'il en avoit fait de meilleurs pour Cromwell. *Sire*, lui répondit Waller, *c'est que nous autres Poëtes, nous réuffissons mieux dans la fiction que dans la vérité.*

L'Auteur des *Mélanges de Littérature Orientale* raconte aussi qu'un Poëte Persan, qui vivoit des éloges qu'il prodiguoit aux Grands, fut un jour cité devant le Cadi par un particulier. Arrivé chez le Juge, il entendit former contre lui une demande à laquelle il ne s'attendoit guere. On lui demandoit cent pieces d'or. Où peuvent être vos titres, répondit le Poëte fort embarrassé ? Dans vos ouvrages, répliqua le demandeur. Vous avez fait pour Ibn Malik, notre Grand-Visir, les plus beaux vers du monde, & vos vers doivent me valoir nécessairement cent pieces d'or de lui ou de vous. Voici ce que vous y dites: *Ibn Malik surpasse tous les hommes en générosité, & si quelqu'un lui demande un bienfait, je suis caution qu'il ne lui sera pas refusé.* Sur la foi de ces vers, j'ai été demander au Visir cent pieces d'or, dont j'ai un besoin pressant : il n'a pas accueilli ma demande ; mais je n'en suis point inquiet, puisque vous voulez bien repondre pour lui. Le Poëte, qui vit qu'il alloit être condamné, courut chez le Visir, & lui dit qu'il lui avoit fait un honneur auquel il espéroit qu'il ne voudroit pas renoncer. Il lui raconta le fait. *A la bonne heure*, lui répondit Ibn Malik, mais ma modeſtie vous enjoint de ne me plus faire à l'avenir tant d'honneur.

Il n'eſt permis qu'aux Poëtes plus avides d'argent que de gloire, aux Courtiſans qui ne brûlent de l'encens que ſur l'autel de la Fortune, aux domeſtiques qui cherchent à tromper des maîtres vains, aux faux amis qui veulent ſuppléer par la flatterie aux bonnes qualités qui leur manquent, d'être de vils adulateurs. Celui qui penſe noblement, ne le fera point. Un compliment bien tourné & fait à propos n'a jamais déplu : mais il ne doit pas être fait aux dépens de la vérité. Il y a bien peu de complimens ſinceres : la plupart ne ſont qu'une fauſſe monnoie dont on paie la vanité, ou des filets agréables qui ſervent à prendre des dupes. On ne peut guere compter ſur la ſincérité des complimens, que quand ils ſont faits par des perſonnes dignes elles-mêmes d'être louées, ou qu'ils ſont les interpretes des ſentimens publics. Tel fut celui qu'on fit au Duc *de Montauſier*, dont le mérite étoit univerſellement reconnu. Lorſqu'il fut queſtion de nommer un Gouverneur au Grand-Dauphin, quelqu'un lui dit : *Si Monſeigneur le Dauphin eſt né heureux, vous ſerez ſon Gouverneur.*

Celui qu'un Soldat fit à M. *de Turenne*, ne dut pas moins le flatter, parce qu'il n'avoit aucun des traits de la flatterie. Un Soldat de ſon armée ſe faiſoit appeler du nom de ce Général, qui l'ayant entendu, lui témoigna qu'il s'en offenſoit. *Morbleu, mon Général,* lui dit le Soldat, *ſi j'avois ſu un plus beau nom que le vôtre, je l'aurois pris.* Le Maréchal *de Villars*, l'un des plus grands Généraux qu'ait eus la France depuis M. de Turenne, entendit un Officier qui diſoit à un de ſes amis : *Je vais dîner chez Villars.* Le Maréchal lui dit avec bonté : A cauſe de mon rang de Général, & non à cauſe de mon mérite, dites *M. de Villars*. Monſeigneur, lui répondit ſur le champ l'Officier, on ne dit point *Monſieur de Céſar*, j'ai cru qu'on ne devoit pas dire *Monſieur de Villars*.

Les juſtes éloges ſont le plus noble encouragement du mérite, des talens & de la vertu ; & ne peut-on pas même dire qu'ils en ſont, dans cette vie, la plus digne & la plus douce récompenſe après celle de la conſcience ? On peut & l'on doit même louer les jeunes gens, pour les encourager ; mais il faut le faire avec modération, pour ne les pas rendre préſomptueux : la louange, comme le vin, augmente les forces, quand elle n'enivre pas (1).

Les louanges outrées & exceſſives font tort à celui qui les donne & à celui qui les reçoit : c'eſt une eſpece d'inſulte. Ceux à qui on les

---

(1) La pureté de la morale chrétienne ne permet point de déſirer les louanges pour elles-mêmes & par vanité. On ne peut les aimer & tâcher de les mériter, qu'autant qu'elles peuvent ſervir à procurer la gloire de Dieu, l'utilité du prochain ou la nôtre. La vertu craint même les louanges les plus méritées, parce que l'orgueil n'a pas de voie plus ſûre pour ſe gliſſer dans le cœur.

adresse la sentent, s'ils ont le sens commun, & la punissent au moins d'un souverain mépris. Un flatteur lisoit devant *Alexandre* ce qu'il avoit composé de son histoire. Etant arrivé à l'endroit où il le faisoit combattre contre une troupe d'éléphans, dont on lui en faisoit tuer un de chaque coup, Alexandre transporté de colere, prit le livre, le jeta dans une riviere qu'il passoit alors, & menaça l'Auteur de l'y faire jeter aussi, s'il écrivoit encore de la sorte.

C'est avoir une très-mauvaise opinion d'un homme, que de lui donner des louanges qu'il ne mérite pas : c'est croire qu'il a un grand fonds de vanité, ou qu'il est ridiculement crédule. Cependant c'est le moyen ordinaire qu'emploient les courtisans & les ames basses, comme la route qui est la plus sûre & la plus courte, pour s'insinuer & acquérir la faveur. Nous nous persuadons sans peine que toutes les louanges qu'on nous donne sont sinceres; & si nous ne croyons pas tout, nous en croyons du moins une bonne partie. L'amour-propre est comme un bandeau épais, qui nous empêche d'appercevoir l'extravagance des flatteries dont on nous endort. Les personnes du sexe doivent se défier des louanges encore plus que les hommes, parce qu'elles y sont plus sensibles, & que c'est presque toujours par-là qu'on les trompe ou qu'on les séduit. Il est rare qu'elles aient la tête assez forte pour soutenir la vapeur des parfums qu'on brûle auprès d'elles.

Les louanges exagérées & qu'on ne mérite pas, ne plaisent qu'aux personnes extrêmement vaines. Les louanges triviales & communes ne flattent que les sots. *Henri IV*, fatigué d'une grande traite qu'il avoit été obligé de faire pour aller secourir Cambrai, passa par Amiens. Un Orateur qui vint le haranguer, commença par les titres de *très-grand, très-bon, très-clément, très-magnanime.* Ajoutez aussi, dit le Roi, *& très-las.*

Ce Prince n'aimoit pas les louanges : il disoit qu'elles seroient d'un grand prix, si elles nous donnoient les perfections qui nous manquent, au lieu qu'elles nous ôtent souvent celles que nous avons.

Le jeune Monarque, qui, en montant sur le même trône, paroît s'être proposé ce grand Roi pour modele, a témoigné également le peu de cas qu'il faisoit de la plupart des louanges qu'on prodigue aux Princes. Il en fut comblé par tous les Poëtes François, qui s'empressèrent à l'envi de célébrer les heureux auspices de son regne. Une personne lui en ayant présenté, il lui répondit : *Quand on dira du bien de moi, je ne serai pas fâché de l'ignorer; mais si l'on en disoit du mal, je voudrois le savoir pour me corriger.*

Quelqu'un ayant demandé à l'Empereur *Niger* la permission de réciter devant lui son Panégyrique : *C'est se moquer,* répondit-il, *de faire l'éloge d'un homme vivant, & sur-tout d'un Empereur. Ce n'est pas le louer, parce qu'il fait bien; mais c'est le flatter, afin qu'il récom-*

*penſe. Pour moi, je veux être aimé pendant ma vie, & loué après ma mort.*

Ayez les mêmes ſentimens que lui, & ſoyez plus curieux de mériter les éloges que de les obtenir. Défiez-vous des donneurs de louanges: la plupart des hommes n'aiment point à louer, & ils ne louent guere que pour eux. Mais quoique la flatterie ſoit l'ouvrage du menſonge & de l'intérêt, elle eſt toujours bien reçue, ſur-tout ſi elle eſt fine & délicate, & elle ne manque guere de le paroître : il eſt ſi facile de prendre pour un homme d'eſprit celui qui ſait flatter. Un jour que le jeune *Cambiſe*, fils du grand Cyrus, donnoit un feſtin aux Seigneurs de ſa Cour, ſes Satrapes l'élevoient au-deſſus du Roi ſon pere. Créſus, Roi de Lydie, voulant enchérir ſur la fineſſe de leurs flatteries, dit, lorſque ſon tour vint de parler, qu'ils avoient tort d'élever Cambiſe au-deſſus de Cyrus, & que pour lui il le trouvoit fort inférieur à ſon pere. Ce diſcours étonna l'aſſemblée, & le Roi lui-même en parut ému. Mais cet adroit flatteur ajouta auſſi-tôt : *Qu'il le trouvoit inférieur, en ce que Cambiſe n'avoit pas encore donné comme Cyrus un fils qui le ſurpaſſât.* Ce tour ſurprit agréablement le Prince, & fut applaudi.

Les Grands ſur-tout aiment à être flattés; & c'eſt bien d'eux qu'on peut dire, que la flatterie en fait des amis, & la vérité des ennemis. Ils préferent la louange qui les trahit, à la ſincérité qui leur ſeroit utile : ils veulent être trompés, & ils le ſont. Celui qui

qui fait flatter le mieux leur amour-propre, en obtient tout ce qu'il défire. Un Marchand de bijoux avoit acheté trois cents mille livres la fameufe perle appelée *la Pélégrine*. Philippe II, à qui ce Marchand fut préfenté, lui demanda pourquoi il avoit donné tant d'argent pour une perle : *Je fongeois*, lui répondit-il, *qu'il y avoit dans le monde un Roi d'Efpagne qui me l'acheteroit*. Le Monarque flatté de cette réponfe, fit compter au Marchand quatre cents mille livres pour cette perle, qu'on voit encore aujourd'hui fur la couronne des Rois d'Efpagne.

Ceux qui ont de quoi payer la flatterie, ne manqueront jamais de vils adulateurs, qui ne connoiffant d'autre langage que celui de l'intérêt, ne rougiffent que de parler celui de la vérité, & n'ont pas honte de louer hautement ce qu'ils blâment en fecret. Mais quel eft l'honnête homme qui voulût leur reffembler !

*Ne méprifez perfonne.*

LE mépris éloigne les cœurs, & l'eftime les concilie. Quoique nous n'aimions pas toujours ceux que nous admirons & que nous eftimons, nous aimons toujours ceux qui nous admirent & qui nous eftiment. Mais fi l'eftime ne fait point d'ingrats, le mépris fait des ennemis & fouvent des ennemis irréconciliables. Les hommes pardonnent quelquefois la haine & jamais le mépris.

Si nous pouvions nous eftimer mutuellement, il n'y auroit que de la douceur dans la société. L'inclination malheureuse que nous avons à témoigner le peu de cas que nous faisons des personnes qui ne sont pas vraiment dignes de mépris, est la source de presque tous les désordres & des maux qui y regnent. De là naissent les médisances malignes, les satires mordantes, les manquemens injurieux, qui produisent à leur tour les haines mortelles, les longues inimitiés, les vengeances funestes.

Gardons-nous donc de mépriser les autres : car il y a des gens qui n'oublient jamais de l'avoir été ; & si c'est une personne d'esprit, une réponse piquante & ingénieuse la vengera sur le champ. L'Abbé *Des Fontaines*, qui n'étoit, comme tant d'autres Abbés de Paris, Ecclésiastique que de nom, rencontra Piron qui étoit habillé plus magnifiquement qu'à l'ordinaire. *Quel habit pour un tel homme*, lui dit-il d'un ton méprisant ! *Quel homme pour un tel habit*, lui répliqua Piron !

C'est, dit *La Bruyere*, une chose monstrueuse, que le goût & la facilité que nous avons de railler, d'improuver & de mépriser les autres, & tout ensemble la colere que nous ressentons contre ceux qui nous raillent, nous improuvent & nous méprisent. Mettons-nous pour un moment en la place de celui à qui nous voulons faire une offense, & nous ne l'offenserons pas. L'oubli de cette sage maxime, & le désir que nous avons de nous élever au-dessus des autres, nous inspirent le penchant que nous avons à mépriser. Remplis d'ailleurs de la bonne opinion de nous-mêmes, nous aimons à nous comparer, & nous ne nous comparons guere que nous ne nous préférions. C'est de là que naît ce mépris, qui se nomme insolence, hauteur, ou fierté, selon qu'il a pour objet nos supérieurs, nos inférieurs, ou nos égaux. Il ne convient à personne d'être fier & méprisant: avec ses semblables c'est sottise, avec les personnes au-dessus c'est folie, & avec celles au-dessous c'est ridicule.

Les jeunes gens qui ont de la naissance & du bien, sont presque tous fiers & méprisans, à moins que ce défaut n'ait été corrigé par une excellente éducation ; mais souvent ce sont les Gouverneurs même de la plupart des enfans des Grands, qui fomentent leur orgueil au lieu de le réprimer. On ne les entretient que de la noblesse de leur extraction, de la grandeur de leurs alliances, des prétentions de leur famille, au lieu de leur apprendre à être modestes, polis, humains & affables à tout le monde. Un Gentilhomme avoit été dans la familiarité d'un grand Prince. Quelque temps après la mort de ce Prince, son fils trouvant sur ses terres ce Gentilhomme en équipage de chasse, fit semblant de ne pas le reconnoître, & lui dit d'un ton méprisant: *Mon ami, qui t'a permis de chasser ici?* Le Gentilhomme piqué de ce ton qu'il ne méritoit pas, lui répondit: *J'avois l'honneur d'être l'ami de Monseigneur votre pere, j'ignorois que j'eusse l'honneur d'être le vôtre.* Le jeune Prince sentit sa faute, & chercha à la réparer par beaucoup d'honnêtetés.

Il n'eſt que trop ordinaire de mépriſer ceux qui ſont pauvres, & d'eſtimer les gens à proportion de leurs richeſſes. Quand Louis XIV fit ſon entrée à Strasbourg, les Suiſſes lui envoyerent des Députés. Un Courtiſan qui étoit auprès du Roi, ayant vu parmi ces Députés l'Evêque de *Baſle*, dans un extérieur qui n'étoit rien moins que brillant, dit à ſon voiſin : *C'eſt quelque miſérable apparemment que cet Evêque.* Comment ! lui répondit-on, il a ſix cents mille livres de rente. *Oh, oh, c'eſt donc un honnête homme.* Et il lui fit mille careſſes.

C'eſt ainſi qu'on penſe & qu'on agit tous les jours. Faut-il s'étonner ſi les riches ſurtout ont tant de mépris pour ceux qui ſont dépourvus des biens de la fortune ? Les perſonnes qui ſont prodigieuſement, mais nouvellement enrichies, ne ſauroient s'imaginer qu'il puiſſe y avoir d'autre mérite, & mépriſent la nobleſſe, l'eſprit, la ſcience, tous les avantages les plus eſtimables auxquels les richeſſes n'ont pas prêté leur éclat. Eblouis comme eux de cet éclat extérieur & ſéduiſant qui environne les grandes richeſſes, nous avons de la peine à refuſer notre admiration & notre eſtime à ceux qui les poſſedent ; tandis que nous ne jetons qu'un œil dédaigneux ſur tout ce qui rampe dans l'indigence. C'eſt ſouvent néanmoins dans ces états obſcurs que nous mépriſons, comme s'il y avoit quelqu'autre choſe de mépriſable que le vice, que brillent les plus ſublimes vertus. Mais nous avons la plupart des yeux ſi imbécilles, que nous ne voyons rien de grand que fous la dorure. Moliere revenoit de fa campagne. Il donna l'aumône à un pauvre, qui, un inftant après, fit arrêter le carroffe & lui dit: Monfieur, vous n'avez pas eu deffein de me donner une piece d'or. *Où la vertu va-t-elle fe nicher!* s'écria Moliere.

Les conditions baffes où le commun des hommes fe trouvent placés par la Providence, les fonctions ferviles ou laborieufes qu'ils exercent dans la fociété, ne les dégradent point, & doivent au contraire les rendre précieux & eftimables, quand ils s'en acquittent bien. *Louis XII*, lorfqu'il n'étoit encore que Duc d'Orléans, apprit qu'un Gentilhomme de fa maifon avoit maltraité un payfan. Il ordonna qu'on ne fervît point de pain à ce Gentilhomme, mais feulement de la viande. Ayant fu qu'il en murmuroit, il le fit appeler, & lui demanda quelle étoit la nourriture la plus néceffaire L'Officier lui répondit que c'étoit le pain. *Eh! pourquoi donc*, reprit le Prince avec févérité, *êtes-vous affez peu raifonnable pour maltraiter ceux qui vous le mettent à la main?*

Un préjugé encore bien commun, fur-tout parmi les femmes, & qui montre bien de la petiteffe d'efprit, c'eft de faire moins de cas d'une perfonne, parce qu'elle n'a pas la taille auffi belle ou la figure auffi avantageufe qu'une autre. Le mérite, accompagné de ces qualités naturelles, ne prévient fans doute que mieux en fa faveur: mais ceffe-t-il d'être eftimable, parce qu'il en est dépourvu ? Loin d'y être toujours attaché, n'arrive-t-il pas même qu'il en soit séparé le plus souvent; comme si la nature, jalouse de ses dons, aimoit à les partager ?

Le célebre *Pélisson* étoit si difforme, qu'il abusoit, disoit Madame de Sévigné, de la permission qu'ont les hommes d'être laids. Ce qui donna lieu à une aventure assez plaisante. Une belle Dame qui ne le connoissoit point, le prit par la main, un jour qu'il passoit dans la rue, & le conduisit dans une maison voisine. Elle le présenta au maître du logis, en lui disant : *Trait pour trait, comme cela*. Elle le quitta ensuite brusquement, & s'en alla. Pélisson surpris & peut-être flatté de la distinction que la Dame avoit paru faire de lui, en demanda la cause au maître du logis. Celui-ci, après s'en être défendu, lui avoua qu'il étoit Peintre. *J'ai*, dit-il, *entrepris pour cette Dame la représentation de la Tentation de Jesus-Christ dans le désert. Nous contestions depuis une heure sur la forme qu'il falloit donner au diable, & elle vient de me dire qu'elle souhaite que je vous prenne pour modele.* Cependant cet homme, si défiguré, étoit un des plus beaux génies du siecle de Louis XIV.

Le diamant tombé dans la boue, n'en est pas moins précieux, & la poussiere que le vent éleve jusqu'au ciel, n'en est pas moins vile. *Ne louez pas un homme pour sa bonne mine*, dit le Sage ; *& ne le méprisez point, parce que son extérieur n'a rien qui le releve.* L'abeille est *petite entre les infectes volans, & néanmoins son fruit l'emporte sur ce qu'il y a de plus doux* (1).

Un Officier d'un mérite rare par ses vertus & par ses talens militaires, mais d'une figure petite & mal-faite, ayant été nommé Gouverneur du Canada, les Iroquois lui envoyerent des Députés pour renouveler leur alliance avec les François. Arrivés à Québec, ils furent introduits chez le Gouverneur. Le Chef de l'Ambassade avoit préparé un discours, dans lequel il employoit tout ce que sa langue avoit de plus riche & de plus pompeux pour faire l'éloge de la force du corps, de la hauteur de la taille, & de la bonne mine du Général: qualités que ces Sauvages estiment de préférence. Surpris de voir toute autre chose que ce qu'il avoit imaginé, il sentit que sa harangue ne quadroit point au personnage. Sans se déconcerter: *Il faut que tu ayes une grande ame*, lui dit-il, *puisque le grand Roi des François t'envoie ici avec un si petit corps.*

Le Chancelier *Bacon* n'avoit pas une idée aussi avantageuse de ces hommes qui ne sont au-dessus des autres que par la grandeur de leur taille. Un Ambassadeur de France auprès du Roi d'Angleterre Jacques I, ayant montré dans sa premiere audience plus de vivacité & de légéreté que de jugement & d'esprit, le Roi demanda après l'audience à Bacon ce qu'il pensoit de l'Ambassadeur. Il répondit

---

(1) *Non laudes virum in specie suâ, neque spernas hominem in visu suo*, &c. Eccli. 11.

que c'étoit un homme grand & bien fait. Mais, reprit le Roi, quelle opinion avez-vous de fa tête ? eft-ce un homme qui foit capable de bien remplir fa charge ? *Sire*, répondit Bacon, *des gens de grande taille reffemblent quelquefois aux maifons de quatre ou cinq étages, dont le plus haut appartement eft d'ordinaire le plus mal meublé.*

Les petits vafes renferment fouvent les chofes les plus précieufes & les plus eftimables. Le Prince de Condé ayant demandé à un Lieutenant-Général quelqu'un qui pût lui rendre un compte exact de la fituation des ennemis, celui-ci lui amena un Soldat de fort mauvaife mine. Le Prince le rebuta & en demanda un autre. Le Lieutenant-Général en fit venir fucceffivement deux de meilleure mine, qui furent acceptés & s'acquitterent fort mal de leur commiffion. On eut recours au premier, qui rendit un compte fi exact, que le Prince fatisfait s'engagea de lui accorder la grace qu'il défireroit. Le Soldat lui demanda auffi-tôt fon congé. Le Prince étonné lui offrit de le faire Capitaine. *Monfeigneur*, lui répondit le Soldat, *vous m'avez méprifé, je ne fers plus le Roi.* Le grand Condé, efclave de fa parole, fatisfit à la demande du Soldat, en témoignant à tout le monde le chagrin qu'il en avoit.

Cette injufte prévention, qui fait eftimer ou méprifer les perfonnes fur le témoignage fi équivoque de la figure, prononce auffi de même fur celui des habillemens ; car c'eft souvent l'habit qui décide de l'estime ou du mépris, comme si la sottise ne se trouvoit jamais sous un habillement riche & de grand prix, ou que le mérite fût incompatible avec un habit aussi simple & aussi modeste que lui. Les gens sensés n'accordent de la considération à l'habit, que jusqu'à ce qu'ils aient connu la personne. C'est ce que les Russes expriment par ce beau proverbe : *On reçoit l'homme selon l'habit qu'il porte, & on le reconduit selon l'esprit qu'il a montré.* Mais la plupart se laissent prévenir par l'extérieur, & jugent du fond par la surface. Un Savant parut à la Cour avec un habit qui n'annonçoit pas l'opulence. Un jeune Prince qui le vit, dit avec mépris : Qu'est-ce que ce misérable qu'on laisse entrer ? *Prince*, lui répondit son sage Gouverneur, *c'est un homme*. Il lui rappela dans un autre moment tout ce que le nom d'*homme* renferme d'auguste. Il lui fit voir à combien de titres celui-ci méritoit plus de considération, que beaucoup d'autres qui sont magnifiquement vêtus. Le jeune Prince avoit de l'esprit. Il rougit de ce que l'orgueil lui avoit fait dire. Il fit venir l'honnête homme qu'il avoit d'abord refusé de voir, & lui fit un accueil gracieux.

Si l'on réfléchit attentivement sur la réponse de ce Gouverneur, on en sentira bientôt la justesse & la vérité, puisqu'il n'y a rien dans l'homme de plus grand que sa qualité d'homme. Nous n'approfondirons pas ici cette question : nous dirons seulement que puisque nous potons en notre ame l'image de la Divinité, il y a une espece de sacrilege à nous méprifer les uns les autres. Nous nous devons réciproquement un respect inviolable ; & nous ne pouvons sans crime nous refuser le même honneur qu'on porte à tout ce qui représente la Divinité ou les Rois de la terre, puisque nous sommes tous la vive image de Dieu, & après lui les Rois de la nature.

Si les jugemens d'estime ou de mépris, qu'on prononce d'après l'habillement ou la figure, font presque toujours aussi faux qu'injurieux; ceux qu'on porte des différens peuples, ne le font pas moins. Les fatires qu'on fait d'une nation, comme celles qu'on fait d'un sexe, font toujours injustes, parce qu'elles attaquent un nombre infini de personnes à qui elles ne conviennent point. On fait la belle réponfe d'un Philosophe Scythe à un Athénien qui lui reprochoit fa patrie. *Je suis*, lui dit le Philofophe, *la gloire de mon pays, & tu es la honte du tien.* Le Sage ne fe livre point à cette prévention nationale: il estime le mérite, fous quelque climat qu'il foit né. Un Ambassadeur de France, trop prévenu en faveur de fa nation, difoit à un Seigneur de la Grande-Bretagne : *L'Anglois est bien estimable hors de fon Isle. Il a du moins fur vous*, répliqua le Lord, *l'avantage de l'être quelque part.* La repartie étoit piquante, mais l'Ambassadeur l'avoit méritée.

On a long-temps attaché en France avec beaucoup d'injustice un sens odieux au mot

*Allemand.* Le Maréchal de Schomberg, qui étoit de cette nation, avoit un Maître-d'hôtel, qui voulant s'excuser d'avoir mal réussi dans une commission, dit à son maître : *Je crois que ces gens-là m'ont pris pour un Allemand. Ils avoient tort*, répondit le Maréchal avec beaucoup de flegme, *ils devoient vous prendre pour un sot.*

C'est quelquefois, parmi les gens mal-élevés, une espece de bel air, de paroître mépriser les femmes, & d'en dire beaucoup de mal, comme si les vertus, les talens, les belles qualités de l'esprit & du cœur n'étoient pas des deux sexes. C'est d'ailleurs nous déshonorer nous-mêmes, puisque sans elles nous ne serions point, & que nous leur sommes redevables de tant de soins & d'attentions, qu'on ne peut être qu'ingrat en les méprisant. Une Dame entendant un jeune étourdi, qui méprisoit tout le sexe, dit aux personnes qui étoient avec elle : *Ce jeune homme n'a-t-il point de mere ?*

Que dirons-nous de ceux qui ne parlent qu'avec mépris des personnes spécialement consacrées à Dieu ? Ce n'est pas seulement indécence & irréligion, c'est n'avoir ni équité ni justice. Il y a parmi les Ecclésiastiques & les Religieux des hommes d'un mérite rare, qui les éleve bien au-dessus de la plupart de ceux qui les méprisent. L'Abbé *Albéroni*, de Curé d'un village d'Italie, étant devenu, comme nous l'avons dit, Aumônier du Duc de Vendôme, mangeoit à la table des Gentilshommes de ce Prince. Leur orgueil s'en crut humilié, & ils en murmurerent. Le Duc, qui en fut inftruit, ordonna un foir qu'on lui préparât à fouper dans fa chambre, & qu'on mît deux couverts. Comme il ne foupoit jamais, tous les Officiers de l'armée qui venoient lui faire la cour, & tous ceux de fa maifon furent furpris de cette nouveauté. Ils le furent bien davantage, lorfque le Maître-d'hôtel ayant fervi, le Duc de Vendôme dit à l'Abbé Albéroni qui étoit préfent, de fe mettre à table. *Quelques perfonnes*, ajouta-t-il, *font difficulté de manger avec mon Aumônier; pour moi, je m'en fais honneur, à caufe de fon caractere de Prêtre & de fon mérite perfonnel.*

On traite fouvent les Eccléfiaftiques & les Religieux, de gens inutiles; & ceux qui leur font ce reproche, font quelquefois ceux-là-mêmes à qui il conviendroit mieux. Un libertin difoit un jour: *A quoi fervent au monde tant de Prêtres, tant de Religieux & de Religieufes?* A quoi y fervez-vous, lui répondit-on? Ceux que vous regardez comme les plus inutiles, font fur la terre ce que vous devriez y faire & ce que vous n'y faites pas. Ils acquittent pour tous les hommes un devoir, que la plupart des gens du monde négligent ou ne veulent pas remplir. Ils font occupés tous les jours à louer, à remercier le fouverain Maître de l'univers, le fuprême difpenfateur de tous les biens. Ils le prient pour la profpérité des royaumes, des villes & des familles. Cette fonction peut-elle donc paroître vile & méprifable? En vain allégueroit-on quelques défordres, quelques inconvéniens ; quelle institution humaine n'a pas les fiens ? Quand la chofe eft bonne en elle-même, & n'a que des abus en petit nombre ou faciles à corriger ; ils peuvent fervir de prétexte, & non de raifon pour méprifer ou abolir une chofe utile ( 1 ).

Tel eft le fonds inépuifable d'orgueil que nous avons dans notre cœur, que rien n'eft à l'abri de nos dédains injurieux. Les Ordres même de l'Etat les plus refpectables, qui ne devroient s'accorder que de l'eftime, fe prodiguent le mépris. La grande nobleffe méprife la petite ; celle-ci méprife les hommes de Robe & d'Eglife, qui ont foin de lui rendre la pareille. Mais que gagnons-nous à nous méprifer les uns les autres ? S'il eft vrai que dans un fi étrange commerce, ce qu'on penfe gagner d'un côté, on le perd de l'autre, ne vaudroit-il pas mieux renoncer à toute hauteur & à toute fierté qui fied fi peu aux foibles hommes, & convenir enfemble de fe traiter tous avec une mutuelle bonté ? ce qui, avec l'avantage de n'être jamais mortifiés, nous en procureroit un bien plus grand encore, celui de ne mortifier perfonne. La fierté, le dé-

___

(1) On peut voir dans le favant *Catéchifme Philofophique* de M. Flexier de Réval, ou plutôt de M. l'Abbé de Feller, plufieurs avantages réels, que la fociété civile retire des Maifons religieufes : avantages qui, pefés dans la balance d'une raifon impartiale, ont fait regretter à des Proteftans même qu'on les ait entièrement abolies parmi eux. Un Auteur Anglois fe plaint de la dépopulation en Angleterre, & il l'attribue avec raifon au libertinage, qui dévafte plus les Etats que le célibat Eccléfiaftique & Religieux.

dain, le *rengorgement*, si l'on peut s'exprimer ainsi, nous attirent tout le contraire de ce que nous cherchons, si c'est à nous faire estimer. Regardez dans la société, dit *La Bruyere*, qui sont ceux que tout le monde méprise ou déteste : ce sont ceux qui ont le plus de dédain, de hauteur ou de fierté pour les autres.

Si vous voulez vous y faire aimer, que votre commerce soit doux : ne faites point sentir votre supériorité. L'esprit, les talens, le mérite, le rang & la fortune sont pour les autres un poids assez pesant, sans l'augmenter de celui de l'ostentation. Ces avantages, si vous les possédez, vous feront assez d'envieux, sans que vous vous fassiez encore des ennemis ; & le dédain ne manque jamais d'en attirer. On risque toujours beaucoup à mortifier l'amour-propre des autres, comme on ne perd jamais rien à l'obliger. L'humiliation marche souvent à la suite de l'orgueil : l'Oracle divin l'a prononcé, & nous en voyons tous les jours l'accomplissement. Le monde rabaisse ceux qui s'enflent (1). Quiconque veut s'élever au-dessus des autres, ne trouvera que ce qu'il fuit. Mais l'orgueil, cette source féconde & malheureuse de nos mépris, est une de ces passions, dont on ne guérit que bien difficilement : la déraciner du cœur, c'est le triomphe de la religion.

---

(1) *Omnis qui se exaltat, humiliabitur.* Luc. 18. *Superbum sequitur humilitas.* Prov. 29.

Les plus excellens remedes, que la raison & la religion nous offrent contre la fierté méprisante que l'orgueil nous inspire, c'est de moins penser à nos bonnes qualités qu'à nos défauts, & plus à ce qui nous manque qu'à ce que nous possédons. Souvent nous n'estimons si peu les autres, que parce que nous nous estimons trop. Au lieu de ramener notre attention sur ce que nous valons, portons-la sur les bonnes qualités des autres. Pourions-nous encore nous prévaloir de quelque chose, si nous voulions faire réflexion que mille personnes valent mieux que nous?

Si ce sont des qualités naturelles, qui vous inspirent tant de complaisance pour vousmême & tant de mépris pour les autres : songez que ces avantages ne sont pas le prix de votre vertu ni l'ouvrage de vos mains, mais des présens de l'Auteur de votre être. Ce que nous avons ne vient pas de nous ; & si nous l'avons reçu, pourquoi nous en glorifier ? pourquoi mépriser ceux qui ont été moins bien partagés que nous (1) ? Il est souvent plus dangereux d'avoir ces avantages, qu'il n'est honteux de ne les avoir pas, parce qu'il est facile d'en abuser; & l'on en rendra un compte si sévere à celui de qui on les a reçus, qu'on doit plutôt en concevoir de la crainte que de la vanité.

Est-ce l'étendue de vos connoissances ou

---

(1) *Quid habes quod non accepisti ? si autem accepisti, quid gloriaris quasi non acceperis ?* I. Cor. 4.

les lumieres de votre esprit, qui vous rendent si fier & si méprisant à l'égard de ceux qui en ont ou que vous croyez en avoir moins que vous? Mais être infatué de soi, dit *La Bruyere*, & être fortement persuadé qu'on a beaucoup d'esprit, est un accident qui n'arrive guere qu'à celui qui n'en a point ou qui en a peu.

Cet esprit d'ailleurs qui devroit faire notre plus grande gloire, est souvent pour nous un sujet de confusion par les préjugés, les entêtemens, les opinions fausses dont il est rempli, par les absurdités & les extravagances, dans lesquelles il se surprend lui-même, & qui lui échappent comme malgré lui. Un rien aussi peut le déranger; & ce qui doit bien humilier notre orgueil, c'est que les plus grands esprits ont souvent eu des atteintes de folie. Le célebre *Pascal*, ce génie sublime, ce profond Mathématicien, croyoit toujours voir un abyme à son côté gauche, & y faisoit mettre une chaise pour se rassurer. Ses amis avoient beau lui dire qu'il n'y avoit rien à craindre, que ce n'étoit que les alarmes d'une imagination épuisée par une étude abstraite & métaphysique: il convenoit de tout cela avec eux, & un quart-d'heure après il se creusoit de nouveau le précipice qui l'effrayoit. C'est louer moins qu'on ne croit, que de dire d'une personne qu'elle a beaucoup d'esprit, si l'on ne peut ajouter qu'elle en fait un bon usage. Combien de gens qui, pour avoir trop d'esprit, n'ont pas le sens commun.

A l'égard de nos connoissances dont nous tirons tant de vanité, qu'est-ce que savent la plupart des hommes, & comment le savent-ils ? souvent d'une maniere si trouble & si confuse, que ces prétendues connoissances ne servent qu'à les jeter dans l'erreur. Le nombre de leurs connoissances est bien petit, en comparaison de la masse infinie de ce qui leur resteroit à savoir : encore ces connoissances sont-elles comme ensevelies dans un amas encore plus grand d'erreurs. Et cependant on s'enfle de l'acquisition de ce ténébreux butin, comme s'il importoit plus de savoir beaucoup que de bien savoir.

Je conviens qu'il y en a qui savent mieux, avec plus de clarté & de distinction ; ce qui fait les vrais savans, puisqu'une foule de connoissances entassées ne fait pas plus un savant, qu'un tas de pierres rassemblées au hasard ne fait un bel edifice. Mais ceux-mêmes qui savent le mieux, ne sont-ils pas les premiers à reconnoître combien les connoissances de l'homme sont bornées ? Ils se trouvent en bien des matieres environnés d'abymes impénétrables, de ténebres, d'incertitudes ; ils ne sauroient faire un pas sans trouver des difficultés. Au lieu d'apprendre ce qu'on ignoroit, on ne parvient quelquefois, à force d'étude, qu'à désapprendre ce qu'on croyoit savoir. Aussi n'y en a-t-il pas de plus humbles que ceux qui savent le plus. Les ignorans sont vains & hardis, parce qu'ils ne connoissent point leur ignorance : le savant ne peut se dissimuler la sienne à bien des égards, & il en est plus modeste. On disoit un jour au savant *Vossius*, dont la vaste érudition brille dans tous ses ouvrages, qu'on ne pensoit pas qu'il y eût rien dans les Lettres & dans les Sciences qu'il ignorât. *Vous vous trompez fort*, répondit-il, *je ne sais pas le quart des choses que bien des jeunes gens croient savoir.*

*Jules Scaliger*, moins savant & plus vain, avoit coutume de dire qu'il ignoroit trois choses: D'où provient l'intervalle qui se trouve dans la fievre entre les accès: Comment on peut rappeler à la mémoire une chose qu'on a oubliée: Et la cause du flux & du reflux de la mer. Eh, qu'il y avoit de choses qu'il ignoroit, dont il ne se vantoit pas!

Quand on jette de même un regard réfléchi sur les autres choses qui inspirent de la hauteur & de la fierté au grand nombre des hommes, on ne sauroit n'en être pas étonné. N'est-ce pas, par exemple, quelque chose de plus ridicule que tout ce qui nous fait rire, que la broderie & la dorure entrent dans les raisons qu'on a de s'estimer davantage, & qu'on soit en effet pour cela seul plus estimé de la plupart? Qu'un homme richement vêtu veuille être moins contredit qu'un autre, & réellement le soit beaucoup moins? qu'on prétende à la considération par des chevaux plus fins, par des équipages plus élégans, par des livrées plus brillantes, par des ameublemens plus précieux, & qu'on l'obtienne? Telle est notre vanité, que nous estimerions peu les richesses, si elles ne nous fournissoient le plaisir d'avoir ce que les autres n'ont pas, & de l'emporter sur eux.

Cette vanité est si grande, que nous la mettons dans les choses même qui, par leur premiere destination, devoient servir à couvrir notre nudité & notre honte. Une personne trop recherchée dans ses habillemens, & qui fait trop d'attention à ses habits ou à ceux des autres, donne lieu de soupçonner qu'elle ne connoît pas de plus grand mérite, & qu'elle-même n'en a point d'autre. Si elle en est de là plus fiere & plus méprisante, la chose n'est plus douteuse. Les vêtemens magnifiques, en donnant aux petits génies, comme il arrive ordinairement, de la hauteur, de la fierté, du dédain, un certain ton de suffisance & d'amour-propre, ôtent au caractere & à l'esprit, ce qu'ils ajoutent au corps & à la figure. Si cela est, ne peut-on pas dire qu'ils font perdre plus qu'ils ne donnent, & qu'ils rendent souvent plus digne de mépris que d'estime ?

On doit penser de même des autres choses extérieures, qui ont coutume d'inspirer de la fierté, & qui pourtant n'ajoutent pas le plus petit poids au mérite. Telles sont les richesses. Quoiqu'elles n'aient rien de méprisable, elles n'ont rien aussi de glorieux en elles-mêmes. Souvent, si l'on vouloit remonter à la source ou examiner l'usage qu'on en fait, on trouveroit qu'elles sont plutôt un sujet de honte que de vanité. Mais le riche, qui n'a garde d'approfondir la chose, reçoit les respects extérieurs dont on encense sa vanité, comme un tribut qu'on rend à son excellence. Si les richesses n'augmentent point son mérite, elles augmentent l'opinion qu'il en a. Il ne manque pas de s'agrandir de ce que les autres lui accordent, tandis qu'ils ne s'enrichissent guere de ce qu'il leur donne. De là naissent cette hauteur, cette fierté, ce ton dédaigneux & méprisant si ordinaire aux nouveaux riches. Mais ils n'ont pas toujours des flatteurs pour leur applaudir, & ils ont souvent la mortification de voir leur orgueil humilié & confondu. Un ancien Philosophe ayant été invité avec quelques Savans par un affranchi devenu riche & orgueilleux, cet homme nouveau, pour se moquer des questions que les Philosophes agitent souvent entre eux, lui demanda, *d'où vient que d'une feve noire & d'une blanche il sort une farine de même couleur.* Le Philosophe indigné, pour lui rappeler sa premiere condition dont le fouet étoit le châtiment ordinaire, le pria de lui dire auparavant, *d'où vient que deux fouets, l'un de lanieres blanches & l'autre de noires, font les mêmes marques sur le dos de celui qu'on châtie.*

Le Chevalier *de Cailli*, dans une de ses épigrammes, dit aussi fort bien contre un de ces nouveaux riches fiers & dédaigneux :

Parce qu'un fort grand bien s'est venu joindre au vôtre,
A peine à nos discours répondez-vous un mot.
   Quand on est plus riche qu'un autre,
   A-t-on droit d'en être plus sot ?

Si vous êtes riche & heureux : que votre félicité & votre abondance ne vous donnent point de l'orgueil & de la fierté, mais plutôt de la bonté & de la compassion. Les misérables que vous voyez, dit l'Auteur des *Conseils de la Sagesse*, sont une image affreuse mais naturelle de ce que vous seriez, s'il plaisoit à la Providence divine de vous abandonner, si elle cessoit, comme elle pouroit le faire, de répandre sur vous ses bénédictions & de vous combler de biens. Vous seriez ce qu'ils sont, si Dieu n'avoit eu pour vous des soins & des bontés particulieres. Qui peut même se flatter de ne pas devenir malheureux ? & qui oseroit se croire inébranlable dans la prospérité ? Celui qui ne craindroit point les revers de la fortune, mériteroit d'en servir d'exemple.

Mais comment peut-on se laisser aller aux éblouissemens de l'orgueil, quand on réflechit sérieusement sur la fragilité de ces biens fugitifs ? Rien n'est plus voisin de la pauvreté que les grandes richesses. Il faut mille degrés pour monter au temple de la Fortune, il n'en faut qu'un pour en descendre. Une prospérité qui paroissoit inébranlable, est renversée en moins de temps qu'on n'est à le dire. Les plus obscures nuits succedent aux plus beaux jours; & l'orage fond quelquefois dans le moment que le ciel étoit le plus calme. Aussi le Sage nous recommande-t-il de penser à la pauvreté dans le temps de l'abondance, parce que du matin au soir le temps change ; *& tout cela,* dit-il, *arrive en un moment sous les yeux de Dieu* (1).

※═══════════════════※

*Entendez raillerie.*

QUELQUE chose qu'on vous dise en badinant, ne vous en offensez pas aisément. Entendre raillerie est la plus sûre marque d'un bon esprit. Il n'y a que les petits génies qui se choquent de tout : il n'y a guere que ceux qui sont méprisables, qui craignent d'être méprisés.

Ne ressemblez pas sur-tout à ces caracteres pointilleux, qui s'imaginent toujours que c'est contre eux qu'on dirige tous les traits qu'on lance, ou qui se piquent des plaisanteries les plus innocentes. Il n'est jamais permis de badiner avec eux : tout les offense, tout est pour eux entouré d'épines, ils se sentent piqués de tout ce qui les touche le plus légérement. Les politesses même les plus honnêtes, mais un peu libres & familieres, choquent ces esprits ombrageux : ils y trouvent un certain je ne sais quoi qui les blesse. Vous les voyez soudainement hors d'eux-mêmes entrer en des fougues terribles, parce que vous avez laissé échapper la plus légere raillerie, ou parce que leur imagination blessée a vu dans vos yeux quelqu'un de ces regards équivoques qu'ils n'entendoient pas. Ils se persuadent que vous

─────────────────────────

(1).... *Et hæc omnia citata in oculis Dei.* Eccli. 18.

avez voulu les offenfer, & ils s'offenfent. Quoique vous n'ayez nullement penfé à les infulter ou à leur faire de la peine, ils fe croient attaqués, & ils vous attaquent comme des furieux. Tel étoit Cyrano de Bergerac, auteur du *Pédant joué*. Le nez de Cyrano, qui étoit tout défiguré, lui a fait tuer plus de dix perfonnes: il ne pouvoit fouffrir qu'on le regardât fixement, & il faifoit auffi-tôt mettre l'épée à la main.

Si l'on badine de votre figure, riez-en le premier. Le fecret d'empêcher la raillerie eft de la prévenir, & le moyen le plus efficace de l'arrêter eft de la bien prendre. C'eft ôter à ceux qui veulent rire de nous le plus délicat du plaifir, que d'en rire nous-mêmes, comme faifoit M. *Heidegger*. Il étoit né dans un village de la Suiffe. Il vint à Londres chercher fortune, & il parvint à être Directeur des jeux de la nation. Il avoit beaucoup d'efprit & de vivacité, mais encore plus de laideur. La difformité de fon vifage étoit affreufe, & la nature lui avoit donné de plus une rotondité exceffive: ce qui le rendoit monftrueux. Mais il étoit le premier à en plaifanter. Il fit même un jour une gageure finguliere contre Lord Chefterfield: il paria qu'on ne trouveroit point dans tout Londres un vifage plus hideux que le fien. Lord Chefterfield, après de pénibles recherches, découvrit enfin une vieille d'une laideur horrible. Cette vieille & M. Heidegger fe préfenterent devant les juges du pari, qui, au premier afpect, déciderent que la vieille étoit la plus laide, & que Lord Chesterfield avoit gagné. M. Heidegger appela de ce jugement, alléguant que pour qu'il y eût droit égal, la vieille & lui devoient paroître sous le même ajustement. Il se para de la coiffure, & sous cette nouvelle forme il parut si épouvantable aux juges, qu'ils furent obligés de lui adjuger le pari.

Il ne convient qu'aux gens sans esprit ou sans éducation, de se fâcher contre celui qui les raille, ou de lui répondre par des injures. Ce n'est pas qu'il faille se laisser moquer comme un sot, ou paroître insensible aux traits les plus piquans. Mais on doit riposter à propos, & tâcher de faire retomber sur ceux qui nous badinent les traits qu'ils décochent sur nous. Un Courtisan, grand dissipateur, voulant se moquer de M. *de Lort*, Médecin du Cardinal de Richelieu, le pria de lui dire quelle maladie il pouvoit avoir, & pourquoi ne sentant aucune douleur, buvant bien, mangeant bien, dormant tout de même, ses excrémens étoient toujours verts. *Il ne faut pas s'étonner de cela*, répondit le Médecin, *c'est que vous avez mangé tout votre bien en herbe*.

Quelques Chevaliers de Malte parloient un jour sur le danger dont ils sembloient être menacés par les Turcs, qu'on disoit venir fondre sur eux avec cent mille hommes. L'un de ces Chevaliers se nommoit *Samson*, mais il étoit de fort petite taille. Quelqu'un de la compagnie dit en riant: *Messieurs, quelle raison y a-t-il de s'alarmer? N'avons-nous pas un Samson*

*Samson parmi nous? il suffira seul pour détruire toute l'armée des Turcs.* Ce discours excita une grande risée. Mais le Gentilhomme changea bientôt les rieurs par sa réponse. *Vous avez raison, Monsieur,* lui répliqua-t-il aussi-tôt; *mais pour faire ce que vous dites, il me faudroit une de vos mâchoires, & alors je ferois des miracles.*

Quoique la repartie ne soit guere permise à l'égard de ceux qui sont au-dessus de nous, le respect dû au rang n'en met pas toujours à couvert. Le badinage qui place en quelque sorte l'agresseur & l'offensé de niveau, attire quelquefois aux Grands même des réponses d'autant plus mortifiantes, qu'ils s'y attendoient moins. *François Premier* fut, comme on sait, vaincu & fait prisonnier par les Impériaux à la bataille de Pavie. Quelque temps après être sorti de sa prison de Madrid, il demanda par plaisanterie à une Dame fort laide, depuis quand elle étoit revenue du pays de Beauté. *J'en revins, Sire,* répondit-elle, *le même jour que Votre Majesté revint de Pavie.*

## XXVI.

*Fuyez les libertins, les fats & les pédans.*

Les libertins fcandalifent, les fats ennuient, les pédans affomment. Mais il pouroit vous arriver encore quelque chofe de pire, ce feroit de parvenir à leur reffembler en les fréquentant. Comme ces trois efpeces d'hommes font un peuple fort grand, & que leur fociété eft très-contagieufe, il eft à propos d'entrer dans quelque détail, pour les faire mieux connoître & pour en infpirer plus d'éloignement. L'emploi du Sage & du Philofophe eft d'obferver les hommes, non pour rire de leurs folies, ou pour en pleurer (1), mais pour apprendre à ne pas les imiter.

L'étude de l'homme, qui eft fans doute une des plus belles & des plus utiles, ne doit pas être faite par pure curiofité, & bien moins par malignité. Il faut obferver les hommes, pour devenir meilleur & pour aider les autres à l'être. C'eft là l'objet important de la morale, & ce qui éleve cette fcience au-deffus de toutes les autres. Jeune homme, qui aimez

_____

(1) On fait que *Démocrite* rioit continuellement des folies des hommes, & qu'*Héraclite* pleuroit fans ceffe fur leurs extravagances. Si tous deux avoient raifon pour le fond, tous deux étoient fous de porter la chofe à l'excès. On demande quelquefois lequel étoit le plus fou : Je crois que c'étoit le fecond, parce que c'étoit le fou le plus malheureux.

à vous former & à vous inſtruire, venez donc continuer à les obſerver avec moi, & apprenez à connoître ici ceux qu'il vous importe le plus d'éviter & de fuir.

*Les libertins.* Le danger le plus commun & le plus inévitable, auquel vous ſerez expoſé dans le monde, c'eſt le mauvais exemple & les liaiſons dangereuſes. Il n'eſt rien de plus éloquent que l'exemple. On balance quelques momens: mais bientôt on dit ce qu'on entend dire, on fait ce qu'on voit faire, on marche à grands pas dans les routes larges & battues de l'iniquité, & ſouvent même on ſe fait une fauſſe gloire de ſurpaſſer en libertinage ceux dont on avoit d'abord eu horreur.

Saint Clément d'Alexandrie & Euſebe de Céſarée, rapportent que l'Apôtre ſaint *Jean* faiſant la viſite des Egliſes d'Aſie, y trouva un jeune homme qui lui plut; il l'inſtruiſit, & le recommanda particuliérement à l'Evêque de la ville. Cet Evêque lui promit d'en avoir beaucoup de ſoin, & il le fit au commencement. Mais ayant laiſſé dans la ſuite trop de liberté à ſon éleve, il fut corrompu par des jeunes gens de ſon âge, qui ne penſoient qu'à ſe divertir, & qui le porterent inſenſiblement à ſe rendre complice avec eux des plus grands crimes. Il fit plus encore: s'étant mis à leur tête, il forma une troupe de voleurs; & comme il étoit d'un naturel vif & ardent, il devint le plus violent & le plus cruel de tous. Quelque temps après, ſaint Jean étant revenu dans la même ville, redemanda à l'Evêque le dépôt qu'il lui avoit confié. Celui-ci lui avoua en rougissant, que le jeune homme étoit devenu un Chef de Brigands, & qu'il s'étoit emparé d'une montagne où il se tenoit avec une troupe de gens semblables à lui. Le saint Apôtre, pénétré de douleur, après avoir fait de justes reproches à l'Evêque, monte sur un cheval, & court au lieu qu'on lui avoit indiqué. Les sentinelles des voleurs se saisirent de lui. *C'est pour cela*, leur dit-il, *que je suis venu: qu'on me conduise à votre Capitaine.* Celui-ci ayant apperçu & reconnu son ancien Maître, la honte l'obligea de s'enfuir. Saint Jean le poursuivit à bride abattue, malgré la foiblesse de son grand âge, & crioit après lui: *Mon fils, pourquoi me fuyez-vous ? pourquoi fuyez-vous votre pere, & un homme vieux & sans armes ? Ne craignez point : il y a encore espérance pour votre salut. S'il est nécessaire, je souffrirai très-volontiers la mort pour vous, comme Jesus-Christ l'a soufferte pour nous tous : demeurez, croyez-moi.* Le jeune homme, touché de ces paroles, s'arrêta, tenant les yeux baissés en terre : il rompit ensuite ses armes ; & voyant que le saint Vieillard approchoit, il alla se jeter à ses pieds, & pleura amérement. L'Apôtre le releva, l'embrassa, le ramena, & ne le quitta point qu'il ne l'eût entiérement fait rentrer dans le chemin de la vertu, que ses compagnons de débauche lui avoient fait abandonner.

On peut dire des mauvaises sociétés ce que l'Ecriture dit des mauvais entretiens ; elles corrompent les bonnes mœurs, elles détruisent le plus beau naturel, les plus heureuses inclinations (1). Combien de fois n'a-t-on pas vu les fruits précieux d'une longue & sage éducation, détruits en peu de temps par le souffle empoisonné des compagnies dangereuses ! C'est ce qui arriva à ce jeune homme de qualité, dont parle le célebre Chancelier *Gerson*. Il avoit été long-temps un modele d'innocence & de piété : mais s'étant malheureusement lié avec un libertin, les discours & les exemples de cet ami corrompu l'infecterent bientôt, & le pervertirent entiérement. Il se livra comme lui aux plus grands désordres. Atteint d'une maladie mortelle, le souvenir de ses crimes le jeta dans le désespoir. *Malheur à celui qui m'a séduit*, dit-il au Prêtre qui l'exhortoit ! *mes crimes sont trop grands, pour que je puisse en espérer le pardon. Je vois l'enfer ouvert pour me recevoir.* En prononçant ces dernieres & terribles paroles, il expira (2).

Parens, qui avez de la vertu, & qui voulez conserver à vos enfans celle que vous avez tâché de leur inspirer, vous ne sauriez trop les prémunir contre les funestes effets que produisent les mauvais exemples. Le jeune homme agité tout à la fois par la fievre qui le dévore, & tenté par les exemples corrupteurs que le monde offre à ses yeux, aura

---

(1) *Corrumpunt mores bonos coll. quia prava.* I. Cor. 15.
(2) On peut voir ce fait plus détaillé dans l'*Ami des Enfans* : cet ouvrage, écrit avec une élégante simplicité, est rempli d'excellentes leçons données à la premiere jeunesse par un véritable ami.

bien de la peine à se soutenir, si vous ne l'affermissez. Fortifiez-le donc ; armez-le de bonne heure des plus sages conseils ; revenez à la charge, à mesure que le péril augmente ; ne vous lassez pas de travailler, jusqu'à ce que le caractere soit tout-à-fait formé. Faites-lui sur tout bien connoître ceux dont il doit le plus éviter la compagnie ; & dites-lui avec ce zele que doit vous donner votre tendresse, & ce ton persuasif qui est celui de l'amour : O mon fils, j'ai travaillé sans relâche jusqu'à présent à jeter dans votre ame les précieuses semences de toutes les vertus, & à les faire éclore. Je sens mon amour croître avec vos heureuses inclinations. Mais plus je vous aime, plus je tremble pour vous que vous ne veniez à former des liaisons suspectes & dangereuses. Vous désirez savoir quelles sont celles dont vous devez principalement vous défendre. Ce souhait, qui est pour moi d'un si heureux augure, je me hâte de le satisfaire.

Evitez sur-tout ces affronteurs de profession, qui vivent aux dépens du public, qui ne sont jamais si contents d'eux-mêmes, que quand ils ont trouvé quelque nouveau moyen de tromper l'Ouvrier & le Marchand, de bien manger, de bien boire, & de ne rien payer, d'emprunter & de ne point rendre, de duper la bonne foi des simples, & d'escroquer l'argent des enfans de famille.

Evitez encore tous ces jeunes gens gâtés, sans mérite & sans talens, dont les débauches les plus infâmes sont les plaisirs les plus délicats, qui se disputent la gloire des excès, & qui se font un jeu de déshonorer les familles, de séduire les femmes, & de les décrier.

Evitez avec une égale horreur tous ces vieux libertins, qui déjà un pied dans le tombeau, se plaisent à insinuer à la jeunesse leurs sentimens pervers, comme pour perpétuer après eux leur libertinage, le soustraire au tombeau où ils vont être engloutis, & lui donner une affreuse immortalité. Hélas ! verroit-on, mon fils, dans les jeunes gens tant de corruption, s'il ne se trouvoit de ces détestables corrupteurs, qui leur ouvrent malheureusement les yeux sur ce qu'ils devroient toujours ignorer, & les arrachent d'entre les bras de l'innocence, pour les jeter dans ceux de la volupté ? Si vous faites jamais société avec eux, vous êtes perdu, & peut-être pour toujours, comme ce jeune homme, dont je ne puis jamais me rappeler l'histoire sans frémir. Il menoit la vie la plus réguliere & la plus innocente. Un misérable libertin l'entraîna dans un lieu de débauche, & le précipita dans le crime. Au sortir de là les remords l'assiegent, la fievre le saisit, les transports lui montent au cerveau, & il meurt le même jour, sans avoir le temps de se repentir & de pleurer son crime. Son corrupteur crut le voir une nuit au milieu des flammes, & l'entendre lui reprocher sa perte éternelle.

O mon fils, si les libertins vous invitent à venir avec eux, souvenez-vous de ce terrible exemple, refusez fermement, & résistez avec courage à leurs indignes sollicitations. Si un malheureux moment vous livre en leur compagnie, & vous jette au milieu d'eux sans le savoir : appelez promptement à votre secours toutes les leçons de vertu que vous avez reçues, & fortifiez-vous contre leurs assauts, par le souvenir de toute l'horreur que mérite le vice, & du mépris profond que s'attire un débauché. Fuyez le plutôt qu'il vous sera possible, & fuyez loin. L'hôpital à trente ans, & à la mort l'impénitence : c'est tout ce qui reste du commerce des libertins.

Enfin, mon Fils, ajoutera ce pere vertueux & chrétien, vous avez des mœurs & de la religion : craignez la société de ceux qui peuvent vous les faire perdre. Le libertinage de l'esprit marche à la suite du libertinage du cœur, & il est encore plus contagieux & plus funeste. Ecoutez-en la preuve dans le trait que je vais vous raconter. *Grégorio Léti*, Auteur de plusieurs histoires connues, avoit fait dans sa premiere jeunesse ses études à Cosence chez les Jésuites. Il fut appelé à Rome par un oncle qui vouloit le faire Eccléfiastique : mais il refusa d'entrer dans ses vues. Il revint à Milan sa patrie, & y demeura deux ans. Ce fut là qu'abandonné à lui-même, il perdit bientôt, par la compagnie des impies qu'il fréquenta, les principes de religion qu'il avoit reçus. Quelque temps après il se mit à voyager, & passant par Aquapendente, dont son oncle étoit devenu Evêque, il alla le voir. Comme il tenoit des propos fort libres sur la religion, ce Prélat lui dit:

*Dieu veuille, mon neveu, que vous ne deveniez pas quelque jour un grand hérétique; mais, pour moi, je ne veux plus vous avoir dans ma maison.* Ce que craignoit ce fage Prélat, ne manqua pas d'arriver. Léti alla à Geneve, y fit connoiſſance avec un Calviniſte libertin, & acheva de ſe perdre par ſes converſations. Il fit profeſſion publique de la religion Proteſtante, reſta Calviniſte toute ſa vie, ſe déshonora par des libelles contre les Princes, vécut, quoiqu'avec des talens, deſtitué de biens & de protections, & mourut preſque ſubitement à Amſterdam.

Mais qu'ai-je beſoin, mon fils, de vous rapporter des exemples anciens, tandis que vous en avez de ſi triſtes ſous vos yeux, dans ce ſiecle malheureux d'impiété? L'irréligion marche aujourd'hui la tête levée, & conſpire ouvertement contre Dieu. Décorant ſa fauſſe ſageſſe du nom de philoſophie, elle a formé l'horrible complot de renverſer les autels, de déraciner la foi, de corrompre l'innocence & d'étouffer dans les ames tout ſentiment de vertu. Réſolue de porter à la religion les coups les plus funeſtes, elle exhorte, par mille diſcours téméraires & par une multitude d'écrits ſcandaleux, à briſer ſes liens, à ſecouer ſon joug. Nos prétendus ſages voient avec complaiſance la jeuneſſe courir en foule à leurs leçons, & boire avec avidité le poiſon de l'erreur dans les coupes perfides qu'ils lui préſentent. Ils ne comprennent pas qu'ils ne ſont que les exécuteurs de la vengeance divine, qui se sert d'eux dans la profondeur de ses desseins, pour perdre ceux qui méritent de périr par l'abus qu'ils font des graces de Dieu. Leurs succès rapides les enhardissent à produire tous les jours de nouveaux blasphêmes. Mais attendons les momens du Seigneur: il viendra dans sa colere souffler contre cet amas pompeux d'iniquité, & il le réduira en poussiere. Craignez, mon fils, d'être enveloppé dans leur ruine. Fuyez-les avec la même horreur qu'on fuit la vue du serpent prêt à lancer son venin. Puisqu'ils veulent se corrompre & vous corrompre avec eux, fendez la presse, retirez-vous à l'écart, ou allez respirer un air plus pur dans la compagnie des gens de bien.

Car, ne vous y trompez pas, mon fils, presque tous les impies sont des libertins publics ou cachés. Une expérience journaliere, bien honteuse pour le parti de l'impiété, ne nous apprend-elle pas que les doutes, par rapport à la religion, ne surviennent dans l'esprit, que quand les passions sont devenues les maîtresses du cœur? On n'entre dans les voies de l'irreligion qu'après avoir abandonné celles de l'innocence. Pour un homme peut-être irréprochable dans ses mœurs, que l'incrédule produira de son côté, on lui en opposera mille, livrés aux excès de la plus honteuse licence, & qui sont comptés parmi ses héros. Aussi une personne qui avoit vu beaucoup & qui les connoissoit bien, assuroit-elle qu'elle n'avoit point connu d'homme plus scandaleux dans sa façon de vivre & de penser qu'un impie de profession. En faut-il davantage, mon fils, pour les avoir en horreur, les fuir & les détester ?

Ainsi parlera un pere sage & vertueux ; & ne doutons pas que de telles leçons, soutenues de toute la force de son exemple, ne fassent de profondes impressions sur un fils bien né & docile.

―――――――――

*Les fats.* Le fat ou le petit-maître est l'espece d'homme la plus vaine & la plus méprisable qui végete sur la surface de la terre. Un Ecrivain moderne (1) a fait du fat une peinture bien ressemblante. Nous allons en rapporter les traits les plus saillans & les plus propres à faire sentir tout le ridicule de ce caractere. Combien de jeunes sots mal-élevés pouront s'y reconnoître !

Un fat est un homme dont la vanité seule forme le caractere, qui n'agit que par ostentation, & qui voulant s'élever au-dessus des autres, fait tout ce qu'il faut pour être méprisé de tous. Familier avec ses supérieurs, important avec ses égaux, impertinent avec ses inférieurs, il tutoie, il protege, il méprise. Vous le saluez, & il ne vous voit pas; vous lui parlez, & il ne vous écoute pas;

―――――――――

(1) M. *de Mahis*, dans le *Dictionnaire Encyclopédique*, ouvrage plus pernicieux qu'utile, auquel on pouroit appliquer ces vers de Martial: *Sunt bona, sunt quædam mediocria, sunt mala multa.*

vous parlez à un autre, & il vous interrompt. Il lorgne, il perfiffle au milieu de la compagnie la plus refpectable & de la converfation la plus férieufe. Soit qu'on le fouffre, foit qu'on le chaffe, il en tire également avantage. Il offre une place dans fa voiture, & il laiffe prendre la moins commode. Il n'a aucune connoiffance, cependant il donne des avis aux Savans & aux Artiftes. Il parle à l'oreille de fes gens Il part : vous croyez qu'il vole à un rendez-vous, il va fouper feul chez lui. Il fe fait rendre myftérieufement en public des billets vrais ou fuppofés. Il fait un long calcul de fes revenus, il n'a que foixante mille livres de rente, il ne peut pas vivre. Il confulte la mode pour fes travers comme pour fes habits, pour fes indifpofitions comme pour fes voitures, pour fon Médecin comme pour fon Tailleur. Il n'ofe avouer un parent pauvre ou peu connu : il fe glorifie de l'amitié d'un Grand, à qui il n'a jamais parlé ou qui ne lui a jamais répondu. Pour peu qu'il fût fripon, il feroit en tout le contrafte de l'homme de mérite. En un mot, c'eft un homme d'efprit pour les fots qui l'admirent, c'eft un fot pour les gens fenfés qui le méprifent.

Ajoutons encore à ce portrait quelques couleurs & quelques nuances, afin de rendre la reffemblance plus entiere & plus fenfible. La paffion favorite du petit-maître, eft de fe diftinguer par la bizarrerie de fes goûts, par la vanité de fes habillemens : il lui faut des folies changeantes, des idées toutes neuves, des plaisirs tout frais. C'est un courtisan des Dames, un agréable, & en même temps un philosophe, un esprit fort; & tandis qu'il se raille de la religion, des Prêtres & des Moines, il pirouette sur un pied ou se regarde dans toutes les glaces.

Le fat est enchanté de lui-même; aussi aime-t-il à se montrer. Il croit plaire à tout le monde, & être admiré de ceux même qui se moquent de lui. Quoiqu'on n'apperçoive en lui rien de grand que l'opinion qu'il a de lui-même, il est tout rempli de son prétendu mérite, & croit que personne ne le vaut. Il a la plus haute idée de ses talens, & il est le plus content du monde de sa personne. Un fat qui ressembloit à celui dont nous venons de parler, mena un jour chez une Dame de considération le jeune Marquis *de Tierceville*, dont la physionomie peu spirituelle n'annonçoit pas autant d'esprit qu'il en avoit. Il dit en entrant : Madame, je vous présente M. le Marquis de Tierceville, qui n'est pas si sot qu'il le paroît. *C'est, Madame*, reprit aussi-tôt le jeune Marquis, *la différence qu'il y a entre Monsieur & moi*.

Le fat est entre l'impertinent & le sot : il n'a ni l'insolence du premier, ni la bêtise du second, mais, comme tous les deux, il choque, il rebute, il dégoûte. Le sot n'a pas assez d'esprit pour être fat, le fat n'a pas assez de jugement pour être homme d'esprit. Le fat qui a quelque esprit, en abuse, & ne sait pas s'en servir à propos. Il est affecté dans ses expressions comme dans ſes manieres. Un jeune fat diſoit devant M. de Montal, que M. *de Turenne* étoit un joli homme. *Et moi*, lui dit-il, *je vous trouve un joli ſot de parler ainſi d'un ſi grand homme.*

Le fat qui a peu d'eſprit s'en conſole, en mépriſant ceux qui en ont : c'eſt un dédommagement qu'on ne doit pas lui envier. Un fat de cette eſpece ſe plaignoit dans une compagnie, de la grande dépenſe qu'il étoit obligé de faire pour nourrir dix chevaux. Au lieu d'avoir tant de chevaux dans votre écurie, lui diſoit-on, que ne réſervez-vous une partie de votre revenu, pour vous procurer la compagnie des gens d'eſprit. Le fat qui ne ſentoit pas le bon conſeil qu'on lui donnoit, répondit : *Mes chevaux me traînent, mais les gens d'eſprit....* Les gens *d'eſprit*, lui repartit auſſi-tôt quelqu'un, *vous porteront ſur leurs épaules.*

Un Philoſophe Anglois rapporte un trait qui montre bien ce que les gens de la plus baſſe condition penſent eux-mêmes de l'eſpece d'hommes dont nous parlons. Il dit que rêvant un jour dans une des promenades publiques de Londres, un laquais vint le diſtraire de ſes réflexions profondes. Il portoit dans ſes bras un petit chien, qu'il poſa doucement ſur l'herbe préciſément devant notre Philoſophe. Il l'invitoit à marcher, mais l'animal capricieux, trop gras d'ailleurs, trop indolent, étoit ſourd aux prieres, & demeuroit nonchalamment étendu ſur le gazon. *Donnez-lui un coup de pied*, lui dit le Philoſophe, *il vous suivra, je vous le garantis.* Je le crois, Monsieur, répondit le laquais ; mais si j'avois l'audace de frapper César, je serois infailliblement chassé : il est le favori de ma maîtresse. *Votre maîtresse n'est pas mariée, je suppose.* Elle l'est depuis dix ans. *A-t-elle des enfans ?* Elle n'en a que sept. *Et ce vil animal est son favori ! je ne lui suppose pas même une ame supérieure à celle de son chien. Une telle condition peut-elle vous plaire ?* Monsieur, la Providence m'a mis dans la nécessité de servir ; je remplis ma destinée, & je suis toujours content de l'emploi que me donnent mes maîtres. J'avoue qu'il n'est pas agréable d'être le conducteur d'un chien : ma précédente condition étoit cependant pire encore, je servois un fat : il n'y avoit pas de tourmens que ses caprices & ses hauteurs ridicules ne me fissent endurer : j'étois dans la dure nécessité de me soumettre à tout. Viens, viens ici, mon pauvre César ; va, je dois l'avouer, il vaut encore mieux te garder que de servir mon premier maître. Il se baissa, prit l'animal, & bourdonnant un air, il continua de promener César.

» La philosophie de cet homme, ajoute l'Auteur, valoit mieux que la mienne. Il est quelquefois nécessaire de comparer son état avec un état plus malheureux ; c'est le moyen d'être toujours content. Mais savoir s'accommoder à une condition servile, à une condition aussi humiliante que celle de conduire un chien ou d'obéir à un fat : en vérité c'est l'effort de la sagesse ».

Qu'il nous soit permis d'ajouter aussi une

réflexion, que nous fait naître l'histoire que nous venons de rapporter. S'occuper uniquement des animaux, comme font aujourd'hui tant de personnes, les caresser tout le jour, avoir pour eux des soins, des attentions qu'on n'auroit peut-être pas pour des hommes : est-ce là être homme soi-même ? Leur prodiguer des friandises, des douceurs qui seroient bien plus nécessaires à de pauvres malades : est-ce avoir de l'humanité & de la religion ?

Les femmes sur-tout ont un foible extrême pour les petits animaux qu'elles ont pris en amitié. C'est une vraie petitesse, qui ne leur fait pas beaucoup d'honneur dans l'esprit des gens sensés : mais combien sont-elles encore plus inexcusables, lorsqu'elles se portent à de ridicules excès d'affliction ou à de violens transports de colere, si elles viennent à les perdre ! L'envie de les guérir, s'il est possible, de cette double folie, qui n'est pas moins déshonorante pour leur sexe que la fatuité de nos petites-maîtresses, & qui souvent est aussi fâcheuse pour les autres que pour elles-mêmes, nous engage à leur rapporter ici un beau trait, bien digne de leur imitation en pareil cas.

La Princesse *d'Orange*, qui vivoit sur la fin du dernier siecle, avoit un petit perroquet tout blanc avec une huppe & une queue couleur de feu : il ne faisoit pas moins de plaisir à l'entendre qu'à le voir. Aussi la Princesse avoit-elle pour lui un attachement inexprimable. Un jour que rentrant chez elle au retour d'une partie de chasse, elle couroit pour le revoir, elle trouva ses filles baignées de pleurs & qui se jeterent à ses pieds. *Où est mon perroquet*, dit la Princesse ? Ah ! répondirent-elles, sa cage s'est ouverte, & il s'est envolé ; nous n'avons jamais pu le retrouver, quelque recherche que nous ayons faite. Les pleurs redoubloient pendant ce récit. Elles avoient sujet de tout craindre du caractere plein de feu de la Princesse & de son attachement pour l'oiseau. Quel fut leur étonnement, lorsqu'elles entendirent cette Princesse leur dire avec bonté : *Vous êtes bien folles de pleurer pour cet animal : il n'y en a point, quelque beau qu'il soit, qui mérite nos larmes. Il faut se consoler de ce petit malheur. Je vous ordonne de ne pas vous en chagriner plus que moi. Je ne vous en veux aucun mal, car sans doute ce n'est pas votre faute.* Non assurément, Madame, s'écrierent ces filles. *Hé bien*, repartit la Princesse, *ne pleurez donc pas.* Elle passa ensuite dans son appartement, d'où elle renvoya encore ordonner à ses filles de ne point s'affliger de la perte du perroquet.

*Et les pédans.* Nous entendons par *pédant* un savant grossier, opiniâtre, qui a plus l'usage des livres que du monde, & plus de lecture que de jugement. Le pédant aime à faire parade de sa science, il l'étale aux yeux des ignorans, & saisit toutes les occasions de la montrer. Il débite gravement ses pensées ou plutôt celles des autres, car il ne pense guere, il se contente de savoir ce que les autres ont pensé; c'est un mulet chargé du bagage d'autrui. Il cite sans cesse quelque Auteur ancien ou moderne. Il parle latin devant les femmes, & grec devant ceux qui ne savent que le latin : il a raison, car il est souvent de son intérêt qu'on ne l'entende pas. Pétri d'orgueil & de vanité, il n'ouvre la bouche que pour contredire, il ne respire que la dispute & la chicane, il dit son sentiment d'un ton décisif & magistral. Il raisonne peu, quoique grand raisonneur. Il est, en un mot, tel que *Boileau* le dépeint :

> Un pédant enivré de sa vaine science,
> Tout hérissé de grec, tout bouffi d'arrogance,
> Et qui de mille Auteurs retenus mot pour mot,
> Dans sa tête entassés, n'a souvent fait qu'un sot.

Un pédant de cette espece disoit un jour au Poëte *Théophile* : Vous avez beaucoup d'esprit, c'est dommage que vous ne soyez pas savant. *Vous êtes fort savant*, repartit Théophile, *c'est dommage que vous n'ayez pas d'esprit.*

Il ne faut pas s'étonner si la science produit d'ordinaire beaucoup de vanité : un érudit doit naturellement être plus vain qu'un homme d'esprit, de génie même. Le génie inventeur a une sphere d'assez peu d'étendue. L'esprit qui produit, qui combine, est toujours mécontent de lui-même, & l'on sait ce beau vers de *Despréaux*, si admiré de Moliere :

> Il plaît à tout le monde, & ne sauroit se plaire.

Mais l'érudition est inépuisable, c'est un pays

immense : on y voit tous les jours augmenter ses richesses ; & l'on met sa gloire à jouir d'une science, louable sans doute à quelques égards, mais qui ne vaut pas toujours le temps qu'on emploie à l'acquérir, & qui rend quelquefois ridicule par l'importance qu'on y attache.

Le Comte *de Gondomar*, Ambassadeur d'Espagne auprès de Jacques I, Roi d'Angleterre, s'entretenoit en latin avec ce Prince, qui parloit fort correctement cette langue. Le Monarque savant se mit à rire de quelques fautes que le Comte faisoit. L'Ambassadeur piqué lui dit : *Le latin que je parle est le latin d'un Roi, & celui de votre Majesté est le latin d'un pédant.*

C'est sans doute dans les Colleges & parmi les précepteurs, qu'il est plus ordinaire de trouver les pédans dont nous parlons. Ils en portent quelquefois le nom, & il faut convenir qu'il y en a qui le méritent. Accoutumés à parler d'un ton magistral & absolu, ils prennent insensiblement & sans qu'ils s'en apperçoivent un certain air de pédantisme. Mais il faut avouer aussi que la pédanterie y est beaucoup plus rare aujourd'hui qu'autrefois. Parmi ceux qui sont chargés de l'emploi d'instruire la jeunesse, on en voit souvent qui réunissent les lumieres de l'esprit & le goût des bienséances, les connoissances littéraires & l'usage du monde, la politesse & les talens : & leur exemple fait voir que ce n'est pas la science qui gâte l'esprit, mais l'esprit faux ou tourné à la pédanterie qui gâte la science.

La pédanterie étant, selon la remarque de *la Rochefoucault*, un vice de l'esprit, encore plus que de la profession, il n'est pas rare de trouver, même dans les personnes du monde, des pédans d'une autre espece, & qui ne se doutent peut-être pas qu'ils le soient. Ce sont ceux qui aiment à faire voir qu'ils savent & qu'ils ont lu, qui relevent avec soin une erreur d'histoire ou de géographie échappée dans la conversation, un mot mal prononcé, un terme peu exact, une expression impropre ou inusitée : comme ce Grammairien pédant, qui osa reprendre l'Empereur Tibere sur un mot que ce Prince avoit dit. Un de ses Courtisans ayant soutenu par flatterie que le mot de Tibere étoit latin : *L'Empereur*, répondit-il, *peut bien donner le droit de citoyen aux hommes, mais non pas aux mots.*

*Malherbe* fit beaucoup mieux dans une occasion à peu près semblable. Henri IV ayant dit *un cuiller d'argent*, tous ses Courtisans se regarderent. Il consulta Malherbe, & lui demanda si *cuiller* étoit masculin. *Ce mot*, répondit Malherbe, *sera toujours féminin, jusqu'à ce que Votre Majesté ait fait un Edit, qui ordonne sous peine de la vie qu'il devienne masculin.* Henri IV sourit, & sut bon gré au Poëte de ne lui avoir pas déguisé la vérité.

Celui qui montre sa science mal-à-propos, ne fait voir que sa vanité. On doit aimer la science, & travailler à en acquérir, mais il ne faut pas chercher à en faire parade. Ce défaut n'est peut-être pas maintenant beaucoup à craindre, sur-tout par rapport à l'érudition profonde. On donne au contraire dans un autre excès. C'est une espece de mérite aujourd'hui que de faire peu de cas de l'érudition, & c'est même un mérite que bien des gens se contentent d'avoir. Depuis que de beaux esprits se sont plu à jeter un ridicule sur les savans & sur la science qu'ils traitent de pédanterie, on a craint une qualification si injurieuse; & l'on se garde bien de se donner la peine d'acquérir de l'érudition, qui mettroit en butte aux traits des mauvais plaisans. Les hommes pourvus de quelque esprit, mais paresseux, ont saisi avec empressement ce prétexte; & pour excuser ou justifier leur ignorance, ils n'ont pas manqué de dire qu'il valoit mieux travailler à polir l'esprit & à former le jugement, qu'à entasser dans sa mémoire ce que les autres ont dit & pensé; comme si la meilleure terre pouvoit produire long-temps sans engrais, ou le feu le plus vif subsister sans aliment. Incapables de travailler à s'instruire ou trop inappliqués pour le faire, ils ont blâmé ou méprisé les savans qu'ils ne pouvoient imiter; car le moyen le plus ordinaire de se consoler de son ignorance, est de mépriser ce qu'on ne sait pas.

Mais malgré la critique amere de ces censeurs ignorans, les gens sensés feront toujours cas du savoir. Celui qui ne sait rien, peut-il être estimé? Il naît tous les jours des occasions, où l'amour-propre souffre vivement de l'ignorance; on est honteux & comme déshonoré. La science orne l'esprit, étend les lumieres, fournit à la conversation. Quelqu'un a fort bien dit que l'homme sage doit employer la premiere partie de sa vie à s'entretenir avec les morts, la seconde avec les vivans, & la troisieme avec soi-même. Quiconque néglige le commerce des morts, ne sera jamais agréable aux vivans.

Ce n'est pas qu'il faille s'enterrer dans son cabinet, ni ambitionner une vaste & profonde érudition. Trop d'étude rend sombre & abstrait, trop de retraite rouille & engourdit. Il faut savoir, mais préférablement à tout, il faut savoir vivre. Choisissez un milieu judicieux entre l'ignorance & le profond savoir. Ayez l'esprit plus orné que chargé. Cultivez votre mémoire sans l'accabler. Etendez vos connoissances, mais sur-tout ne les prodiguez point, & n'en faites jamais ostentation ; ménagez l'amour-propre des autres, & que votre science se montre comme malgré vous. Ne donnez pas dans le pédantisme d'un savantasse, mais encore moins dans l'esprit futile & romanesque de nos petits-maîtres.

Imitez plutôt la louable modestie de *Platon*, qui retournant un jour de Sicile en Grece, & passant par la ville d'Olympie pour en voir les jeux, s'y trouva logé avec des étrangers de distinction. Il mangea & demeura plusieurs jours avec eux. Les jeux finis, ils allerent ensemble à Athenes, où il les logea. Ils le prierent de les mener voir le grand Platon, disciple de Socrate. Il leur dit en souriant que c'étoit lui-même.

*Choisissez vos amis.*

Soyez, s'il se peut, aimé de tout le monde, mais n'ayez qu'un certain nombre d'amis, & choisissez-les bien. L'impie, le jureur, le libertin : amis pernicieux. Le joueur de profession, l'intrigant : amis dangereux. L'homme vain, celui qui veut faire fortune à quelque prix que ce soit : amis faux. Le mauvais plaisant, celui qui veut seul avoir de l'esprit, le diseur de riens : amis ennuyeux. Le médisant, le satirique : amis à craindre. Le flatteur, le donneur de mauvais conseils : amis funestes. Le caractere fantasque & bizarre, celui qui se fâche aisément & qui s'offense sans sujet : amis difficiles. L'humeur capricieuse, l'esprit dur, celui qui vous fait trop acheter ses services : amis tyranniques, dont la haine feroit moins insupportable que l'amitié.

Ne comptez pas non plus beaucoup sur l'amitié des gens flegmatiques : ils ont si peu de sentiment, qu'ils n'en ont guere que pour eux-mêmes. En fait d'amis, les gens vifs sont ceux qui valent mieux, parce qu'ils ont ordinairement le cœur bon.

Ne mettez pas au nombre de vos amis ces gens de bonne chere, que vous croyez avoir un grand cœur parce qu'ils ont un grand appétit, & une vraie amitié parce qu'ils ont un vaste estomac. Ils vous feront les plus grandes protestations d'amitié, quand ils feront à table; ils vous promettront tout, quand ils se divertiront avec vous & à vos dépens; mais après cela ils ne se souviendront plus de rien. Les festins pour l'ordinaire ne servent à nourrir que des flatteurs & des ingrats. Un parasite de cette espece disoit beaucoup de mal de la personne même chez laquelle il venoit de bien dîner. *Attendez du moins*, lui dit quelqu'un, *que vous ayez fait la digestion*.

Admettez encore moins dans votre amitié ceux qui croient qu'aimer, consiste à aider à rire effrontément dans les débauches, & à faire le mal avec plus de hardiesse & d'insolence. Ce sont des meurtriers qui se servent de votre propre main, pour vous porter la mort dans le cœur. De tels amis sont plus dangereux que des ennemis déclarés. Ils excusent tout, applaudissent à tout, donnent des conseils pernicieux, portent à d'indignes excès. Que pourroit faire davantage un ennemi qui voudroit se venger?

L'amitié, cette douce union des cœurs ne peut être véritable & solide, que quand elle a pour fondemens l'honneur & la vertu. La vertu qui attache, est une chaîne que rien ne peut rompre. Faites-vous donc une maxime inviolable de ne choisir pour amis que des gens de bien, car il n'y a point d'autres vrais amis, & ces amis précieux ne sont que pour ceux qui leur ressemblent. Attachez-vous à l'homme droit & vrai, qui n'aime ni les déguisemens, ni les détours de la finesse, incompatibles avec la sincérité & l'ouverture

que

que demande l'amitié. Cherchez une humeur douce & facile, qui fait le plus grand agrément des liaisons, un caractere complaifant, & qui fympathife avec le vôtre, car il n'y a que la conformité de caractere qui puiffe rendre les unions durables; c'eft la fympathie qui rapproche les cœurs & qui refferre les liens de l'amitié. Si celui dont vous voulez faire votre ami, joint à ces qualités un bon cœur; quand il auroit quelques petits défauts, ne balancez pas, le marché ne fauroit manquer d'être excellent pour vous.

De quelle utilité n'eft pas un bon ami! La fortune peut nous élever affez, pour nous affranchir d'une infinité de befoins; mais quelque pouvoir qu'elle ait, elle ne fera jamais qu'on puiffe fe paffer d'un fidelle ami. Plus nous ferons heureux, plus il nous fera néceffaire, quand ce ne feroit que pour nous donner de bons confeils, pour nous dire la vérité, pour nous avertir de nos défauts. La Fortune qui eft aveugle, rend aveugles fes favoris; & comment nous corrigeroit-elle de nos vices, puifqu'elle commence par nous ôter nos vertus?

Dans un rang fupérieur, où l'on fe croit tout permis, que ne fe permettra-t-on point? dans quelles fautes impardonnables, dans quels vices déshonorans ne tombera-t-on pas, fi l'on n'a un ami fidelle, qui, nous préfentant le miroir de la vérité, nous la faffe connoître, nous éclaire, nous foutienne par fes confeils, nous arrête fur le bord du précipice où nous allons nous jeter ? Mais on ne fent jamais fi bien la néceffité d'un tel ami, que lorfqu'on l'a perdu. *Augufte* le fentit & l'avoua. La Fortune, qui l'avoit comblé de fes faveurs, y ajouta la plus précieufe de toutes, celle de deux bons & fidelles amis. Lorfqu'il ne les eut plus, il connut alors tout leur prix & le befoin qu'il en avoit. Ayant fait une démarche inconfidérée, il ne tarda pas à voir fa faute & à fe repentir de fon indifcrétion : *Ce malheur*, dit-il, *ne me feroit pas arrivé, fi Mécene ou Agrippa euffent vécu.*

Ayez donc des amis, cherchez-en ; ils font une fource d'agrémens & de bons confeils : mais encore une fois, fachez les diftinguer & les choifir. N'ambitionnez pas d'en avoir un grand nombre. Quoiqu'on ait dit qu'une femme, quelques enfans, moins de ferviteurs, beaucoup d'amis, faifoient la félicité d'une maifon, ne croyez pas la multitude d'amis néceffaire au bonheur de la vôtre. Celui qui appelle toutes fortes de perfonnes fes amis, n'en a point. Contentez-vous d'en avoir deux ou trois d'un commerce fûr, aifé & agréable, avec qui vous puiffiez retirer tous les avantages & goûter toutes les douceurs de l'amitié. Bornez-vous même à un feul, fi vous n'en trouvez qu'un fur lequel vous puiffiez compter. Un feul bon ami vaut mieux que beaucoup d'amis équivoques. Il y en a tant de ceux-ci, & les vrais amis font fi rares ! Un jeune homme, à qui fon pere demandoit d'où il venoit, ayant répondu qu'il venoit de voir un de fes amis ;

*Vous en avez donc plusieurs*, dit le pere ! *Ah ! que vous êtes infiniment plus heureux que moi ; puisqu'en soixante & dix années qu'il y a que je suis au monde, à peine ai-je pu en trouver un !*

Il est aussi difficile de trouver de véritables amis, qu'il l'est de trouver des personnes qui aiment nos intérêts autant & plus que les leurs, qui nous fassent connoître & supporter volontiers nos défauts, qui nous préviennent & nous secourent dans le besoin.

On ne parle que d'amitié dans les sociétés, dans les compagnies, chez les Grands & parmi le peuple. On ne voit qu'elle sur les visages & sur les levres. Elle est par-tout, excepté dans les cœurs. Ce que l'Auteur du *Portrait de l'Amitié* lui fait dire, est très-vrai :

> Mon abord est civil, j'ai la bouche riante,
>   Et mes yeux ont mille douceurs :
> Mais quoique je sois belle, agréable & charmante,
>   Je regne sur bien peu de cœurs.
> Il est vrai qu'on m'exalte : & presque tous les hommes
>   Se vantent de suivre mes lois :
> Mais que j'en connois peu dans le siecle où nous sommes,
>   Dont le cœur réponde à la voix !
>
> PERRAULT.

Quels sont en effet la plupart des amis, tels que nous les voyons aujourd'hui & qu'on les a vus dans presque tous les temps ? Des amis passagers, qui ne le sont qu'en la riante saison, & qui disparoissent avec les beaux jours de la fortune : semblables aux hirondelles, qui viennent en foule avec le printemps, & s'envolent quand l'hiver approche. Des amis intéressés, qui recherchent & cultivent votre amitié tandis qu'elle leur est utile ou nécessaire, & qui la négligent lorsqu'ils n'en ont plus besoin, ou qu'elle ne peut leur procurer aucun avantage: semblables à ces animaux domestiqués, qui accourent pour recevoir leur nourriture, & se retirent aussi-tôt qu'ils l'ont prise. Des amis fanfarons, qui vous font mille offres de services dans tous les cas où vous aurez besoin d'eux, & qui ne peuvent ou ne veulent rien faire lorsque le temps est arrivé; comme ces arbres qu'on voit chargés de fleurs, & qui ne donnent point de fruits. Que dirai-je enfin ? Des amis orgueilleux, qui se glorifient de votre amitié tandis qu'elle leur est honorable, & qui en rougissent, si vous venez à déchoir, ou que la fortune les éleve au-dessus de vous: semblables à ces chevaux fiers & superbes, qui s'enorgueillissent sous le cavalier qui les monte, & s'enfuient lorsqu'il tombe.

Un homme alla voir un de ses amis, qui venoit d'être élevé à une grande dignité. Celui-ci aveuglé par sa nouvelle fortune, méconnut son ami jusqu'au point de lui demander qui il étoit. L'ami indigné répondit au nouveau parvenu, qu'au lieu de complimens de félicitation il croyoit devoir lui en faire de condoléance, sur le malheur qu'il avoit eu de perdre tout d'un coup le jugement & la mémoire, puisqu'il ne reconnoissoit pas ses meilleurs amis & qu'il ne se connoissoit plus lui-même.

»Je connois, dit M. *de Claville*, un maraud qui a fait fortune : il me demandoit il y a quarante ans l'honneur de ma protection ; & ma protection étoit assurément la plus petite chose du monde : dix ans après il m'appela son ami : aujourd'hui il ne me salue pas. J'ai connu un autre homme pire que le premier, parce qu'il devoit avoir l'ame plus belle ; il avoit été mon intime ami, mais tout-à-coup il devint plus grand seigneur qu'il ne l'avoit espéré. A la premiere entrevue il ne se souvint plus que de notre connoissance, à la seconde il en rougit & l'oublia ».

Nous pourions rapporter beaucoup de traits pareils. Mais à ces exemples trop communs & toujours déshonorans, opposons-en un autre ; & par l'amour de l'équité autant que pour la consolation des ames sensibles aux charmes de l'amitié, faisons voir que dans ce siecle même où l'on ne sacrifie guere que sur l'autel de la Fortune, il s'est trouvé des cœurs nobles & généreux, qui se sont fait gloire de sacrifier à l'Amitié pure & constante. *Clément XIV*, n'étant encore que simple Religieux, voyoit souvent un Peintre Italien fort médiocre. Il aimoit son caractere, ses mœurs, & vivoit avec lui dans la plus grande intimité. Elevé au Cardinalat, il devint pour le pauvre Artiste un grand Seigneur dont, suivant l'usage ordinaire, l'abord devoit être fort difficile. Aussi le Peintre n'osa-t-il pas aller chez le nouveau Cardinal, ni lui demander sa protection. Son ami pensoit bien différemment. Etonné de ne pas le voir paroître à ses audiences, le Cardinal se rendit chez lui dans toute la pompe de sa dignité. L'Artiste surpris de cette visite inattendue, le fut bien plus encore, lorsqu'il vit Son Eminence se jeter à son cou, le presser dans ses bras, & l'assurer qu'elle n'avoit pas oublié leur ancienne amitié. *Venez donc me voir*, lui dit affectueusement le Cardinal, *mon palais vous sera toujours ouvert, je serai toujours visible pour vous, & je ne cesserai jamais de vous aimer.* Lorsqu'il fut élevé à la Chaire pontificale, on présenta, selon la coutume, au nouveau Souverain l'état de sa maison, sur lequel le Cardinal-Major avoit placé l'un des plus fameux Peintres d'Italie. J'approuve l'état, dit le Saint Pere, à l'exception de l'article du Peintre. Celui que vous me proposez est sans doute excellent ; mais ma figure n'est point assez distinguée, pour que les portraits qu'il en feroit, pussent ajouter à sa réputation : il est riche d'ailleurs & peut bien se passer de moi. Je connois un Peintre moins célebre, beaucoup moins opulent, qui m'a toujours été ami, & que j'aime également : je le prends pour mon premier Peintre.

Imitez un si bel exemple : & si jamais la fortune vous éleve, fidelle au conseil du Sage, *conservez dans votre cœur le souvenir de votre ami, & ne l'oubliez pas lorsque vous serez devenu riche* (1). Sacrifiez toujours volontiers l'orgueil ou l'intérêt à la tendre amitié ; & ne

---

(1) *Non oblivi scaris amici tui in animo tuo, & non immemor sis illius in opibus tuis.* Eccli. 31.

ressemblez jamais à aucun de ces faux amis dont nous venons de parler. Que ce soit le cœur seul qui vous attache à vos amis, sans aucun égard à leur bonne ou à leur mauvaise fortune. Quelque chose qui leur arrive, souvenez-vous que se déclarer l'ami de quelqu'un, c'est s'engager à l'être dans tous les temps, dans toutes les occasions, dans toutes les situations de la vie. Aussi supérieure aux revers qu'inaccessible à l'envie, la vraie amitié partage l'infortune comme la félicité : c'est même dans le malheur qu'elle se montre avec plus d'éclat. La prospérité donne des amis, l'adversité les éprouve, comme le dit encore l'Auteur du *Portrait*, que nous avons déjà cité :

On m'accuse souvent d'aimer trop à paroître
  Où l'on voit la prospérité ;
Cependant il est vrai qu'on ne me peut connoître
  Qu'au milieu de l'adversité.

C'est ce que ce Poëte éprouva lui-même. Il avoit été fait Contrôleur-Général des Bâtimens par M. Colbert, qui l'honoroit de sa confiance & de son estime. Trop content de faire valoir les talens & le mérite des autres, de solliciter & d'obtenir des graces pour eux, il bornoit au seul établissement de leur fortune tout l'avantage de sa grande faveur. Elle finit avec la vie du Ministre ; & en perdant son protecteur, il perdit aussi son emploi. Il connut dans cette occasion, ce qui n'est que trop ordinaire, l'ingratitude de plusieurs faux amis,

Sa maison si fréquentée auparavant, devint solitaire.

Quoique la fidélité constante dans les malheurs & les disgraces soit bien rare, il s'en trouve néanmoins quelquefois des exemples; & les fastes de l'amitié nous en ont conservé, qui méritent de servir de modeles. En voici deux qui nous ont le plus frappé.

Le Philosophe *Callisthene* ayant suivi Alexandre dans ses conquêtes, fut accusé de trahison auprès de ce Prince, qui le fit mutiler, & le condamna à être enfermé dans une cage de fer à la suite de l'armée. *Lysimaque*, l'un des Capitaines d'Alexandre, & l'ami fidelle de Callisthene, ne discontinua cependant point de venir le voir. Ce Philosophe, après l'avoir remercié de cette attention courageuse, le pria au nom des Dieux, que ce fût pour la derniere fois. Laissez-moi, lui dit-il, soutenir mes malheurs, & n'ayez pas encore la cruauté d'y joindre les vôtres. *Je vous verrai tous les jours*, répondit Lysimaque: *si le Roi vous savoit abandonné des gens vertueux, il n'auroit plus de remords, & commenceroit à vous croire coupable. Oh! j'espere qu'il n'aura pas le plaisir de voir que la crainte d'encourir sa disgrace, m'ait fait abandonner un ami malheureux.*

Le deuxieme trait que nous avons à rapporter, ne fait pas moins d'honneur à l'amitié. *Freind*, premier Médecin de la Reine d'Angleterre, s'étoit élevé avec force dans le Parlement contre le Ministere. Cette conduite ayant indisposé la Cour, on lui suscita des affaires, & il fut renfermé dans la tour de Londres. Environ six mois après, le Ministre tomba malade. Il envoya chercher le celebre Médecin *Méad*. Celui-ci, après s'être mis au fait de la maladie, dit au Ministre qu'il lui répondoit de sa guérison, mais qu'il ne lui donneroit pas seulement un verre d'eau, que Freind son ami ne fût sorti de la tour. Le Ministre, quelques jours après voyant sa maladie augmenter, fit supplier le Roi d'accorder la liberté à Freind. L'ordre expédié, le malade crut que Méad alloit ordonner ce qui convenoit à son état; mais ce Médecin persista dans sa résolution, jusqu'à ce que son ami fût rendu à sa famille. Ce qui ayant été fait, Méad traita le Ministre, & lui procura en peu de temps une guérison parfaite. Le soir même il porta à Freind environ cinq mille guinées, qu'il avoit reçues pour ses honoraires, en traitant les malades de son ami pendant sa détention, & l'obligea de recevoir cette somme.

Heureux ceux qui trouvent de tels amis! Vous mériterez d'en avoir, si vous êtes vous-même ami fidelle & constant. Avez-vous fait un choix: que ce soit pour toute la vie; vous vous en trouverez mieux. *Ne quittez pas un ancien ami, car le nouveau ne lui sera pas semblable* (1). Ce n'est pas que s'il s'offre une nouvelle amitié à faire, on doive toujours la

---

(1) *Ne derelinquas amicum antiquum: novus enim non erit similis illi*, Eccli, 9.

rejeter, il y en a qui peuvent être auſſi utiles qu'agréables : mais n'abandonnez point pour cela l'ancienne amitié, & préférez même toujours les anciens amis aux nouveaux. Plus la paſſion de l'amour vieillit, plus elle eſt foible ; mais l'amitié devient plus forte en vieilliſſant. Elle eſt auſſi plus douce & plus agréable, comme ces vins vieux qui flattent plus délicieuſement le goût.

Ne changez donc point. Un ami nouveau ne vaudra jamais pour vous un ancien ami. Si la perſonne que vous aimez depuis long-temps eſt moins parfaite ou moins honorable, elle vous eſt plus propre, & mieux faite à votre humeur. Ce n'eſt pas la nobleſſe, l'eſprit ou la ſcience qui font les douceurs de l'amitié, c'eſt la conformité du cœur & la ſympathie des inclinations. D'ailleurs tout habit neuf incommode quelque temps, & toute nouvelle connoiſſance gêne : les réſerves & les cérémonies ſont longues : il faut s'étudier & ſe bien connoître, avant que de ſe livrer avec confiance ; & ce ſont toujours de grandes afiaires pour un homme ſage & prudent, que des commencemens d'amitié. En un mot, ſouvenez-vous de ce qu'on a dit, que quiconque peut ceſſer d'aimer un premier ami, eſt indigne d'en avoir un ſecond.

Ne rompez pas aiſément avec vos amis. Il n'y a point d'ami qui ne puiſſe manquer à notre égard, mais il n'y a guere de manquemens qu'on ne doive excuſer. Il faut ſe paſſer l'un à l'autre bien des choſes, ſi l'on veut que l'amitié subsiste. Lorsqu'on a donné la sienne à quelqu'un, on s'est obligé non-seulement à sentir ses peines, mais à souffrir ses fautes ; & ce seroit vouloir bien peu souffrir pour lui, que de ne vouloir rien souffrir de lui. Un jour *Henri IV*, ce grand Prince que nous aimons à citer, fut surpris d'une remontrance vive & hardie que lui fit M. de Villeroi, un de ses Secrétaires d'Etat. *Ventre-saint-gris*, lui dit-il, *parle-t-on ainsi à son Maître ?* M. de Villeroi le voyant en colere, se retira avec respect. Le Roi le suivit, & l'ayant atteint à la porte de son antichambre, il lui dit : *Monsieur de Villeroi, il ne faut pas que deux vieux amis se quittent pour si peu de chose.*

Il n'y a que les manquemens trop atroces ou absolument opposés à l'amitié, qui permettent légitimement de la rompre. L'homme qui reproche à son ami quelque déshonneur de sa famille ou quelque service qu'il lui a rendu, qui lui témoigne du mépris & de la fierté, mérite de le perdre. On peut revoir encore son visage, mais on ne retrouvera jamais son cœur ni sa confiance. *Quand il vous seroit échappé*, dit l'Ecclésiastique, *à l'égard de votre ami quelques paroles fâcheuses, ne craignez pas, car vous pouvez encore vous remettre bien ensemble.*

S'il est sage, il considérera qu'il est homme comme vous, & que nos passions nous surprennent quelquefois. Mais si vous lui dites des injures, si vous lui faites des reproches, si vous le traitez avec insolence, si vous découvrez les secrets qu'il vous avoit confiés, si, lui donnant au dehors toutes les marques d'une amitié sincere, vous le blessez en trahison; *dans tous ces cas, votre ami s'enfuira loin de vous* (1).

Ce qui doit sur-tout nous faire rompre nos liaisons, c'est lorsqu'elles peuvent nous devenir funestes ou dangereuses, lorsque la religion & la conscience ne permettent point de les continuer. On doit être bon ami, mais on doit être encore plus ami de la vertu. Un homme à qui son ami avoit refusé quelque service injuste, lui dit qu'il n'avoit que faire de son amitié, puisqu'elle lui étoit inutile. *Ni moi de la vôtre*, lui répondit-il, *puisqu'on ne peut la conserver que par des injustices.* On sait aussi le beau mot d'un Païen. Un de ses amis le pressoit de faire pour lui un faux serment. *Je me fais un devoir*, lui répondit-il, *de servir mes amis, mais non pas jusqu'à offenser les Dieux* (2).

Il peut arriver encore qu'un ami tombe dans des fautes ou fasse éclater des vices, dont la honte & l'infamie rejailliroient sur ceux qui continueroient à se déclarer ses amis. Alors il est de la prudence & de la sagesse de rompre ou plutôt de laisser mourir l'amitié, en cessant peu-à-peu de se voir. Car, autant qu'il est possible, il faut éviter les éclats, &

---

(1) .... *In his omnibus effugiet amicus.* Eccli. 22.
(2) *Amicus usque ad aras.*

comme difoit Caton, *il vaut mieux découdre que déchirer*. On doit du refpect à l'ancienne amitié ; & s'il eft permis à un honnête homme qui s'eft trompé dans le choix de fes amis de les abandonner, ce doit toujours être de telle forte qu'ils fe reffentent en toute occafion d'avoir été les amis d'un honnête homme.

Ne condamnez pas vos amis fans les entendre ou fans vous être bien affuré qu'ils font coupables. Quand il s'agit de fe brouiller avec une perfonne qui nous eft chere, on ne fauroit trop s'éclaircir ni être trop fûr. Il faut n'être ni facile à écouter, ni prompt à croire. Combien de faux rapports ont brouillé de vrais amis !

Vous vous trouverez rarement dans le cas de rompre, fi vous prenez pour regle, comme nous l'avons dit, de ne choifir que des amis vertueux & gens de bien, & fi vous avez foin de les éprouver avant que de vous lier avec eux. Ne donnez jamais votre amitié, qu'après vous être affuré qu'on en eft digne, & ne vous empreffez pas à mettre au nombre de vos amis ceux dont vous n'aurez pas connu auparavant, à des marques certaines, l'attachement fincere & la fidélité. Il faut éprouver dans les commencemens du commerce : c'eft le faire trop tard, que d'attendre qu'on foit ami. Il faut mettre à l'épreuve ceux qu'on veut aimer, & ménager ceux qu'on aime.

Faites pour l'amitié ce qu'on doit faire pour le mariage. Ayez beaucoup de prudence avant la liaifon, & de ménagement après.

C'est parce qu'on y manque, qu'on voit aussi peu de bonnes amitiés que de bons mariages. Prenez les yeux d'Argus, pour connoître les défauts de la personne avec laquelle vous voulez lier une étroite amitié. Mais la liaison faite, devenez aveugle, ou si vous ne pouvez vous dissimuler les défauts de votre ami, ne les remarquez que pour l'en avertir avec bonté & pour les supporter. On ne peut aller loin dans l'amitié, si l'on n'est pas disposé à souffrir quelquefois l'un de l'autre. En liant amitié avec des hommes, il faut s'attendre aux défauts de l'humanité, que le plus vertueux doit le plus excuser & pardonner.

Vous ferez aussi très-sagement, si vous voulez garder long-temps vos amis, d'être toujours poli avec eux. La familiarité que permet l'amitié, ne dispense jamais de la politesse; & la liberté permise entre amis, doit toujours être accompagnée d'égards, sur-tout en présence des autres. On a vu bien des amitiés rompues, ou du moins considérablement altérées, parce que sous prétexte d'agir librement & sans façon, on en étoit venu insensiblement à agir avec impolitesse. *Malherbe* ayant été invité par l'Abbé Desportes son ami à dîner chez lui, arriva lorsqu'on étoit à table. Desportes se leva pour le recevoir, & lui dit qu'il alloit lui chercher un exemplaire de la nouvelle édition de ses Poésies. *Cela n'est pas nécessaire*, lui répondit Malherbe, *j'aime mieux votre potage.* Desportes choqué de ce compliment, ne lui parla point durant tout le repas;

ils se quitterent froidement, & ne se revirent plus.

Enfin, si vous avez un bon ami que vous vouliez conserver, observez de ne jouer avec lui que quand vous êtes assuré qu'il est très-beau joueur ; & plus avec lui qu'avec tout autre, soyez fidelle à la maxime de ne jouer jamais que petit jeu. Le gros jeu donne lieu aux injures, qui produisent les querelles & les divisions. L'amitié nous plaît, mais l'intérêt nous domine, & la perte de notre argent nous touche plus que celle d'un bon ami.

A l'égard de l'amitié entre personnes de différent sexe, si elle est quelquefois plus agréable, elle est aussi plus dangereuse, surtout pour les femmes. Plusieurs d'elles d'un excellent caractere & de beaucoup de mérite, ont été perdues par des hommes, sous le prétexte de l'amitié. En supposant dans un homme la probité & l'honneur au plus haut degré, son amitié pour une femme tient de si près à l'amour, que si elle a quelques charmes dans sa personne, elle aura bientôt pour amant celui qu'elle ne vouloit avoir que pour ami. Ce qui fait dire à *Pavillon* dans ses *Conseils à Iris*,

N'accoutumez point votre cœur,
Séduit par la vertu de l'objet qui le tente,
A s'attendrir par la douceur
Même d'une amitié qui peut être innocente :
L'honneur dans ce commerce est fort mal assuré.
Ne vous y laissez pas surprendre.
Un ami si sage & si tendre,
Est bien plus dangereux qu'un amant déclaré.

*Voyez d'honnêtes gens.*

On acquiert du mérite quand on fréquente ceux qui en ont. Voulez vous devenir vertueux & homme de mérite : attachez-vous à ceux qui le sont, ne les quittez point, entretenez-vous avec eux le plus souvent qu'il vous sera possible, fixez continuellement sur eux vos regards. C'est à l'aspect des chefs-d'œuvres des Raphaël & des Michel-Ange, que les jeunes Peintres s'enflamment & redoublent leurs efforts. De même un jeune homme, en contemplant les modeles qu'une société choisie offrira sans cesse à ses yeux, sentira son cœur s'échauffer d'une douce émulation, & brûler du désir de les imiter.

Le célebre *de Vic*, Vice-Amiral & ami de Henri IV, lorsqu'il arrivoit dans une ville, s'informoit toujours quels étoient les hommes les plus recommandables par leur mérite, & alloit aussi-tôt les voir. De quelque condition qu'ils fussent, il les amenoit dîner, ou souper avec lui.

On acquiert des mœurs avec les personnes qui en ont : on prend des manieres polies & gracieuses avec les gens aimables & bien élevés : on étend son esprit & ses connoissances avec les hommes spirituels & savans. *François I*, qui fut en France le pere & le restaurateur des Lettres, peut servir d'exemple pour ce dernier point. Il savoit beaucoup, sans avoir presque jamais étudié. Mais durant ses repas, à son lever, à son coucher, & tout le temps qu'il ne donnoit pas aux affaires, ou à la chasse, il entretenoit des hommes vraiment savans qui l'instruisoient.

Les ignorans ne nous apprennent rien, les gens de mauvais goût gâtent celui des autres, les diseurs d'équivoques & d'obscénités salissent l'imagination, les hommes grossiers abrutissent. Un pere qui avoit de la naissance & du bien, mais qui ne connoissoit pas assez le prix d'une honnête & noble éducation, avoit toujours tenu son fils à la campagne, où il n'avoit vu que des paysans. Après la mort du pere, le fils épousa une de ses servantes, & continua le honteux genre de vie qu'il avoit mené jusqu'alors. Quand on lui en parloit : *Que voulez-vous*, répondoit-il ? *c'est la faute de mon pere, qui ne m'a pas donné une meilleure éducation. Il ne m'a jamais fait voir aucune bonne compagnie. Les honnêtes gens ne pouroient me souffrir. Il faut bien que je voie ceux à qui je ressemble.*

Jeune homme, qui avez des sentimens & qui rougiriez de suivre un pareil exemple, liez-vous de bonne heure avec les personnes polies, instruites, d'un esprit juste & d'un goût sûr. Introduisez-vous & aimez à aller dans ces maisons respectables, où tout ce qu'on voit, tout ce qu'on entend, ne respire que les bonnes mœurs, la politesse & la décence. Mais souvenez-vous que pour y être admis, il faut avoir de la conduite & de la sagesse, un maintien réservé & modeste qui prévienne, un esprit doux & orné qui serve de recommandation. Voyez les honnêtes gens, estimez-les, & travaillez à vous en faire estimer. Liez-vous étroitement avec eux : le profit est sûr, & ses nœuds durent toujours. Bientôt vous sentirez les heureuses & fécondes influences qu'ils verseront sur vous. Leur commerce polira vos manieres, augmentera vos connoissances, perfectionnera votre esprit & formera votre goût. Tout ce qui ne sera ni grand, ni beau, ni délicat, ni poli, ni honnête, vous paroîtra insipide, méprisable, odieux. Quelle différence entre le commerce de ces hommes choisis, avec qui, pendant la plus longue vie, on trouve toujours à profiter, & celui des libertins, des grossiers, des gens sans mœurs, sans religion, sans politesse, avec qui il y a toujours beaucoup à perdre ! La société des premiers perfectionne & fait honneur, celle des autres corrompt & déshonore. *Celui qui fréquente les sages*, dit Salomon, *deviendra sage lui-même ; & l'ami des insensés deviendra semblable à eux* (1).

Faut-il toujours voir des personnes au-dessus de soi, comme on le dit ordinairement ? Les gens d'une condition obscure suivent volontiers ce conseil qui flatte leur vanité : ils s'imaginent, en fréquentant les Grands, en acquérir plus de considération & de grandeur, comme si un nain qui s'approche d'un géant

―――――――――――

(1) *Qui cum sapientibus graditur, sapiens erit : amicus stultorum similis efficietur.* Prov. 13.

en paroissoit plus grand. Mais pour suivre cette regle & la mettre en pratique avec succès, il faut un esprit bien fertile en ressources, un caractere complaisant, une humeur facile, des talens rares; & l'on doit certainement y mettre des restrictions. Si ce sont des personnes d'un mérite reconnu & d'un commerce aisé, il y a beaucoup d'honneur & de profit à s'en faire estimer assez pour mériter de les voir souvent. Si ce sont des nobles ou des riches qui n'ont rien de grand que leur nom ou leurs richesses, il y a souvent plus à perdre qu'à gagner dans leur commerce. Celui qui n'est pas la dupe de la vaine gloire & qui pense sagement, préférera toujours la douceur & l'agrément de vivre familiérement avec les plus honnêtes gens d'entre ses égaux, au pénible honneur de vivre avec des Grands, dont il faut essuyer les humeurs, partager les ennuis, souffrir les railleries, dévorer les dédains, & quelquefois servir les passions. Qu'en revient il souvent? des remords, des regrets, des plaintes!

Heureux celui qui, libre d'ambition, & n'ayant besoin ni de protection ni de graces, peut dire comme le Poëte:

Je ne vais point, des Grands esclave fastueux,<br>
Les fatiguer de moi, ni me fatiguer d'eux.

RACINE *le fils*.

Si vous êtes obligé de les voir, n'en approchez ni trop rarement ni trop souvent. Trop voir un grand Seigneur, on le fatigue, on l'importune : le voir rarement, il oublie, il ne remarque plus. *Traite les Grands comme le feu*, difoit Diogene, *& n'en fois jamais ni trop éloigné ni trop près.*

L'Auteur de l'*Eccléfiaftique*, en nous donnant le même confeil, nous avertit auffi de ne pas trop nous lier avec eux, de peur que nous n'en foyons les dupes & les victimes. Une infinité d'exemples ont confirmé la vérité de ce que dit l'Efprit-Saint. *Tant que vous ferez utile à un Grand, il vous emploira ; fi vous avez du bien, il fera bonne chere avec vous, il vous épuifera, & à la fin il fe moquera de vous ; il vous abandonnera, & ne fera nullement touché de la trifte fituation où vous vous ferez mis pour lui* (1).

Le commerce d'ailleurs avec les Grands n'eft pas toujours auffi honorable qu'on fe l'imagine, & il eft fouvent pernicieux pour les mœurs. Il eft plus aifé de ne point vivre avec la plupart des Grands, que d'être avec eux à fa place fans fe dégrader ou fe corrompre. Les plaifirs qu'on partage avec eux, ne font-ils pas payés trop cher par la perte de fa vertu, ou du moins de fa liberté, le plus précieux de tous les biens, le plus doux & le plus innocent de tous les plaifirs ? On vantoit beaucoup le bonheur de *Callifthene*, de manger à la table d'Alexandre. Diogene répondit : *C'eft en quoi je l'eftime malheureux, puifqu'il eft obligé de manger à l'heure & au goût d'un autre.*

―――――

(1) .... *Et ipfe non dolebit fuper te*. Eccli. 13.

## XXVII.

*Jamais ne parlez mal des personnes absentes.*

DIRE du mal des absens, c'est une lâcheté: celui qui parle mal de ceux qui ne peuvent se défendre, ressemble à celui qui, les armes à la main, attaqueroit un homme désarmé. Mais la médisance n'est pas seulement une lâcheté, c'est une indignité & une bassesse. Si l'on y ajoute la calomnie, c'est un crime noir, & de la médisance à la calomnie il n'y a qu'un pas. Celui qui se permet l'une, y joindra bientôt l'autre. On ajoute, on change presque sans le vouloir. Un fait raconté par dix bouches médisantes, n'est plus le même. Tout médisant est donc presque toujours un calomniateur, & tout calomniateur est un fripon & un malhonnête homme.

Celui qui ôte l'honneur ou qui contribue à le faire perdre, est un meurtrier d'autant plus criminel qu'il ôte injustement ce qui est à un honnête homme plus cher que la vie. L'Empereur Caracalla qui avoit fait mourir les Médecins, parce qu'ils n'avoient pas abrégé la vie de son pere, ayant tué son frere Géta entre les bras de sa mere, sous de faux prétextes, voulut obliger *Papinien*, le plus célebre Jurisconsulte de son temps, à composer un discours pour excuser ce meurtre devant le Sénat ou devant le peuple. Mais ce grand homme lui répondit : *Prince, il eſt plus facile de commettre un parricide que de l'excuſer, & c'eſt un ſecond parricide d'ôter l'honneur à un innocent après lui avoir ôté la vie.* L'Empereur irrité de ſa réponſe, lui fit trancher la tête.

C'eſt un grand malheur pour les gens de bien, même les plus irréprochables, d'être expoſés aux traits envenimés de la calomnie. Quand elle répand ſon fiel & ſon poiſon, il n'y a rien qu'elle ne terniſſe. Si elle ne peut détruire entiérement l'eſtime & la réputation, elle l'affoiblit & en diminue l'éclat. Elle eſt comme le feu, qui noircit ce qu'il ne peut brûler.

Les maux que cauſe la langue médiſante, ou ſont irréparables, ou ne ſont preſque jamais réparés. Un coup de langue eſt bien prompt, mais ſouvent les bleſſures en ſont mortelles. On ne ſauroit être trop circonſpect dans une matiere auſſi délicate que celle de la réputation & de l'honneur. Les perſonnes qui en ont, craignent de les faire perdre à ceux-mêmes qui en ſont les moins dignes, comme on le voit par le beau trait que nous allons rapporter. *Alphonſe*, Roi d'Aragon, alla chez un Joaillier avec pluſieurs de ſes Courtiſans. Il fut à peine ſorti de la boutique, que le Marchand courut après lui, pour ſe plaindre qu'on lui avoit volé un diamant de grand prix. Le Roi rentra chez le Marchand avec toute ſa ſuite, & ſe fit apporter un vaſe plein de ſon. Il ordonna que chacun de ſes Courtiſans y mît la main fermée, & l'en retirât toute ouverte. Il commença le premier. La cérémonie faite, il fit vider le vase sur la table, & le diamant fut retrouvé. Le soin qu'eut ce Prince de sauver l'honneur de celui qui avoit commis le vol, & le moyen ingénieux qu'il employa, font l'éloge de sa grandeur d'ame & de son esprit.

L'exemple de ce Prince si attentif à ne pas ôter l'honneur & la réputation, doit confondre bien des personnes qui sont si peu scrupuleuses sur ce point. On les voit d'un air satisfait déchirer la réputation des autres, se plaire à nommer les personnes où à les désigner de maniere à ne pas s'y méprendre, se moquer des absens, les tourner en ridicule, grossir leurs fautes, & publier par-tout les secrets vrais ou faux des familles : personne ne peut échapper aux coups de leur langue. On accuse sur-tout les femmes d'avoir ce défaut, & d'être presque toutes médisantes. Ce n'est pourtant point par horreur du vice; celles qui médisent le plus ne sont pas moins vicieuses que les autres ; & si elles n'avoient pas des défauts, elles ne prendroient pas tant de plaisir à en remarquer dans les autres. Mais la curiosité les porte à savoir tout ce qui se passe ; & l'on n'aime guere à savoir que pour avoir le plaisir de l'apprendre à d'autres. La légéreté naturelle les empêche de faire réflexion à leurs paroles ; & elles ont médit presque avant de s'en appercevoir. L'oisiveté & l'envie de parler font chercher dans la médisance des sujets d'entretien ; sans la médisance, combien de personnes n'auroient rien à dire !

Il y en a aussi qui ne parlent si volontiers des défauts des autres, que pour faire croire qu'ils ne les ont point ou qu'ils n'en ont pas de si grands. Mais l'amour-propre est souvent ici sa dupe ; car on ne manque guere de venger sur leurs défauts ceux qu'ils ont censurés dans les autres. N'invitons pas la malignité à chercher dans nous de quoi nous humilier & nous confondre. Il est bien difficile de ne pas lui donner prise par quelque endroit ; & il n'y a guere d'occasions ou l'on fît un mauvais marché de renoncer au bien qu'on dit de nous, à condition de n'en point dire de mal.

C'étoit donc une fanfaronnade, ou une défaite de l'amour-propre, toujours ingénieux à se tromper, que la réponse de *Boileau-Despréaux*. Lorsqu'on lui représenta que s'il s'attachoit à la satire, il se feroit des ennemis qui auroient toujours les yeux sur lui & ne chercheroient qu'à le décrier : *Hé bien*, répondit-il, *je serai honnête homme, & je ne les craindrai point*. Mais ignoroit-il donc qu'il est bien difficile d'être toujours honnête homme dans le métier qu'il faisoit ? Le meilleur Poëte satirique ne manque-t-il pas essentiellement à la probité, lorsqu'il outre les choses, & que sans égard il immole ses contemporains à la risée de son siecle & de la postérité, comme on a reproché, avec assez de justice, à Despréaux de l'avoir fait ? Aussi ce Poëte, qui s'est immortalisé par son *Lutrin*, son *Art Poëtique* & ses *Epitres*, auroit-il une gloire

plus

plus pure, s'il n'eût pas compoſé ſes *Satires*.

Ce n'eſt pas qu'il ne ſoit quelquefois permis, qu'il ne ſoit utile même, de critiquer les mauvais Auteurs, & de prendre en main la défenſe du bon goût contre ſes ennemis, comme on peut démaſquer l'erreur, l'hypocriſie pernicieuſe, & faire connoître les gens dangereux, afin qu'ils ne nuiſent à perſonne. Mais c'eſt qu'un Satirique ne reſte preſque jamais dans les juſtes bornes. La ſatire, d'abord modérée & légitime, devient bientôt outrée, piquante, perſonnelle & partiale. Sous prétexte de venger le bon goût, on ſe venge ſoi-même, on ſatisfait ſon reſſentiment & ſa haine. Pour réjouir le lecteur, on aiguiſe les traits de la ſatire, on mord, on déchire ſans ménagement. On n'épargne plus, lorſqu'une fois on ſe voit applaudi de ſes premiers eſſais, & malheureuſement la ſatire ingénieuſe l'eſt preſque toujours. Elle plaît à notre malignité, qui aime ſur-tout à voir tourner en ridicule, parce qu'il n'y a guere d'abaiſſement plus grand, ni qui ſoit plus ſans retour; car on a honte d'eſtimer dans la ſuite ceux dont on s'eſt moqué. C'eſt pour cela que la réputation de *Quinault* a encore aujourd'hui tant de peine à ſe rétablir, & que celle de *Cotin* n'a pu ſe relever. Qu'on liſe néanmoins l'hiſtoire de l'Académie Françoiſe, & l'on verra que les *Caſſagne*, les *Cotin*, dont les noms rempliſſent ſi ſouvent les mordans hémiſtiches de ce cruel & trop ingénieux Satirique, méritoient, à plufieurs égards, l'eftime publique qu'il leur a fait perdre.

*Caſſagne* étoit aſſez bon Poëte, & Prédicateur eſtimé. L'Ode qu'il fit à la louange de l'Académie Françoiſe, l'y fit recevoir à l'âge de vingt-ſept ans; & le Poëme qu'il publia l'année ſuivante, où il introduit Henri IV, donnant des inſtructions à Louis XIV, lui acquit l'eſtime de M. Colbert. Il étoit ſur le point de prêcher à la Cour, lorſque Boileau ayant mis ſon nom avec celui de Cotin dans ſa troiſieme ſatire, ce trait piquant le fit renoncer à la Chaire, & l'interrompit au milieu de ſa courſe. Après avoir fait les derniers efforts pour regagner l'eſtime du public par ſes ouvrages, il ſuccomba ſous le poids de l'étude & du chagrin. Ses parens avertis que ſa tête ſe dérangeoit, furent contraints de le mettre à Saint-Lazare, où il mourut âgé ſeulement de quarante-ſix ans. Triſte effet de la ſatire, & qui devoit bien rendre amer pour l'Auteur lui-même le plaiſir qu'elle pouvoit d'ailleurs lui donner!

Quand à l'Abbé *Cotin*, peut-être il auroit eu le tranquille ſort de tant d'autres Ecrivains qui ne valoient pas mieux que lui ou qui peut-être valoient moins. Pendant leur vie on les laiſſe jouir de la bonne opinion qu'ils ont d'eux-mêmes, & après leur mort leur mémoire eſt enſevelie avec leurs cendres dans un même tombeau. Au fond, Cotin n'étoit pas ſi mépriſable que la ſatire l'a voulu faire croire. Il ſavoit les langues, étoit chéri dans les plus illuſtres compagnies où l'on ne faiſoit guere accueil qu'au mérite, & prêcha ſeize Carêmes dans les meilleures Chaires de Paris. Qu'on liſe ce qu'il a écrit: on conviendra non-ſeulement qu'il étoit verſé dans la Philoſophie & dans la Théologie, mais que ſa proſe a quelque choſe d'aiſé, de naïf & de noble, & que ſes poéſies même ont de quoi plaire en bien des endroits aux perſonnes les plus délicates. Mais il eut le malheur de ſe brouiller avec Moliere & Boileau. Il avoit offenſé le premier, en publiant à l'Hôtel de Rambouillet, que le Duc de Montauſier étoit joué dans le Miſanthrope; & ce Seigneur qui le crut ainſi, en fit arrêter la repréſentation. Il avoit blâmé Boileau de ſon goût pour la ſatire, & il étoit intime ami de Gilles Boileau brouillé alors avec le Poëte ſon cadet. Selon l'Auteur des *Anecdotes Littéraires*, ce fut la fatale néceſſité de la rime, qui attira ſur l'Abbé Cotin les traits du Poëte ſatirique. Celui-ci récitoit à Furetiere la ſatire du *Repas*, & ſe trouvoit arrêté par un hémiſtiche qui lui manquoit:

Si l'on n'eſt plus à l'aiſe aſſis en un feſtin,
Qu'aux ſermons de Caſſagne.......

Vous voilà bien embarraſſé, lui dit Furetiere, que n'y mettez-vous l'*Abbé Cotin*? Il ne fallut pas le dire deux fois. Quoi qu'il en ſoit, Moliere & Boileau attaquerent le malheureux Cotin de la maniere que tout le monde ſait, & Cotin accablé des traits perçans du Satirique & de la Scene de *Triſſotin*, ne put s'en relever. Il baiſſa tellement, que ſes parens agirent pour qu'il fût mis en curatelle.

Boileau avoit donc plus de raiſon qu'il ne penſoit, de dire lui-même au commencement d'une de ſes Satires :

>Muſe, changeons de ſtyle, & quittons la ſatire ;
>C'eſt un méchant métier que celui de médire.

Ce qu'il ajoute n'eſt pas moins vrai :

>A l'Auteur qui l'embraſſe il eſt toujours fatal.
>Le mal qu'on dit d'autrui, ne produit que du mal.

C'eſt ce qui eſt arrivé à une infinité de Satiriques, & en particulier à *Sotade*, ancien Poëte Grec. Ses poéſies étoient pleines de médiſances & de ſatires mordantes contre les perſonnes les plus reſpectables. Ptolomée Philadelphe, Roi d'Egypte, contre lequel il avoit oſé écrire, le fit enfermer dans un coffre de plomb, & jeter dans la mer.

Si vous êtes jaloux de votre propre honneur & de l'eſtime des hommes, ne médiſez point. Il y en a qui croient plaire ou briller par-là, mais on les déteſte & on les mépriſe. Et qui le mérite mieux ? Car ſi c'eſt l'envie ou la haine qui fait parler le médiſant, comme il arrive preſque toujours ; quelle baſſeſſe ! Si c'eſt de ſang-froid & ſans intérêt, qu'il fait, contre des perſonnes de qui il n'a reçu aucun mal, tout ce que l'emportement & la vengeance pouroient lui ſuggérer de plus cruel contre des ennemis déclarés ; quel caractere noir ! De quelque côté donc qu'on enviſage le médisant, on ne peut que le mépriser & le haïr.

Le médisant ne plaît qu'à ceux qui ont beaucoup de malignité ou des raisons particulieres : encore aiment-ils toujours plus la médisance que le médisant. Il leur apprend ce qu'il peut faire contre eux par ce qu'il fait contre les autres : & qui est-ce qui n'a pas à craindre les traits d'une mauvaise langue ? On la hait donc au fond, de quelque caractere qu'on soit. Les gens malins, ennemis ou jaloux, ne l'écoutent que pour en nourrir leur malignité, leur haine ou leur envie ; & ils la percent à son tour des mêmes traits dont elle a percé les autres. Les gens de bien qui réfléchissent sur l'indignité de ces sortes de discours, se bouchent les oreilles pour ne pas les entendre : ils s'indignent contre celui qui leur apprend ce qu'ils ne voudroient pas savoir.

C'est ce que tout le monde doit faire. Car ce n'est pas assez de ne point médire, on doit encore fermer l'oreille à la médisance. Celui qui l'écoute est presque aussi coupable que celui qui la dit : il en est le criminel complice. Aussi le Sage nous recommande-t-il de ne point prêter l'oreille aux langues médisantes : *Faites*, dit-il, *comme une haie d'épines à l'entrée de vos oreilles, & n'écoutez pas la méchante langue.* Le plus sûr moyen de la faire taire est de ne pas l'écouter. *Le vent d'aquilon dissipe la pluie*, dit Salomon, *& le visage triste* *fait taire la langue médisante* (1). Une personne voulant dire à une autre quelque chose au désavantage du prochain, celle-ci lui fit ce compliment qui la surprit & qui ne lui plut guere : *Il y a déjà long-temps que je me suis mis en possession de n'entendre jamais parler mal de personne. Si vous avez quelque chose de bon à me dire de la personne en question, je l'écouterai avec plaisir ; sinon je vous prie de me dispenser d'une audience qui me feroit peine.*

M. de Chanfeuil de Grandpré se trouva un jour dans une maison respectable, où un Lieutenant-de-Roi d'une ville de province, fort médisant, parloit très-désavantageusement de son Gouverneur, avec qui il étoit brouillé. *Monsieur*, lui dit M. de Grandpré, *vous déchirez à tort une personne que j'estime & à qui j'ai mille obligations : vous me faites l'honneur d'avoir quelque bonté pour moi : si vous avez bien résolu de briller à ses dépens, vous m'obligerez beaucoup de ne pas m'en rendre le témoin.* Le Lieutenant-de-Roi, confus & charmé de la maniere honnête de M. de Grandpré, lui dit que puisque le Gouverneur étoit de ses amis, il changeroit de ton & d'entretien, & qu'il y avoit tant de plaisir à être dans son amitié qu'il le prioit de lui accorder cette grace. *Je vous l'offre*, lui répondit M. de Grandpré, *mais à condition que les absens pour qui je m'intéresse, ne seront jamais impunément déchirés en ma présence.*

---

(1) *Sepi aures tuas spinis, linguam nequam noli audire.* Eccli. 28. Prov. 25.

Ceux qui ont autorité, font obligés de fermer la bouche au médifant. » Ne permettez pas, difoit *Saint-Louis* à fon fils, que perfonne ait la hardieſſe de prononcer devant vous aucune parole qui puiſſe porter qui que ce ſoit au péché, ni d'attaquer par la médifance la réputation des autres, ſoit qu'ils ſoient préſens ou abſens ». *Louis XIV*, qui avoit toutes les qualités d'un grand Roi, ne s'étoit pas feulement interdit la médifance, toujours indécente dans la bouche d'un Prince; mais il la défarmoit lorſqu'elle oſoit paroître devant lui. Un petit-maître voulant jeter un ridicule ſur l'incapacité d'un jeune Seigneur, dit à ce Prince qu'on feroit un gros livre de ce que ce Seigneur ne favoit pas. Le Roi prenant un air févere, dit à ce railleur: *Et l'on en feroit un fort petit de ce que vous favez*.

Si vous avez entendu quelque parole contre la réputation du prochain, gardez-vous de la répéter, & comme dit l'Eſprit-Saint, faites-la mourir dans vous-même (1). Le mal que nous apprenons des autres, doit être enſeveli chez nous, quand il n'y a pas de preſſante néceſſité à le redire. Lorſqu'on difoit à la vertueuſe Reine de France, Epouſe de Louis XV, quelque choſe qui bleſſoit l'honneur du prochain, elle refuſoit d'abord de le croire. La choſe devenoit-elle publique: elle excuſoit ou plaignoit la perſonne, & n'en parloit plus.

---

(1) *Audiſti verbum adversùs proximum tuum? commoriatur in te.* Eccli. 19.

On ne doit pas moins respecter la mémoire des morts que la réputation des vivans. On parloit en présence de Milord *Bolingbroke*, de l'avarice dont le Duc de Malbourough avoit été accusé, & l'on citoit des traits sur lesquels on appeloit au témoignage de Bolingbroke, qui avoit été l'ennemi déclaré du Duc. *C'étoit un si grand homme*, répondit Bolingbroke, *que j'ai oublié ses vices*.

*Badinez prudemment les personnes présentes.*

Il est si rare & si difficile de rire des autres sans les choquer, qu'il vaudroit mieux s'en abstenir entiérement. L'amour-propre est si délicat, qu'il est presque impossible de le toucher sans le blesser, à moins qu'on ne le fasse avec beaucoup de légéreté & de prudence. Il faut que le badinage soit mêlé de tant d'égards & d'estime, que la personne qui en est le sujet, en soit moins offensée que flattée.

On doit aussi bien examiner ceux avec qui on badine. Les grossiers, les ignorans & les sots sont toujours prêts à se fâcher, & à croire qu'on se moque d'eux ou qu'on les méprise. Il ne faut jamais, dit *la Bruyere*, hasarder la plaisanterie même la plus douce & la plus permise, qu'avec des gens polis ou qui ont de l'esprit.

En général, il faut rarement badiner. Il est vrai que le badinage, quand il est juste, léger & finement renvoyé, est le sel de la converfation, qui devient infipide & ennuyeufe, quand on n'y rit pas. Mais trop de ce fel, dit l'Auteur des *Confeils de la Sageffe*, eft bien pis que point du tout, & en ce genre le trop n'eft pas loin du peu. Il faut bien de la prudence pour fe tenir dans la modération & pour ne point paffer jufqu'à l'excès; il faut bien du jugement pour ne rien dire de déplacé, & beaucoup d'attention fur fes paroles pour ne pas laiffer échapper le moindre mot qui puiffe bleffer.

Ne vous mêlez donc pas de rire ni de jouer avec les autres, fi vous n'êtes extrêmement fage, & fi vous n'avez l'art de le faire difcrétement & avec grace. Ufez d'une grande circonfpection. Obfervez foigneufement l'humeur, le temps, le lieu, les occafions: ce qui eft bien reçu aujourd'hui ne le fera pas demain. Affaifonnez le badinage avec une louange: en mettant de fon parti l'amour-propre des autres, on eft fûr de ne jamais déplaire. Mais c'eft-là précifément ce qu'on ne fait pas. Les badinages les plus doux, les plus modérés, les plus innocens, dégénèrent prefque toujours. Parmi les traits que fait partir une humeur enjouée, il y en a toujours quelqu'un de plus perçant qui pénetre jufqu'au cœur. Il en eft de ces jeux d'efprit comme des jeux de main.

On gagne fouvent beaucoup à fupprimer un bon mot, & l'on s'expofe toujours à en rifquer un dangereux. Ne faites jamais aucun badinage qui puiffe déplaire; & quel qu'il foit, n'en faites pas fouvent, de peur d'en contracter l'habitude. On dit quelquefois bien des sottises, quand on veut faire le rieur & le plaisant.

> On cherche les rieurs, & moi je les évite :
> Cet art veut sur tout autre un suprême mérite.
> Dieu ne créa que pour les sots
> Les méchans diseurs de bons mots.
> La Font.

Celui qui aime à plaisanter ne sera pas long-temps estimé ; & s'il y joint la raillerie, comme il arrive ordinairement, il se rendra méprisable & odieux. Le plus mauvais de tous les caracteres est celui de railleur. Il se fait beaucoup d'ennemis, & n'a aucun ami. Souvent même il change les meilleurs amis en ennemis irréconciliables. Un Anglois de beaucoup d'esprit, nommé *Thomas Fuller*, & de ces hommes qui auroient mieux aimé perdre vingt amis qu'un bon mot, avoit fait quelques vers sur une femme grondeuse. Le Docteur Consius, son bienfaiteur, les ayant entendu réciter, lui en demanda une copie. *Rien de plus juste*, lui dit Fuller, *puisque vous avez l'original*. Le Docteur fut d'autant plus piqué de l'épigramme, que sa femme ne passoit pas pour être douce. Il cessa de protéger Fuller, & devint son ennemi.

On pardonne, on rend quelquefois son amitié à ceux qui ont fait quelque injustice ou quelque affront ; mais la raillerie est de toutes les injures celle qui se pardonne le moins, parce qu'elle est le langage le plus certain du mépris. Elle porte à l'amour propre le coup le plus fenfible, parce qu'elle nous ôte la bonne opinion que nous avons de nous-mêmes, & qu'elle veut nous rendre ridicules aux yeux des autres & à nos propres yeux. C'eft une injure déguifée; & ce qui la rend encore plus humiliante, c'eft qu'en même temps qu'elle nous abaiffe, elle femble élever celui qui nous raille au-deffus de nous; elle le rend pour ce moment en quelque forte notre fupérieur & notre maître.

C'eft pour cela qu'il eft fi dangereux de railler les Grands. La raillerie qui les attaque devient fouvent funefte, & bien des bons mots ont coûté cher à leurs auteurs. Un certain *Théocrite* ayant offenfé le Roi Antigonus qui étoit borgne, ce Prince promit de lui pardonner, s'il venoit lui demander fa grace. Ses amis, pour l'y engager, lui dirent: Ne craignez rien, votre grace eft affurée, dès que vous aurez paru aux yeux du Roi. *Ah! dit-il, fi je ne puis obtenir ma grace, fans paroître à fes yeux, je fuis perdu.* Cette raillerie fut rapportée au Prince, qui le fit mourir.

Le défir de la vengeance eft toujours le premier fruit, que produit la raillerie dans le cœur de celui qu'elle offenfe. *Philippe I*, Roi de France, aimoit à fe railler de l'embonpoint & du gros ventre de Guillaume le Conquérant, Duc de Normandie. Il demandoit quelquefois en riant à ceux de fa Cour quand Guillaume accoucheroit. Ce Duc, qui étoit à Rouen, le fut. Il lui fit dire *qu'il n'attendoit que l'heure de fes couches, & que quand il feroit relevé, il viendroit faire ses remercimens à sainte Géneviève de Paris avec dix mille lances au lieu de chandelles.* En effet, il désola quelque temps après le Vexin-François, força la ville de Mantes, la réduisit en cendres, & en fit tuer tous les habitans. Si la mort ne l'eût arrêté, il auroit pu conquérir toute la France, comme il avoit déjà conquis l'Angleterre.

La raillerie qui peut offenser, est indigne de tout honnête homme; mais elle convient encore moins à un Prince qu'à tout autre, parce qu'elle pique plus vivement. *Henri IV* voyant un Gentilhomme Provincial, qui considéroit la magnifique galerie de Fontainebleau avec des yeux stupides, s'approcha de lui, & lui demanda à qui il appartenoit. *A moi-même,* répondit le Provincial. *Vous avez un sot maître,* lui dit le Roi. Louis XIV n'auroit pas dit ce bon mot, quand il se seroit offert à lui : il ne se permettoit pas la moindre raillerie désobligeante. Il savoit mettre dans ses paroles & dans ses actions plus de dignité & de décence que Henri IV, qui avoit le cœur bon, mais l'esprit trop vif.

Plus on est élevé au-dessus des autres par son rang, moins on doit se permettre la raillerie, parce qu'elle est plus cruelle. Il y a d'ailleurs peu de gloire à espérer de ces badinages piquans, & beaucoup de honte à craindre, en s'exposant à une repartie d'autant plus humiliante qu'on devoit moins se mettre dans le cas de la mériter. Un Courtisan avoit été plusieurs fois envoyé en ambassade. Son Prince lui dit un jour en le raillant, qu'il ressembloit à un bœuf. *Je ne sais à qui je ressemble*, répondit-il, *mais je sais bien que j'ai eu l'honneur de vous représenter en plusieurs occasions.*

La raillerie est toujours mal reçue de celui à qui elle s'adresse, & ne fait guere d'honneur à celui qui raille. Avec des inférieurs ou de petits génies, c'est une honte : avec un grand ou un supérieur, il y a du risque : à l'égard des égaux, ils la rendront avec usure, & couvriront souvent le rieur de confusion. Car lorsque celui contre lequel on lance le trait, sait le renvoyer adroitement à celui qui l'a fait partir, il l'expose à la risée, & le charge lui-même du ridicule qu'il vouloit jeter sur un autre.

*Louis XIII*, supportant avec beaucoup de patience une harangue ennuyeuse à la porte d'une petite ville, un de ses Courtisans qui s'imaginoit de faire plaisir au Roi en interrompant l'Orateur, lui demanda de quel prix étoient les ânes de son pays. L'Orateur lui dit, après l'avoir regardé depuis la tête jusqu'aux pieds : *Quand ils sont de votre poil & de votre taille, ils valent dix écus.*

Le ton moqueur & méprisant est dangereux : on s'expose à entendre des paroles fort offensantes. On admiroit dans une compagnie l'esprit vif & formé du jeune *Pic de la Mirandole*. Un Cardinal dit d'un air de raillerie & de mépris, que plus les enfans avoient d'esprit dans leur premiere jeunesse, moins ils en avoient dans un âge plus avancé. *Si ce que vous dites est vrai*, repartit aussi-tôt l'enfant, *il faut que Votre Éminence en ait eu beaucoup étant jeune.*

Il ne faut pas railler ses amis même, si l'on veut les conserver. *Racine* aimoit à railler, & il étoit alors amer & piquant. Ses meilleurs amis ne trouvoient pas grace auprès de lui, quand il leur échappoit quelque chose qui lui donnoit prise. Despréaux accablé un jour de ses railleries, lui dit après la dispute : *Avez-vous eu envie de me fâcher ?* Dieu m'en garde, répondit son ami. *Hé bien*, reprit Despréaux, *Vous avez donc tort, car vous m'avez fâché.* Une autre fois Despréaux ayant avancé à l'Académie quelque chose qui n'étoit pas juste, Racine ne s'en tint pas à une simple plaisanterie, qui part souvent du premier feu de la dispute, mais il la poussa si loin que Despréaux fut obligé de lui dire : *Je conviens que j'ai tort, mais j'aime mieux avoir tort que d'avoir raison comme vous l'avez.*

Il y a des gens qui ne peuvent parler sans railler, ni railler sans offenser. Leurs mots âcres & mordans, leurs railleries mêlées de fiel & d'absinthe les rendent odieux. Car si l'on rit quelquefois d'un trait satirique & piquant, on déteste presque toujours ceux qui le disent.

Il y a de petits défauts qu'on abandonne volontiers à la censure, & dont nous souffrons facilement qu'on nous raille. Ce sont de pareils défauts que nous devons choisir pour railler les autres. Encore faut-il bien de l'esprit & de la finesse pour badiner joliment, & beaucoup de supériorité sur la personne qu'on badine, afin qu'elle n'ait pas droit de s'en offenser, ni lieu de croire qu'on manque au respect qui lui est dû. Voici deux railleries qui ont les conditions que nous venons d'exiger.

Un Historien Romain (1) rapporte qu'un Vieillard demanda un jour une grace à l'Empereur, qui ne voulut pas la lui accorder. Ce bon homme croyant qu'on la lui refusoit à cause de sa vieillesse, s'avisa d'une plaisante invention pour tromper le Prince. Il se fit peindre les cheveux en noir, & retourna ainsi déguisé à la Cour. L'Empereur reconnut l'artifice, & lui dit en plaisantant : *Ce que vous demandez, je l'ai déjà refusé à votre pere.*

Un Courtisan s'adressa au Roi *Alphonse* surnommé *le Courageux*, & lui dit : J'ai songé cette nuit que Votre Majesté me faisoit un riche présent. Le Roi lui répondit : *Ne savez-vous pas que les Chrétiens ne doivent point ajouter foi aux songes ?*

On a dit que la fine raillerie étoit la fleur d'un bel-esprit. S'il y a des occasions où elle puisse être permise, c'est principalement lorsqu'elle renferme une satire ingénieuse & délicate d'un vice ou d'un ridicule. En voici des exemples. *Barnevelt*, célebre Pensionnaire de Hollande, ayant embrassé le parti opposé à celui de Maurice, Prince d'Orange, on l'ac-

_____

(1) *Spartien*, de qui nous avons les vies d'Adrien, de Caracalla & de quatre autres Empereurs.

cufa d'avoir voulu livrer le pays aux Efpagnols, & il eut la tête tranchée à l'âge de foixante & douze ans. Les Juges qui le condamnerent à mort, eurent chacun pour leurs vacations deux mille quatre cents florins. Quelque temps après cette injufte exécution, un célebre Avocat dit à l'un des Juges: On dit de vous deux chofes que je ne faurois croire: la premiere, que vous n'avez guere d'efprit; la deuxieme, que vous êtes avare. La premiere ne fauroit être vraie, car vous avez fu trouver le Penfionnaire coupable d'un crime digne de mort: ce que les plus habiles Jurifconfultes n'ont pu faire. La deuxieme n'eft pas moins fauffe, car vous avez aidé, pour deux mille quatre cents florins, à rendre une fentence que je n'aurois pas voulu rendre pour tous les biens du monde.

On demandoit à un Ambaffadeur nouvellement arrivé, ce qu'il penfoit de la beauté de plufieurs Dames, qui étoient toutes extrêmement fardées. *Difpenfez-moi d'en juger*, répondit-il, *je ne me connois pas en peinture*.

Un bon mot, quand même il feroit un peu piquant, n'eft jamais mieux employé que lorfqu'on s'en fert pour humilier la vanité & l'orgueil. Un fanfaron ayant eu avec un Officier une querelle qui ne s'étoit pas terminée à fa gloire, alla chercher fon adverfaire dans un café où il favoit fans doute qu'il n'étoit pas. Il dit tout haut que, s'il l'avoit trouvé, il lui auroit donné des coups de canne. Quelqu'un qui favoit fon hiftoire lui répondit:

*C'étoit apparemment une restitution que vous vouliez lui faire.*

On peut rire d'un homme vain & orgueilleux, qui va, pour ainsi dire, au-devant de la raillerie. Mais il y a de la honte à se moquer d'un sot, comme il y a de la puérilité & de la sottise à se railler des difformités du corps. Celui qui insulte à la nature, mérite qu'on lui fasse un reproche plus grand & plus sensible, celui de n'avoir ni esprit ni savoir-vivre. Un Seigneur à cordon-bleu, dont le génie passoit pour être fort petit, voyoit briller un gros diamant au doigt d'une Dame qui n'étoit pas belle, & qui avoit la main assez maigre & décharnée. Il dit en riant à un de ceux qui étoient avec lui : J'aimerois mieux la bague que la main. *Et moi*, repartit la Dame qui l'avoit entendu, *j'aimerois mieux le licou que la bête.*

Le vrai usage de la raillerie, lorsqu'on peut l'employer, ne doit être que de montrer le ridicule d'un vice ou d'un défaut dont on peut se corriger. Quel sujet de railler n'est-ce pas néanmoins pour certaines gens, qu'une personne dont le corps a quelque difformité, quelque imperfection ! quelle matiere à la plaisanterie ! quel champ pour faire briller leur esprit, ou plutôt pour montrer qu'ils n'en ont point ! un sot railloit un homme d'esprit sur la longueur de ses oreilles : *Il est vrai*, lui répondit la personne raillée, *j'ai des oreilles trop grandes pour un homme ; mais convenez aussi que vous en avez de trop petites pour un âne.*

## XXVIII.

*Consultez volontiers.*

CETTE maxime renferme un des conseils les plus prudens que puisse donner la sagesse : en le suivant, on évitera de faire bien des sottises. *Ceux qui font tout avec conseil*, dit le plus sage des Rois, *sont conduits par la sagesse* (1). A tout âge, en tout état, sur toute matiere, on peut tirer un grand fruit des conseils des autres. Quelque habile & quelque éclairé qu'on soit, on est souvent pour ses propres affaires, comme un médecin malade qui a besoin d'en consulter d'autres. On voit des gens très-habiles prendre l'avis des personnes d'un esprit inférieur, mais capables de réflexions judicieuses, qui peuvent échapper aux plus éclairés. Le moins habile peut quelquefois instruire celui qui l'est le plus. L'homme d'esprit, qui que ce soit qui parle, écoute ce qu'on lui dit, & en profite. Il sait tirer de chacun quelque étincelle ou quelque rayon de lumiere ; & de ces petites lumieres réunies, il fait naître autant de jour qu'il lui en faut pour bien se conduire dans ses entreprises.

Ecoutez tout le monde, assidu consultant :
Un fat quelquefois ouvre un avis important.
DESPR.

(1) *Qui agunt omnia cum consilio, reguntur sapientiâ.* Prov. 13.

Aimez donc à demander conseil, & prenez pour maxime de ne jamais rien faire de conséquence, sans avoir consulté. Plus les intérêts sont grands & les suites importantes, plus le conseil est nécessaire. Un conseil sage empêche souvent de faire de grandes fautes. Tandis que la passion tient nos yeux attachés à regarder notre but, nous ne voyons pas ce qui est autour de nous & ce qui nous suit : un ami fidelle & éclairé nous le fait voir. *Henri IV*, n'étant encore que Roi de Navarre, vouloit épouser la Comtesse de Guiche qu'il aimoit. Il demanda à d'Aubigné son sentiment sur ce mariage ; & contre la sage maxime de ne faire jamais connoître à ceux que l'on consulte, de quel côté on penche, il lui témoigna la grande envie qu'il avoit de prendre ce parti. Il lui allégua l'exemple de plusieurs Princes, qui avoient trouvé leur bonheur en épousant des femmes qu'ils aimoient, quoiqu'elles fussent au-dessous d'eux par leur condition. Ce Prince en disoit assez pour déterminer d'Aubigné à lui donner un conseil conforme à son inclination. Mais incapable de le flatter & de trahir son devoir, d'Aubigné lui répondit avec une noble hardiesse.

» Sire, ces excuses ne peuvent vous convenir. Ces Princes jouissoient tranquillement de leurs Etats, ils n'avoient point d'ennemis qui les inquietassent : ils n'étoient point, Sire, errans comme vous, qui ne conservez votre vie & ne soutenez votre fortune que par votre vertu & par votre renommée. Vous devez aux

François de grandes actions & de beaux exemples. Les mauvais exemples que vous avez cités, je ne vous les impute point; je sais que vous n'aimez pas la lecture: ils vous ont été fournis par des Conseillers infidelles, qui ont voulu flatter votre passion. Il faut que vous soyez *ou César ou rien*; que vous vous rendiez assidu dans votre Conseil que vous abhorrez ; que vous consacriez plus de temps aux affaires nécessaires ; que celles qui sont essentielles aient la préférence sur les autres, & particuliérement sur le plaisir ; que vous surmontiez les foiblesses que vous avez dans votre domestique, & qui sont indignes d'un grand Roi. Le Duc d'Alençon est mort (1). Vous n'avez plus qu'un pas à faire pour monter sur le trône. Si dans le temps que vous êtes sur le point d'y arriver, vous faites une action qui vous déshonore, elle vous éloignera pour toujours du trône où vous deviez être placé. Si vous devenez l'époux de votre maîtresse, le mépris que vous ferez rejaillir sur votre personne, vous fermera sans ressource le chemin du trône. Quand vous aurez subjugué le cœur des François par vos grandes actions, & que vous aurez mis votre vie & votre fortune à l'abri, vous pourez imiter alors, si vous le voulez, les exemples que vous avez allégués ».

_____

(1) Il étoit fils de Henri II, ainsi que *François II, Charles IX* & *Henri III*, qui régnerent successivement. Ces quatre Princes moururent sans postérité, & laisserent la couronne à *Henri IV*.

Henri IV ne s'offensa point de la liberté avec laquelle d'Aubigné lui avoit parlé. Il le remercia même de son conseil généreux, &, ce qui est encore plus grand, il le suivit. Quel trésor pour un Roi qu'un Conseiller de ce caractere! C'est ce même d'Aubigné, qui se défendit d'écrire l'histoire de Henri III, à laquelle ce Prince vouloit l'engager. *Je suis*, dit-il, *Sire, trop votre serviteur pour écrire votre histoire.*

Lorsque vous demandez conseil, faites-le sincérement : car bien des gens ne consultent que pour avoir des approbateurs. Ils ne demandent un avis, que quand ils se promettent de l'avoir tel qu'ils le souhaitent. Pour vous, soyez sincérement disposé à bien recevoir les conseils qu'on vous donnera, quelque contraires qu'ils soient à vos vues, quelque peu flatteurs, quelque durs même que vous les trouviez. Laissez une entiere liberté de vous dire ce qu'on pense ; autrement il est inutile de consulter. *Apelle*, qui fut le plus grand Peintre de l'antiquité, & dont les tableaux étoient des chef-d'œuvres, les exposoit aux yeux du public après les avoir faits, & se cachoit derriere, afin, disoit-il, d'entendre la censure sincere qu'on en feroit & d'en mieux connoître les défauts.

> Tel vous semble applaudir, qui vous raille & vous joue :
> Aimez qu'on vous conseille, & non pas qu'on vous loue.
>
> DESPRÉAUX.

Ainsi pensoit M. *Godeau*, Evêque de Vence, & il en donna un bel exemple. Dans le temps que son *Histoire Ecclesiastique* commençoit à paroître, le Pere le Cointe, savant Oratorien, se trouva chez un Libraire avec quelques autres Savans. M. Godeau y étoit aussi: il avoit eu soin de cacher toutes les marques de sa dignité, qui auroient pu le faire connoître. La conversation ne roula que sur cette nouvelle Histoire; & suivant la coutume assez ordinaire aux Gens de Lettres, on en parla avec beaucoup de liberté. Le P. le Cointe convint qu'il y avoit des choses excellentes dans cet Ouvrage, & qu'on ne pouvoit rien lire de plus judicieux que les réflexions du nouvel Historien; mais il ajouta qu'il auroit souhaité plus d'exactitude dans les faits, & un peu plus de critique. Il fit ensuite remarquer quelques endroits qui l'avoient le plus frappé. M. Godeau l'écoutoit attentivement, sans dire mot. Après le départ de ce Pere, il eut grand soin de savoir son nom & sa demeure. Le même jour, il se rendit à l'Oratoire & se fit annoncer. On peut s'imaginer quelle fut la surprise du P. le Cointe, lorsqu'il le vit. Il lui fit des excuses de son indiscrétion. Le Prélat le remercia au contraire de sa sincérité, le pria de continuer ce qu'il avoit commencé le matin, & lui fit cette priere avec tant d'instance, que le Pere ne put lui refuser sa demande. Ils lurent ensemble cette Histoire, sur laquelle le Pere le Cointe fit d'amples remarques. Le Prélat après l'en avoir remercié, en profita dans une nouvell

Edition. Depuis ce temps-là, il honora le Pere le Cointe de son amitié.

Il seroit à souhaiter que tous les Auteurs fussent aussi dociles : ils y gagneroient, & le public encore plus. Mais la plupart sont idolâtres de leurs productions : ils n'en voient pas ou n'en veulent pas voir les défauts, & sont fâchés quand on les leur montre. L'anecdote suivante en est la preuve. L'Abbé *de Saint-Pierre*, avant que de prononcer son discours de réception à l'Académie Françoise, voulut le lire à M. de Fontenelle. Celui-ci lui avoua franchement qu'il trouvoit un certain endroit fort plat. *J'en suis bien aise*, dit l'Abbé, *il me ressemblera mieux* ; & il ne changea rien.

Ce ne sont pas seulement les Auteurs, qui doivent demander volontiers des conseils & les recevoir avec docilité, ce sont encore, comme nous l'avons déjà dit, tous ceux qui veulent se conduire sagement. Mais beaucoup de gens se font une mauvaise honte de se soumettre aux avis des autres, & un faux honneur de ne se gouverner que par eux-mêmes. Un Prince disoit *qu'il aimoit mieux faire une sottise de son cru, qu'une belle action par l'avis d'un autre*. En parlant ainsi, il faisoit moins son portrait que celui de bien des hommes, & sur-tout des jeunes gens, qui n'aiment ni à demander des conseils ni à en recevoir, parce qu'ils croient toujours penser mieux que les plus sages & les plus éclairés. Mais on fait bien des fautes, lorsqu'on est jeune & qu'on ne prend conseil que de soi-même. *Mon fils*, dit le Sage, *ne faites rien sans conseil, & vous ne vous repentirez point de ce que vous aurez fait* (1).

Il n'y a que l'insensé, qui se fie à lui même. Moins on a d'esprit & de capacité, plus on est d'ordinaire orgueilleux & suffisant. On se persuade qu'on en sait plus que les autres. On croiroit s'abaisser & faire l'aveu de son infériorité, si l'on consentoit à suivre les conseils qu'un autre auroit donnés.

Ce défaut paroît peu de chose dans son principe : cependant les effets en sont terribles. De là naissent la présomption, la bonne opinion de soi-même, l'attachement opiniâtre à son sens : vices qui annoncent la petitesse d'esprit, la fatuité, la sottise. De là les faux jugemens, les mesures mal prises, les démarches inconsidérées, qui souvent sont suivies de la honte & du ridicule. Les plus mauvais sujets ne sont devenus tels, que pour avoir refusé d'entendre & de suivre les conseils des personnes qui les portoient au bien. Tandis que *Néron* suivit les sages conseils de *Burrhus* & de *Séneque*, tout l'Empire retentit de ses louanges. Mais dès que la flatterie l'eut corrompu, il devint l'exécration de l'univers.

Écouter avec joie les conseils & les remontrances des personnes plus âgées, est la marque d'un esprit bien fait qui aspire à la perfection. Faites-vous donc toujours un honneur & un

---

(1) *Fili, sine consilio nihil facias, & post-factum non pœnitebit.* Eccli. 32.

devoir

devoir de prendre & de suivre les bons conseils de ceux qui ont plus de sagesse & d'expérience que vous. L'expérience qu'on n'acquiert que par ses fautes, est un maître qui coûte trop cher. N'imitez pas ces jeunes gens qui ne deviennent sages qu'après s'être épuisés à faire des folies, qui dans tout ce qu'ils ont à faire ne consultent jamais qu'eux-mêmes ou ne consultent que des jeunes gens comme eux, & ne trouvent de personnes de bon sens que celles qui sont de leur avis.

Défiez-vous de vous-même & de votre jugement : mais ne vous fiez pas à toutes sortes de personnes ni à toutes sortes de conseils. Tous ceux que l'on consulte vantent leurs avis, mais tous les avis ne sont pas également bons: les démêler & les bien connoître, est le chef-d'œuvre de la prudence ; & il n'y a peut-être pas moins d'habileté à savoir discerner un bon conseil, qu'à se bien conseiller soi-même.

L'homme sage ne rougit point de consulter les autres, mais il ne se rend pas esclave de leurs opinions : il les pese, les apprécie, & se détermine d'après ses propres réflexions. Ne vous croyez donc pas toujours obligé de suivre les conseils qu'on vous donne. Ecoutez-les comme ami, examinez-les comme juge, exécutez-les comme maître. Rejetez les mauvais, profitez des bons, & entre les bons préférez les meilleurs. Si celui qui vous a donné un conseil, se choque de vous en voir suivre un autre, il vaut mieux qu'un seul homme s'offense injustement, que de donner à plusieurs de justes raisons de se plaindre. Il y a des gens qu'il est fâcheux d'avoir consultés, quand on ne suit pas leur avis : ils s'en choquent & en font des reproches. Cela doit vous rendre attentif à bien connoître les personnes avant que d'ouvrir votre cœur.

La premiere qualité que doivent avoir ceux dont on recherche le conseil, c'est d'être instruits & d'avoir des connoissances. C'est la lumiere dont on a besoin, quand on se trouve dans les ténebres. Adressez-vous donc à des personnes sages, prudentes, habiles dans la matiere qui doit faire le sujet du conseil, & par préférence consultez les vieillards ; le conseil leur appartient, & l'exécution à la jeunesse.

Une seconde qualité qui n'est pas moins essentielle dans les conseils, c'est le désintéressement : il est assez rare, & l'on doit sur ce point se défier quelquefois de ses enfans, de ses domestiques, de ses amis même. Quelque fidelles que vous paroissent ceux dont vous prenez les avis, en écoutant leurs sentimens, ayez soin d'éclairer leur cœur & de pénétrer leurs intentions. Sachez quels sont leurs besoins, leurs inclinations, leurs intérêts. Tel paroît vous conseiller uniquement pour votre bien, qui ne vous conseille que pour le sien. Combien d'affaires entreprises par des conseils de cette sorte, ont ruiné l'entrepreneur & enrichi le conseiller ?

Pour ne pas tomber dans les pieges si communs de ces conseillers infidelles, prenez, dit l'Auteur sacré de *l'Ecclésiastique*, pour guide ordinaire, un homme vertueux, rempli de la crainte de Dieu, qui vous aime, & qui, lorsque vous aurez fait un faux pas dans les ténebres, prendra part à votre accident. Affermissez-vous vous-même dans une conscience droite & qui vous porte au bien : car vous n'aurez point de meilleur conseiller qu'elle. *Mais sur toutes choses, priez le Très-Haut de vous conduire dans le droit chemin de la vérité* (1).

C'est aussi ce que le pieux *Tobie* recommandoit particuliérement à son fils, dans une de ces belles instructions qu'il lui donna pour la conduite de sa vie. Vous êtes jeune, mon fils, lui dit-il, & vous auriez encore long-temps besoin de conseil, quand même il y auroit un âge où l'on pouroit s'en passer. Choisissez bien ceux de qui vous le prendrez. Consultez un homme sage, & ne faites rien d'important sans son avis. Mais cette précaution, toute nécessaire qu'elle est, ne suffiroit pas sans le secours du Seigneur & sans ses lumieres. Conjurez-le donc d'être lui-même votre guide dans vos voies, & ne comptez que sur lui dans l'exécution de vos desseins (2).

Lorsque l'Empereur *Charles VI* confia, en 1717, au Prince Eugene la conduite de la

---

(1) .... *Deprecare Altissimum, ut dirigat in veritate viam tuam.* Eccli. 37.
(2) *Consilium semper à sapiente perquire,* &c. Tob. 4.

guerre qu'il avoit avec les Turcs, il lui dit que quelque confiance qu'il eût en ses talens, il vouloit établir au-dessus de lui un Chef qu'il dût consulter, & au nom duquel il agiroit. Le Prince un peu étonné demande quel est ce Supérieur. Charles lui présente à l'instant un Crucifix enrichi de diamans, avec cette inscription : JESUS-CHRIST GÉNÉRALISSIME. *N'oubliez jamais, Prince,* ajouta-t-il, *que vous allez combattre pour la cause de celui qui a répandu sur la Croix son sang pour le salut des hommes. C'est sous ses auspices que vous allez attaquer & vaincre ses ennemis & ceux du nom Chrétien.* En effet, le Prince Eugene remporta sur eux, la même année, près de Belgrade, cette fameuse victoire, où plus de vingt mille des Infidelles resterent sur le champ de bataille, & qui fut bientôt suivie de la paix que les Turcs furent contraints de demander.

Pour vous diriger sagement dans vos affaires secretes & importantes, faites ce que font, à l'égard d'un Confesseur, les personnes qui veulent être bien conduites dans l'affaire du salut : suivez l'avis du Sage, & choisissez *un conseiller entre mille* (1).

Ne consultez pas ordinairement beaucoup de personnes. La multitude des conseils, ainsi que le grand nombre de recettes dans les maladies, remplit d'incertitudes & d'irrésolutions : on ne sait plus ce qu'on doit faire, parce qu'on a voulu trop le savoir. Bornez-

---

(1) *Consiliarius sit tibi unus de mille.* Eccli, 6.

vous donc pour l'ordinaire à prendre conseil de quelques personnes éclairées & d'une probité reconnue, qui vous soient sincérement attachées, qui connoissent vos vrais intérêts & qui les aiment.

Craignez les mauvais conseils, & ne vous laissez point conduire par des hommes intéressés à vous flatter & à vous tromper. Leurs conseils entrent facilement dans l'esprit, mais on a souvent lieu de se repentir de s'y être livré. Vous savez ce qu'il en coûta à *Roboam*, pour avoir suivi les conseils de ses jeunes flatteurs, & avoir, par leur avis, menacé le peuple de le traiter encore plus durement que n'avoit fait Salomon son pere. Dix Tribus se révolterent, & il perdit pour toujours la plus belle & la plus considérable partie de son Royaume.

Consultez volontiers, & conseillez difficilement. S'il est aisé de donner des conseils, il ne l'est pas également d'en donner de bons. Combien de fois aussi n'arrive-t-il pas que ceux qui paroissent les meilleurs, ont des suites funestes qu'on n'auroit pu naturellement prévoir! & quoiqu'on ne doive pas toujours juger des conseils par l'événement, qui peut tromper les vues les plus prudentes de la sagesse humaine, il est toujours désagréable d'avoir été la cause même innocente du malheur de son ami. *Pradon*, plus connu par les satires de Despréaux que par ses tragédies, ayant fait une nouvelle piece de théâtre, se mit avec un ami dans un coin du parterre, afin de se dérober à la flatterie & d'apprendre par lui-même ce que le public pensoit de son ouvrage. Dès le premier acte, la piece fut sifflée. Pradon surpris & désolé, perd contenance : il rougit, il pâlit, il se mord les doigts & frappe du pied. Son ami le tire par le bras & lui dit : *Vous n'y pensez pas, mettez-vous au-dessus de ce revers : croyez-moi, sifflez hardiment comme les autres, afin de ne pas vous faire connoître.* Pradon revenu à lui, & trouvant ce conseil bon, prend son sifflet & siffle des mieux. Un Mousquetaire qui se trouvoit près de lui, le pousse rudement, & lui dit tout en colere : *Pourquoi sifflez-vous ? la Piece est belle, l'Auteur a de l'esprit.* Pradon repousse le Mousquetaire, & jure qu'il sifflera jusqu'au bout. Le Mousquetaire prend le chapeau & la perruque de Pradon, & les jette dans le parterre. Pradon donne un soufflet au Mousquetaire, qui met l'épée à la main, tire deux lignes en croix sur le visage de Pradon, & veut le tuer. Pradon porte à son ennemi, qui l'avoit terrassé, quelques coups de poing & de pied à la dérobée. Mais enfin retiré d'entre ses mains par de charitables spectateurs, Pradon sifflé & battu pour l'amour de lui-même, gagne la porte & va se faire panser, accompagné de son ami, qui n'étoit pas moins triste que lui du mauvais succès de son conseil.

Ne donnez les vôtres qu'avec beaucoup de discrétion & de prudence. La charité engage, la justice oblige en certaines rencontres à prévenir, lorsque nous le pouvons, les folies ou les malheurs du prochain : l'Ecriture nous avertit de ne pas retenir la parole qui peut lui être salutaire, & de ne point cacher notre sagesse (7). Mais cette sagesse elle-même doit nous conduire, & présider aux conseils utiles que nous donnons, afin de ne les donner qu'à propos, quand on nous les demande ou qu'on est disposé à les bien recevoir. N'ayez donc pas, comme quelques-uns, la vanité ou la fureur de donner des conseils à tout le monde & en toute occasion. Les conseils, ainsi que les louanges, sont peu estimés, quand on les prodigue.

En général, & à moins que vous n'y soyez obligé, si l'on ne vous demande pas votre avis, ne le donnez point, & ne soyez pas fâché que l'on consulte d'autres que vous. Les plus sages conseils ne réussissent pas toujours ; & le blâme, quoique mal-à-propos, en retombera sur vous seul. Vous aurez quelquefois donné trop légèrement des conseils décisifs sur la fortune, sur le choix d'un état de vie, sur un engagement où la liberté ne se recouvre point ; & toute la vie vous serez tourmenté par vos propres regrets, ou par les reproches des personnes que vous aurez rendues malheureuses.

Ce n'est pas néanmoins, lorsqu'on vous demande conseil & que vous êtes en état de le donner, que vous ne puissiez & ne deviez

---

(1) *Nec retineas verbum in tempore salutis*, &c. Eccli. 4.

le faire en bien des occasions. On doit se prêter à conseiller & à diriger ceux qui ont besoin de lumiere & de secours, comme on doit faire l'aumône à ceux qui se trouvent dans la nécessité. Mais qui que ce soit qui vous consulte, ne craignez pas de lui faire connoître son devoir. Que nulle considération humaine ne vous porte à déguiser vos sentimens. Ayez le courage de dire, même aux Grands, non ce qui leur plairoit, mais ce qu'ils doivent faire : & ne soyez pas assez lâche pour trahir jamais la vérité.

*Jacques Premier*, Roi d'Angleterre, étant un jour à table avec plusieurs Seigneurs, parmi lesquels se trouvoient deux Evêques, il leur demanda s'il ne pouvoit pas prendre l'argent de ses sujets, quand il en avoit besoin, sans toute cette formalité du Parlement. L'un des Evêques ne balança pas à répondre qu'il le pouvoit, puisqu'il étoit Roi. L'autre interrogé & pressé de dire son sentiment, répondit : *Je crois en effet que Votre Majesté peut prendre légitimement l'argent de l'Evêque mon frere, car il l'offre.*

*Evitez les procès.*

On ne sauroit avoir trop d'horreur des procès : ils sont la ruine des familles, la source de bien des inquiétudes, de beaucoup de peines & de péchés. Sous prétexte de défendre son droit, on se permet des reproches déshonorans, des paroles offensantes, qui ne font pas la cause meilleure, mais rendent les plaideurs plus envenimés. On emploie la supercherie & la chicane : si l'artifice réussit, ce succès engage à s'en servir encore dans de nouveaux procès, qu'on entreprend ensuite plus facilement, & peut-être sans assez consulter le bon droit & la justice. Perd-on quelqu'un de ses procès, car il est bien difficile de les gagner tous : on en conçoit un dépit, un ressentiment qui dure quelquefois toute la vie, & seme pour toujours entre des proches une haine scandaleuse, qui se perpétue dans les familles. *Bautru*, l'un des Seigneurs les plus spirituels de la Cour de Louis XIII, considérant un jour au dessus d'une cheminée la Justice & la Paix en sculpture, qui se baisoient : *Voyez-vous*, dit-il à un de ses amis avec qui il étoit ? *elles s'embrassent, elles se baisent, elles se disent adieu pour ne se revoir jamais.*

On s'expose donc, en plaidant, à perdre la charité & l'union, l'honneur & la probité. Le gain d'un procès peut-il balancer tant de pertes ? & l'espérance de le gagner, espérance si incertaine, si trompeuse, si souvent démentie par l'événement, peut-elle rassurer assez contre la crainte de perdre avec son bien ce qui vaut mille fois plus que toutes les richesses ?

Nous avons droit, il est vrai, de demander ce qui nous appartient. Dieu a établi pour cela des tribunaux dans la société, qui ne seroit qu'un amas de brigands & une succession de meurtres & de crimes, sans l'exercice de la Justice. Mais la raison & la sagesse permettent-

elles de pourſuivre ſes droits avec tant d'ani-
moſité & de rigueur, lorſqu'on riſque par-là
de faire tort aux intérêts de ſon ame ? Les
biens du monde, ces biens ſi fragiles, ſi pé-
riſſables, dont on doit jouir ſi peu de temps,
ſont-ils dignes d'être mis en parallele avec
ceux qui ſont promis au détachement & à la
modération ?

Aimez donc la paix. Il n'eſt pas ſi honorable de vaincre ſes ennemis, que de n'en point
avoir; & il eſt moins glorieux de renverſer
la fortune de ſes adverſaires, que de gagner
leur cœur. Prêtez-vous volontiers à toutes
les voies honnêtes d'accommodement. C'eſt
gagner un procès que de ne pas le pourſuivre.
On doit trembler d'en entreprendre même
avec le meilleur droit ; & quelqu'un a eu
raiſon de dire :

> Ne plaide point, ſuis l'avis qu'on te donne,
>     Laiſſe-là le procès, crois-moi.
> Ton Procureur t'a dit que ton affaire eſt bonne:
>     Oui, pour lui, mais non pas pour toi.

On connoît auſſi la belle Fable de *l'Huître
& des Plaideurs*, miſe en vers par la Fontaine
& par Deſpréaux. Celle de ce dernier eſt plus
courte, & l'on ne ſera peut-être pas fâché de
la retrouver ici. Elle renferme une excellente
inſtruction, qu'on ne ſauroit trop méditer.

> Un jour, dit un Auteur, n'importe en quel chapitre,
> Deux voyageurs à jeun rencontrerent une huître.
> Tous deux la conteſtoient, lorſque dans leur chemin
> La Juſtice paſſa, la balance à la main.

Devant elle à grand bruit ils expliquent la chose :
Tous deux avec dépens veulent gagner leur cause.
La Justice pesant ce droit litigieux,
Demande l'huître, l'ouvre, & l'avale à leurs yeux ;
Et par ce bel arrêt terminant la bataille,
*Tenez, voilà,* dit-elle, *à chacun une écaille.*
*Des sottises d'autrui nous vivons au Palais.*
*Messieurs, l'huître étoit bonne : adieu : vivez en paix.*

Quoique la justice ne se vende point, il en coûte souvent beaucoup pour l'obtenir ; & après l'avoir obtenue, on est presque toujours moins riche qu'auparavant. On reprochoit à *Racan*, célébré Poëte du dernier siecle, qu'il laissoit détériorer toutes ses affaires, parce qu'il se livroit entiérement à la poésie. Ces reproches souvent réitérés de la part de ses amis, le porterent enfin à prendre une exacte connoissance de ses biens. Il s'y appliqua, & réussit tellement qu'il gagna trente procès. Mais loin d'améliorer par-là sa fortune, il se vit plus pauvre après tant de victoires. Ce qui donna lieu à ce vers :

Trente procès gagnés l'ont réduit à l'aumône.

Craignez les procès, mais ne paroissez pas trop les craindre : ce seroit le vrai moyen d'en avoir. Faites bonne contenance ; mais du reste ne négligez rien de tout ce qui dépendra de vous pour n'en avoir jamais. C'est être fou de les aimer. C'est une sottise, quand on peut les éviter, d'en avoir avec qui que ce soit ; mais c'est une extravagance d'en avoir avec ses proches, de les ruiner ou de se ruiner soi-même pour enrichir des étrangers. Nous nous rappelons à ce sujet un beau mot de M. *de Vintimille*, Archevêque de Paris. Des Evêques de province lui disoient un jour qu'ils s'étonnoient de ce qu'il n'avoit jamais eu le moindre procès avec son Chapitre. Il leur répondit : *J'ai toujours été persuadé qu'il n'y avoit que les maris de village qui battoient leurs femmes.*

Evitez encore d'intenter des procès pour des sujets légers, mais qui ne deviennent que trop considerables par l'entêtement qui les accompagne, & par les frais qui les suivent. Ne rendez pas publique votre honte ou votre déshonneur qu'on ignoroit, en portant aux tribunaux, des insultes qu'il falloit dissimuler ou mépriser. On exhortoit *Socrate* à demander réparation d'un outrage que lui avoit fait un brutal. *Hé quoi*, répondit ce Philosophe, *si un cheval, ou un âne m'avoit donné un coup de pied, voudriez-vous que je l'appelasse en Justice?*

Combien se sont rendus la risée du Public & des Juges même, pour avoir trop écouté un amour-propre offensé, qui les sollicitoit à la vengeance. L'Abbé *Maloiru*, qui joignoit à une figure laide & risible une perruque toujours de travers & mal-peignée, disoit un jour la Messe aux Cordeliers de Caen à un autel où il y avoit un tableau de la Cene dont il avoit fait présent. Il s'étoit fait peindre pour un des douze Apôtres dans ce tableau. Au premier *Dominus vobiscum*, il s'apperçut qu'un monsieur de sa connoissance rioit avec un de ſes amis. L'Abbé qui ſe douta avec raiſon que c'étoit de lui, ayant achevé ſa Meſſe, envoya chercher un Huiſſier, pour aſſigner le rieur en réparation d'inſulte. Celui-ci qui deſſinoit parfaitement bien, fit le portrait de l'Abbé tel qu'il étoit à l'autel. L'affaire fut portée au Bailliage: tout Caen s'y trouva pour entendre les deux Parties. Après que l'Abbé eut fini ſon plaidoyer qui prêta beaucoup à rire, l'autre déploya ſon portrait. *Meſſieurs*, dit-il, *il eſt vrai que je n'ai pu m'empêcher de rire, en voyant la figure du Célébrant & je l'apporte ici, perſuadé que, tout Catons que vous êtes, vous ne pourrez vous diſpenſer de faire de même. Je demande que cette figure ſoit miſe au Greffe & paraphée, ne varietur, comme la meilleure piece de mon ſac.* Les Juges ne pouvant s'empêcher d'éclater de rire, en voyant une ſi burleſque figure, ſe leverent de leur ſiege, & renvoyerent les Parties hors de cour & de procès, dépens compenſés.

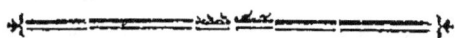

*Où la diſcorde regne, apportez-y la paix.*

RÉCONCILIER des parens ou des amis brouillés enſemble, réunir des époux diviſés, rétablir la concorde dans les familles, accommoder des procès, c'eſt une choſe auſſi belle devant les hommes qu'elle eſt agréable à Dieu. Un Curé trouva dans ſa paroiſſe plus de cent procès lorſqu'il y entra: à ſa mort, il n'y en reſtoit plus qu'un. Il avoit terminé & pacifié tous les autres. Auſſi ſes funérailles furent-elles honorées des regrets & des larmes de tous ſes paroiſſiens, qui le regardoient comme un ſaint & comme leur pere.

Faites-vous toujours un plaiſir de rétablir la paix, la concorde, la bonne union; & ſi vous avez réuſſi, croyez que c'eſt une des plus belles & des plus glorieuſes actions de votre vie. Plus vous y aurez trouvé de difficulté & de peine, plus vous aurez de mérite & de gloire. Car il faut l'avouer, cela n'eſt pas toujours facile. Il y a des cœurs ſi aigris, ſi envenimés les uns contre les autres, qu'il eſt quelquefois bien difficile de les réunir. Il y a des eſprits ſi entêtés, ſi opiniâtres, qu'on ne peut les rendre dociles à la voix de la raiſon. Il y a des caracteres ſi oppoſés, ſi diſcordans, qu'il eſt comme impoſſible de mettre entre eux quelque harmonie. *Louis XIV* ſe plaignoit que les brouilleries fréquentes de Madame de Montespan & de Madame de Maintenon lui donnoient beaucoup d'embarras. *J'ai plus de peine*, diſoit-il, *à donner la paix à deux femmes qu'à toute l'Europe.*

Loin de ramener la paix dans les cœurs dont elle eſt bannie, il y a des gens au contraire qui ſe plaiſent à la chaſſer des lieux où elle regne, par de ſourdes intrigues, par de mauvais conſeils, par de noires calomnies, par des rapports indiſcrets. Voilà ce qui ſi ſouvent trouble la paix de la ſociété, aigrit les citoyens, déſunit les amis, ſeme la diſcorde entre les freres & diviſe les époux. Que de chagrins, de larmes, de malheurs & de crimes n'ont pas causé dans tous les temps ces ennemis cruels de la paix! Aussi les coupables auteurs de ces funestes divisions sont-ils souvent punis par l'horreur qu'ils inspirent pour eux, lorsqu'ils viennent à être connus. *Evitez*, dit l'Ecclésiastique, *de passer pour un semeur de rapports, & prenez garde que votre langue ne devienne pour vous un piege & un sujet de confusion. Car la langue double sera punie par de rigoureux châtimens, & le semeur de rapports s'attirera la haine, l'inimitié & l'infamie* (1).

Qu'arrive-t-il en effet? On s'explique, on se justifie; les amis reviennent, les freres se réconcilient, tout se pardonne entre les époux, on répare ce qu'on avoit dit dans un moment de chagrin; & ceux que le semeur de discordes avoit mis en mauvaise intelligence, s'accordent à le haïr. La personne qui a fait naître ou qui a entretenu la division, est la premiere victime que la partie la plus offensée demande. On sacrifie avec plaisir celui qui a rendu un si mauvais office. On se trouve heureux d'en être débarrassé. On lui interdit l'entrée des maisons qu'il a troublées; il y paroît plus dangereux qu'il n'y paroissoit utile, & il devient l'exécration de tous les honnêtes gens. Juste punition de ces sortes de scélérats! Car peut-on appeler autrement des hommes qui ne connoissent ni justice ni vérité?

_____

(1).... *Susurratori autem odium, & inimicitia, & contumelia.* Eccli. 5.

Et au fond, à bien examiner les rapports, en eſt-il de fidelles? ne ſont-ils pas tous défigurés & empoiſonnés? n'eſt-ce pas preſque toujours la haine ou l'envie qui porte à les faire? Rien n'eſt donc plus mépriſable, plus haïſſable, que ces ſortes de gens. Il y a, dit *Salomon*, ſix choſes que le Seigneur hait, & ſon ame déteſte la ſeptieme: les yeux altiers, la langue ſujette à mentir, les mains qui répandent le ſang innocent, le cœur qui médite de noirs deſſeins, les pieds légers pour courir au mal, le témoin trompeur qui profere des menſonges, *& celui qui ſeme des diviſions entre les freres. Quand il n'y aura plus de bois*, dit-il encore, *le feu s'éteindra; & quand il n'y aura plus de ſemeurs de rapports, les querelles s'appaiſeront* (1).

Ce ſont des inſectes rampans, dont le cœur & la bouche remplis de fiel & de malice, ne cherchent qu'à infecter la terre. Ce ſont des ennemis de la ſociété civile, & des perturbateurs du repos public. Ce ſont de faux amis, qui viennent vous enfoncer le poignard dans le ſein & troubler la ſérénité de vos jours. Ils vous apprennent ce qu'il vous ſeroit preſque toujours plus avantageux d'ignorer Il y a mille choſes qu'il eſt bon de ne pas ſavoir, mais ſur-tout le mal qu'on penſe ou qu'on dit de nous. Ne ſoyons point curieux de ſavoir ce qui nous déplairoit. C'eſt folie de courir après ce qui peut chagriner.

---

(1) .... *Et ſuſurrone ſubtracto, jurgia conquieſcent.* Prov. 26.

Une personne sage se gardera donc également & de faire de mauvais rapports & de les écouter. Celui qui en fait, trouble le repos des autres ; & celui qui les écoute, nuit à sa propre tranquillité. Une personne mal-intentionnée, voulant brouiller *Platon* avec un de ses disciples, lui dit que ce disciple avoit tenu des discours désavantageux de son maître. *Je n'en crois rien*, répondit Platon, *& l'on auroit bien de la peine à me persuader qu'un homme que j'aime de si bonne foi, eût l'ame assez lâche & assez ingrate pour me décrier comme vous me le dites.* Mais voyant que l'autre appuyoit par de grands sermens ce qu'il avoit avancé : *Il faut*, reprit-il, *que j'aie effectivement les défauts dont vous me parlez ; & celui que vous voulez me rendre suspect, a jugé à propos qu'on m'en avertît.*

En fermant l'oreille aux faiseurs de rapports, on leur ferme bientôt la bouche. L'attention avec laquelle on les écoute les encourage. Mais les écoute-t-on avec indifférence, marque-t-on du mépris pour ce qu'ils disent : on les déconcerte, & on leur ôte l'envie de faire de nouveaux rapports. C'est la conduite que tiennent à leur égard les hommes prudens. On vint dire un jour à un célebre Philosophe, qu'on ne l'avoit pas épargné dans une compagnie, & qu'on avoit dit de lui mille choses qui lui auroient fait de la peine, s'il les avoit entendues. Il reçut ce rapport, d'une maniere qui dut bien surprendre celui qui le lui faisoit : Si l'on me connoissoit bien, lui répondit-il, on pouroit en dire beaucoup plus, fans que je fuffe en droit de me fâcher. Je fuis extrêmement obligé à ceux qui parlent ainfi de moi en mon abfence: s'ils en parloient devant moi comme ils le pouroient, je rougirois de honte & de confufion. Je vous prie de leur en témoigner ma reconnoiffance.

*Guftave III*, Roi de Suede, a fignalé les commencemens de fon regne par plufieurs beaux traits, entre lefquels on peut placer celui-ci. Une perfonne ayant demandé à lui parler, dit qu'elle venoit l'avertir qu'un homme en place formoit des projets contre Sa Majefté. Le Roi n'ignorant pas que le dénonciateur étoit ennemi du prétendu coupable, le renvoya en lui difant: *Allez vous réconcilier avec votre ennemi, & je pourai enfuite vous écouter & vous croire.*

## XXIX.

*Avec les inconnus ufez de défiance.*

ON ne fauroit trop fe défier des perfonnes que l'on ne connoît pas. Combien de fripons fe cachent fous le manteau de l'honnête homme! Dans les premiers fiecles où la bonne foi régnoit fur la terre, la défiance etoit prefque inutile : mais aujourd'hui, par la corruption de nos mœurs, elle eft devenue néceffaire.

Ce qui ne l'eft pas moins, c'eft de la cacher. Il en eft ici comme du fecret : la vraie prudence eft de ne pas faire même foupçonner qu'on fe défie. En laiffant trop voir la crainte qu'on ne nous trompe, nous découvrons fouvent la maniere dont on peut nous tromper. Des foupçons trop marqués outragent les honnêtes gens fur lefquels ils tombent, & engagent ceux qui ne le font pas à fe faire un plaifir malin de nous attraper. Il n'y en a pas qui foient plus fouvent trompés, que ceux qui paroiffent trop craindre de l'être.

Quiconque eft foupçonneux, invite à le trahir.

VOLTAIRE.

Celui qui fe défieroit de tout le monde, feroit auffi injufte que malheureux. On ne doit fe méfier que là où les hommes fages & prudens le font, & quand il y a un motif raifonnable de le faire, fondé fur quelques traits de mauvaife foi & fur le caractere connu de la perfonne. La qualité d'inconnu eft auffi une raifon-jufte & fuffifante de fe défier. Trop de confiance aux perfonnes que l'on ne connoît pas affez, expofe fouvent à être dupe. C'eft ce qui arrive fur-tout à ceux qui ont un grand fonds de probité. Plus on eft honnête homme, plus on foupçonne difficilement les autres de ne l'être pas. Un bon cœur, une belle ame a de la peine à croire les autres capables de ce qu'elle ne voudroit pas faire; & ce n'eft qu'après plufieurs expériences, qu'elle fe convainc enfin, à fes dépens, qu'elle a fait trop d'honneur à ceux qu'elle a cru qui lui reffembloient.

Mais comment concilier deux maximes également fages, qui paroiffent fi oppofées: fe défier des hommes, & ne juger mal de perfonne? C'eft de ne fe permettre, comme nous l'avons dit, que des jugemens fondés & des défiances légitimes. Nous ferions de la prudence un vice affreux, fi elle nous portoit à nous défier tellement de tous les hommes, que nous craigniffions toujours de trouver dans chacun d'eux un méchant homme, un traître, un fripon : nous ne faurions nous former une telle idée, fans détruire les principes de la juftice & de notre propre bonheur. Mais néanmoins attendons-nous à trouver dans le monde peu de bonne foi, peu de probité, peu de défintéreffement, peu de vérité, peu de juftice. Nous prendrons ainfi, dans les occafions importantes, toutes les précautions que la prudence peut fuggérer, pour n'être la dupe de perfonne.

Je dis dans les occasions importantes : car prendre ces précautions dans les petites choses, c'eſt petit génie ; & ſi c'eſt en matiere d'intérêt, c'eſt en même temps petit génie & avarice. Une Dame fort riche & encore plus avare, alloit elle-même à la boucherie à pied ; elle ne ſe fioit à perſonne. Elle avoit ſur de beaux habits un tablier de groſſe toile, où elle portoit la viande qu'elle avoit achetée. Un jour qu'elle revenoit & qu'elle marchoit fort vîte, il s'échappa de ſon tablier une épaule de mouton. Le Comte *de Méchatin*, qui vit cet accident, ramaſſa la piece de viande, & appela la Dame à qui il la préſenta, en lui diſant : *Madame, vous avez laiſſé tomber votre éventail.*

Nous ſommes cependant bien éloignés de vouloir condamner ici ces Dames reſpectables qui, conduites par les vues ſages d'une louable économie, vont de temps en temps elles-mêmes au marché, pour y connoître le prix de ce qui s'y vend, ou qui y conduiſent leurs jeunes Demoiſelles, pour leur apprendre à ne pas ſe laiſſer tromper un jour par leurs domeſtiques. Les motifs différens anobliſſent ou aviliſſent les mêmes actions.

Mais il n'eſt pas moins vrai qu'il vaudroit encore mieux être trompé quelquefois, que de vivre dans une défiance continuelle. Si la méfiance eſt la mere de la ſureté, elle eſt auſſi, quand elle eſt portée à l'excès, celle des ſoupçons cruels, des noires inquiétudes, des peines dévorantes, des chagrins mal-fondés, avec lesquels le bonheur n'habita jamais. On disoit à *Jules-Céfar*, que l'on conspiroit contre lui : *Il vaut mieux mourir une fois*, répondit-il, *que d'avoir toujours à se défier*. D'ailleurs, si on ne sauroit montrer moins d'esprit qu'en se fiant à tout le monde, on ne sauroit aussi montrer plus de petitesse d'ame qu'en se défiant de tous les hommes. Je méprifèrois le premier, mais je me défierois du fécond : il est au moins d'une probité fort équivoque ; & il est presque à parier que celui qui se défie de tout le monde, est lui-même traître & faux. On ne juge souvent les autres que d'après soi-même.

Prenez donc le milieu entre les deux excès : penchez même, si vous le voulez, un peu plus du côté de la défiance. Tant d'autres se sont repentis de ne s'être pas assez défiés, que cela doit vous tenir sur vos gardes, au moins jusqu'à ce que vous connoissiez. Combien de gens ne cherchent que des dupes. Méfiez-vous sur-tout, comme le disent les Italiens, de celui qui vous fait plus de caresses qu'à l'ordinaire : ou il vous a trompé, ou il veut vous tromper.

Le jeu est une des occasions où les jeunes gens doivent apporter le plus de défiance, quand ils se trouvent avec des personnes qu'ils ne connoissent point; parce qu'il est plus facile & plus ordinaire d'y être trompé, & que les plus habiles même le font quelquefois. En voici un exemple, qui poura servir d'instruction aux personnes trop crédules. Un joueur, de profession voulant attraper un riche Médecin, fit le malade, & envoya le matin chercher l'Esculape. Celui-ci le trouve au lit, lui tâte le pouls, & ordonne une purgation ; mais c'étoit lui-même qu'on vouloit purger. Il promet de revenir le soir. Lorsqu'il arriva, un pharaon étoit établi : on n'y jouoit qu'avec de l'or, & la banque étoit de deux cents louis. Le prétendu malade, après avoir entretenu de son état le Médecin, qui jetoit toujours des yeux avides sur la table, lui dit : *Vous avez la physionomie heureuse, voudriez-vous me faire le plaisir de ponter dix louis pour moi ?* Très-volontiers, répondit le Médecin. Le joueur lui donna les dix louis, & aussi-tôt il se mit à jouer. Il étoit si heureux, qu'il ne mettoit sur aucune carte sans gagner. Toute la partie étoit surprise de son bonheur. En moins d'un quart-d'heure il gagna cinquante louis. Il les compta au malade, en lui témoignant qu'il avoit eu plusieurs fois envie de lui proposer d'être de moitié. *Ah ! mon Dieu, Monsieur le Médecin*, dit le malade, *j'en suis au désespoir. Que n'avez-vous parlé ? J'aurois été charmé de partager avec vous ce petit profit. Mais ce qui est différé n'est pas perdu. Vous n'avez qu'à revenir demain à la même heure : ces Messieurs seront ici pour prendre leur revanche, & nous jouerons ensemble ce que vous voudrez.* Le Docteur n'y manqua pas. Il s'associa avec son malade. On laissa d'abord gagner quelques louis au Médecin, mais dans peu la chance tourna. Il perdit, ce jour-là & les suivans, vingt mille livres qu'il avoit gagnées à force de courses & d'ordonnances.

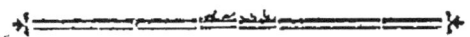

*Avec vos amis même ayez de la prudence.*

SI tous les amis étoient tels qu'ils devroient être, la prudence avec eux ne seroit pas une vertu si nécessaire. Mais les vrais amis sont aussi rares, que les faux amis sont communs. Aussi l'Auteur de *l'Ecclésiastique* nous recommande-t-il de ne prendre un ami qu'après l'avoir éprouvé, & de ne pas nous fier si-tôt à lui. Car, ajoute-t-il, *tel est ami qui se change en ennemi: tel est ami, qui prendra querelle avec vous, & qui par haine découvrira des choses qui ne vous feront point d'honneur* ( 1 ).

Combien en effet n'en a-t-on pas vus, qui étant devenus ennemis, d'amis qu'ils étoient auparavant, ont abusé de la confiance qu'on avoit eue en eux ! Le mécontentement, le dépit, la vengeance leur a fait indignement publier les secrets & la honte de leur ancien ami. C'est donc un bon conseil que celui que donnoit le Philosophe Thalès, *de vivre avec nos amis, comme s'ils devoient un jour cesser de l'être*. Il faut pourtant convenir que cette maxime étant plus selon les regles de la politique que de la vraie amitié, elle doit plutôt avoir lieu avec nos amis qu'avec notre ami. Une

―――――――――――――――――――――
(1) *Et est amicus, qui convertitur ad inimicitiam, &c.* Eccli. 6.

union intime s'accommode mieux de toute l'ouverture du cœur que d'un excès de prudence.

Ayez, s'il est possible, beaucoup de bons amis; il n'y a pas d'honnête homme qui ne désire & qui ne mérite d'en avoir plus qu'il n'en a: mais n'ayez qu'un confident. On a dit qu'il doit en être du cœur de l'homme comme d'un habit magnifique & bien fait, qui peut prendre pour devise : *Agréable à tous, propre à un seul.* Tâchez, par vos manieres polies & par votre inclination bienfaisante, d'être aimé & estimé de tout le monde: ouvrez vos mains & vos trésors à quantité de personnes; mais n'ouvrez votre cœur & ne donnez votre confiance qu'à un seul. Encore ne faut-il le faire qu'après vous être assuré qu'il en est digne. Faites pour cela choix d'un ami sûr & d'une si exacte probité, que venant à cesser de l'être, il ne veuille pas abuser de votre confiance. Si vous avez eu le bonheur d'en trouver un semblable, ne craignez pas de lui donner toute votre confiance. Jouissez avec lui sans mesure de toutes les douceurs de la plus sincere amitié, & croyez qu'il vous seroit plus honteux de vous défier d'un tel ami que d'en être trompé.

Ne confiez néanmoins jamais, si vous êtes sage, certaines affaires à vos plus intimes amis même, sur-tout lorsqu'ils peuvent trouver quelque avantage à profiter de votre confiance. L'intérêt est plus puissant que l'amitié. Il y a souvent des momens critiques pour l'amitié, comme pour l'innocence. En voici un exemple frappant.

Un Marchand fort riche, étant sur le point de partir de Rouen pour Paris, alla prendre congé d'un de ses amis. Il lui dit le sujet de son voyage, & lui parla des lettres de change & de l'argent qu'il vouloit porter avec soi. Celui-ci forma sur le champ le dessein de profiter d'une si belle occasion. Il le pria de différer son voyage de quelques jours, en lui disant qu'il partiroit avec lui, & qu'ils s'amuseroient sur la route. Le Marchand n'ayant pu se rendre à sa priere, il le chargea d'une lettre, & le pria de la remettre d'abord en arrivant, avant même, lui dit-il, que vous soyez descendu à aucun logis, parce que rien n'est plus pressé. Le Marchand prit la lettre, & promit à son ami de faire exactement sa commission. Il partit dans un coche. Dès qu'il fut à Saint-Denis, à deux lieues de Paris, un Exempt, escorté de quelques Archers, fit arrêter le coche, & obligea le Marchand d'entrer dans un fiacre, où l'on mit aussi sa valise. Le Marchand fut conduit chez M. d'Argenson, Lieutenant-général de la police de Paris. Quoique sa conscience ne lui reprochât rien, il ne laissoit pas d'être fort inquiet. Vous avez sur vous, lui dit ce Magistrat, des papiers dangereux qu'il faut que vous me donniez : il y va de votre vie, si vous me cachez quelque chose. Alors le Marchand lui fit le détail de toutes ses lettres de change. Vous avez d'autres papiers, lui dit M. d'Argenson, je vous répete qu'il eſt pour vous de la derniere conféquence que vous me difiez la vérité. Le Marchand fe fouvint alors de la lettre de fon ami. Il la montra. M. d'Argenfon lui dit de l'ouvrir. Il s'en défendit, en difant qu'il aimoit mieux qu'on le conduisît en prifon que de faire cette infidélité à fon ami. Il fut enfin obligé d'obéir, parce qu'on lui ordonna d'ouvrir la lettre fous peine de la vie. Il lut une lettre fort courte en ces termes : *Saififfez-vous du porteur, & expédiez-le fans perdre de temps : j'arrive inceffamment, & nous partagerons fa dépouille.* Le Marchand s'évanouit. A peine fut-il revenu à lui par les fecours qu'on lui donna, qu'il s'écria : *Ciel ! à qui déformais me fier ?* M. d'Argenfon lui dit qu'il n'avoit rien à craindre, que celui à qui on l'avoit recommandé étoit arrêté, & que celui qui avoit écrit la lettre, étoit pareillement en lieu de fûreté. Il avoit été informé de tout par une perfonne, à qui le faux ami avoit confié fon deffein. Qui peut ne pas reconnoître ici une de ces permiffions affez ordinaires de la Providence divine, qui déconcerte les mefures des fcélérats & les fait tomber entre les mains de la Juſtice, lorfqu'ils s'y attendent le moins ?

Comme les exemples inſtruifent autant & peut-être mieux que les leçons de morale, nous allons encore en rapporter un, qui fait beaucoup d'honneur à la fageffe ingénieufe de M. *de Sartine* ; ce n'eſt pas le feul où il ait montré, ainfi que M. d'Argenfon, des talens supérieurs dans l'exercice de la même charge de Lieutenant-général de Police.

Un homme de Province étant venu à Paris pour y acheter une charge, déposa cinquante mille livres entre les mains d'un ami. Lorsqu'il eut arrangé & terminé son affaire, il alla redemander le dépôt qu'il avoit confié. L'indigne ami fit l'étonné, & dit qu'il n'avoit rien reçu. L'autre au désespoir vint trouver le Lieutenant-général de Police, & lui exposa sa malheureuse situation. M. de Sartine lui demande s'il a pris un billet, ou s'il y a des témoins. Il répond que n'ayant pas cru devoir se défier de son ami, il n'avoit tiré aucun billet, & qu'il n'y avoit eu d'autre témoin que la femme de son faux ami. Le Magistrat, après un moment de réflexion, lui dit d'entrer dans un cabinet voisin, & de l'y attendre. Il envoie aussi-tôt chercher l'infidelle dépositaire, & lui dit : Il vient de me revenir par la police, que vous avez reçu un dépôt de cinquante mille francs, & que vous refusez de le rendre. L'autre nia qu'il eut jamais reçu un tel dépôt de personne. Je le veux pour un moment, reprit M. de Sartine ; mais pour mieux m'en assurer, écrivez à votre femme, qu'on dit en avoir été témoin, ce que je vais vous dicter. *Je vous prie, ma très-chere epouse, de remettre au porteur de cette lettre la somme de cinquante mille livres, que j'ai reçue devant vous en dépôt de Monsieur un tel.* Il fallut obéir, & écrire le billet. M. de Sartine l'envoya par une personne sûre, qui rapporta la somme. Le traître ami convaincu de sa fourberie, se jeta aux genoux du Magistrat; qui lui fit une sévere réprimande. Pour achever de le couvrir de confusion, M. de Sartine fit paroître l'autre, à qui il remit ses cinquante mille livres, en lui recommandant de prendre mieux dans la suite ses assurances & ses précautions.

## XXX.

*Point de folles amours.*

Les premiers soupirs d'un fol amour sont les derniers soupirs de la sagesse. Dès qu'on a commencé une fois à donner entrée dans son cœur à cette passion, que les progrès en sont rapides ! C'est là sur-tout qu'il faut s'opposer aux commencemens, & que le remede vient trop tard, lorsqu'on a laissé au mal le temps de se fortifier. Jeune homme, si vous êtes sage, résistez aux impressions naissantes, étouffez les premieres étincelles. Il en est de l'amour comme du feu : il ne faut pas jouer avec lui, & il est plus aisé de le prévenir que de l'arrêter.

La jeunesse est le plus dangereux de tous les âges. Le temps où l'on a le plus besoin de réflexions, est celui où l'on en fait le moins. C'est, pour ainsi dire, une ivresse continuelle, & la fievre de la raison. L'amour semble y être au guet, pour épier les premiers momens. A peine la nature se développe, qu'il commence à décocher ses traits. Qu'ils sont redoutables, quand ils tombent sur un cœur facile à s'enflammer !

Le jeune homme se trouve entre deux écueils bien dangereux pour lui ; la corruption du siecle, & ses propres passions. Pour les éviter, il ne lui faut pas moins que la prudence d'Ulysse, qui ferma ses oreilles aux voix perfides & enchanteresses des Sirenes; ou les conseils du sage Mentor & la docilité de son jeune éleve. Encore faudra-t-il peut-être l'arracher malgré lui à la séduction, & le précipiter dans la mer, pour empêcher sa fragile vertu de faire naufrage. Tant il est difficile de triompher d'une passion qui n'a que trop de force & d'attraits!

Tel est même le malheur de la condition humaine, que la sagesse la plus consommée, & la prudence la plus estimable dans tout le reste, échappent quelquefois avec peine à l'amour. Les plus grands hommes ont eu sur ce point les plus grandes foiblesses. Ceux qui par l'âge, par l'expérience & par d'excellens conseils, seroient en état de conduire les autres, sont quelquefois assez malheureux pour se laisser conduire eux-mêmes par cette aveugle passion.

Elle est dans un Magistrat, dans un homme public, encore plus honteuse que dans les autres, parce qu'il doit avoir plus de sagesse. Elle obscurcit l'éclat des grandes qualités qu'on possede. On est éclairé, incorruptible (si pourtant on peut l'être long-temps avec une telle passion), ami de l'ordre & de la discipline, attaché à ses devoirs, zélé pour le bien public. Mais plus on est respectable par son rang, par ses grandes qualités, plus il y a de la honte à devenir le vil esclave d'un penchant malheureux, & plus le scandale est grand. Souvent même il se transmet à la postérité la plus reculée par les mains de l'Histoire, qui ne le conserve que trop fidellement dans ses Fastes. Combien de grands Princes ont terni une partie de leur gloire par cette honteuse foiblesse, & auroient désiré de pouvoir en effacer le souvenir de la mémoire des hommes? Racine, chargé par *Louis XIV* de faire l'histoire de son regne, lui demanda une audience particuliere. Sire, lui dit-il, un Historien ne doit point flatter, il doit représenter son Héros tel qu'il est, il ne doit même rien oublier: comment Votre Majesté veut-elle que je parle de ses amours? Le Roi lui répondit: *Passez là-dessus*. Mais, Sire, reprit Racine, ce que j'omettrai, le lecteur ne l'omettra pas, & me fera un reproche de l'avoir supprimé. Louis XIV ne se rendit point, il lui dit encore: *Passez là-dessus*. Alors Racine lui répliqua: Comme il y a dans la vie de Votre Majesté des choses incroyables, la sincérité avec laquelle j'avouerois à mon lecteur les foiblesses de mon Héros, lui persuaderoit que je respecte toujours la vérité, & serviroit de garant à mon histoire. Le Roi, après un moment de réflexion, lui dit: *Je suis fort indéterminé; tout ce que je puis vous dire à présent, c'est de passer là-dessus.*

L'Auteur de l'excellent *Traité de l'usage des passions* (1), dit que quand les hommes seront

―――――――――――

(1) Le P. *Sénault*, de l'Oratoire, l'un des plus grands Prédicateurs de son temps. Il mourut Général des Oratoriens en 1672.

devenus des Anges, il leur fera permis de contracter amitié avec les femmes. Quoique la fainteté de leur état, l'obligation plus étroite d'une conduite irréprochable interdifent particuliérement aux Eccléfiaftiques tout commerce intime & fréquent avec les perfonnes du fexe, les autres ne doivent pas plus fe le permettre, puifque le péril eft égal pour tous du côté de la nature; & que du côté de la loi il y a la même défenfe de s'expofer au péril, fi l'on ne veut périr. Le commerce des femmes aimables, comme l'avoüe lui-même M. *de Claville* (1), eft le plus propre à mettre à l'épreuve la raifon d'un homme délicat & fenfible. N'en pas connoître le danger, c'eft aveuglement; ne pas craindre la dépravation de fon cœur, c'eft préfomption. Malheur à celui qui compteroit fur fes forces & fur fa fageffe! il n'en feroit que plus près de fa chute. Eût-on, par l'innocence la plus conftante, & par la plus vertueufe éducation, lieu de fe croire invincible: on ne fauroit trop multiplier les précautions contre un ennemi qui eft fi dangereux. Le vice groffier fait horreur, l'impudence brutale donne de l'indignation, mais la beauté modefte eft bien plus dangereufe: en

---

(1) La morale de cet Auteur fur le commerce des femmes, ainfi que fur les plaifirs, fur les fpectacles, &c. n'eft pas affez exacte ni bonne à fuivre. Il a voulu, ce femble, en plufieurs endroits de fon Ouvrage, allier les deux ennemis les plus oppofés & les plus irréconciliables, l'Evangile & le monde, mais fans fuccès & partout auffi mal.

l'aimant on croit n'aimer que la vertu, & infenfiblement on fe laiffe aller aux appas trompeurs d'une paffion, qu'on n'apperçoit que lorfqu'il n'eft prefque plus temps de s'en défendre. Pour éviter ce piege & tant d'autres préparés contre l'innocence, il faut vivre avec les femmes, les plus honnêtes même & les plus fages, d'une maniere toujours décente & refpectueufe, étayer fa vertu par la circonfpection & par la vigilance, & la fortifier par une grande délicateffe de fentimens. Loin d'aller chez les femmes pour les corrompre, prenons auprès d'elles leçon de modeftie & de pudeur. Si les hommes avoient moins d'impudence, ils leur trouveroient moins de foibleffe.

Si vous êtes donc en quelque forte obligé de voir de temps en temps les femmes, refpectez-les, & foyez fur vos gardes. Il n'arrive que trop fouvent que des commencemens purs & honnêtes ont des fuites honteufes & criminelles. L'homme eft bien foible : connoiffez-vous & craignez. Les plus forts ont été vaincus. L'exemple de *David*, ce Prince felon le cœur de Dieu, celui de *Salomon*, qui étoit le plus fage des hommes, & tant d'autres, doivent faire trembler les plus intrépides.

O vous qui voulez conferver vos mœurs, & votre vertu, évitez foigneufement toute familiarité, fur-tout avec ces femmes qui ne connoiffent point les lois de la pudeur, & qui, par le peu de refpect qu'elles ont pour elles-mêmes, apprennent aux hommes à ne pas les respecter, & les invitent à les séduire.

Redoutez & fuyez avec encore plus de soin ces femmes charmantes & méprisables, qui, ne rougissant pas de prostituer les agrémens que la nature leur a donnés, se font un métier d'attirer & de faire tomber dans leurs pieges une trop imprudente jeunesse. Craignez leurs manieres douces & engageantes ; craignez ces yeux animés & éloquens, ces tons de voix tendres & insinuans, qui savent si bien la route du cœur. Elles n'ont rien de doux & d'aimable, qui ne soit mortel. Il ne faut à une de ces femmes artificieuses qu'un clin d'œil, pour renverser à ses pieds votre vertu chancelante : il ne lui faudroit qu'un soupir, qu'une de ces larmes fausses & perfides comme elle, pour vous rengager dans ses fers, eussiez-vous enfin formé la résolution de les rompre. Ne vous laissez donc pas prendre à ses trompeuses flatteries, à ses redoutables & funestes attraits, qui en ont perdu tant d'autres. Si vous êtes libre, ne vous jetez pas dans ses chaînes. Elle ne vous attire que pour vous perdre. Lorsque vous lui aurez tout donné, elle vous insultera & se rira de vous. Une Courtisane reprochoit à un jeune Seigneur qu'il aimoit le changement. *Vous avez raison*, lui répondit-il, *car tout ce qui étoit chez moi, est passé chez vous.*

Ce seroit bien pis encore, si déjà vous aviez contracté des engagemens sacrés & inviolables. C'est un parjure & une espece de sacrilege d'engager à d'autres un cœur qui n'est plus à foi. Les maximes corrompues du monde toujours démenties par la voix de la conscience ; les prétextes les plus spécieux, suggérés par le libertinage, par le dépit, ou par le désir de la vengeance ; les exemples les plus imposans, donnés par les personnes même qui doivent servir aux autres de modele, ne sauroient prescrire contre la loi divine, ni servir d'excuse au tribunal de celui qui a été pris à témoin des sermens jurés à la face de ses autels. Si un honnête homme ne doit jamais, même selon le monde, manquer à sa parole ni à ses sermens, celui qui y manque en un point aussi essentiel, mérite-t-il d'en porter le nom ? Veillez sur vous, mon fils, disoit *Tobie*, & défiez-vous de votre cœur : évitez l'écueil des femmes ; *& content de celle que Dieu vous donnera pour épouse, craignez de connoître le crime* ( 1 ).

La femme d'un autre ne doit inspirer que du respect, ou, si elle n'en mérite pas, du mépris. Une femme doit se faire gloire de penser de même à l'égard des hommes, & quelles que soient ses raisons, elle a toujours tort de s'attacher à d'autre qu'à son époux. Une Dame vertueuse sollicitée par un Gentilhomme, lui répondit : *Lorsque j'étois fille, je dépendois de mon pere & de ma mere ; à présent que je suis mariée, j'appartiens à mon mari*.

---

(1).... *Et præter uxorem tuam numquam patiaris crimen scire*. Tob. 4.

Il y a bien de la honte & du malheur à se laisser vaincre par l'amour criminel. Celui qui sait se garantir de ses traits, est aussi heureux que sage. Les peines commencent où finit la sagesse. L'amour traîne après lui les craintes, les chagrins, les regrets. Si l'on interrogeoit toutes les personnes qui s'y sont le plus livrées, & qu'on auroit cru devoir être les plus heureuses, elles conviendroient que leurs chagrins ont passé de beaucoup leurs plaisirs. Il n'y a pas une femme galante, dit Madame la Marquise *de Lambert* à sa fille, qui, si elle veut être sincere, ne nous avoue que c'est le plus grand malheur du monde que de s'être oubliée.

Une passion naissante étale, il est vrai, tous ses charmes, & promet les plus constantes douceurs : les commencemens en sont doux comme le miel, mais *la fin*, dit le Sage, *est amere comme l'absinthe*. C'est ce qu'éprouva la fameuse *Anne de Boulen*. Eblouie de l'éclat du trône, comme Henri VIII le fut de ses charmes, elle eut la foiblesse de sacrifier sa vertu à son ambition. Ce Prince répudia sa légitime épouse, & fit Anne de Boulen Reine d'Angleterre. Mais le comble de sa fortune fut le commencement de ses malheurs. Henri, dont l'inconstance en amour faisoit le caractere, ayant conçu une nouvelle inclination pour Jeanne Seymour, Anne de Boulen s'en apperçut, & résolut de perdre sa rivale. Elle s'attacha quelques Seigneurs de la Cour, & fut soupçonnée d'avoir avec eux un mauvais commerce. Le Roi lui fit faire son procès ; & sans être convaincue, elle eut la tête tranchée sur un échafaud. Triste exemple des funestes suites de l'amour criminel ! & combien d'autres aussi frappans ne pourions-nous pas citer !

Un ancien Poëte, qui pouvoit bien le savoir par sa propre expérience, avoue que les routes les plus fleuries de l'amour sont semées d'amertume, & que des venins cruels y sont souvent cachés sous la douceur du miel :

*Impia sub dulci melle venena latent.* OVID.

Madame *des Houlieres*, pour rendre cette vérité plus sensible, emploie une fiction ingénieuse & agréable. Elle feint que dans un songe elle crut voir sur des myrtes fleuris, un oiseau plus beau que tous les autres, dont la voix l'emportoit sur les plus doux rossignols. Elle courut long-temps après, sans pouvoir l'attraper.

Enfin n'en pouvant plus, il se rend, je l'attrape,
 Comme j'en avois eu dessein ;
Et, folle que je suis, j'ai si peur qu'il n'échappe,
 Que je l'enferme dans mon sein.
 O déplorable aventure !
 Ce malicieux Oiseau,
 Qui m'avoit paru si beau,
 Change aussi-tôt de figure,
 Devient un affreux serpent,
 Et du venin qu'il répand
 Mon cœur fait sa nourriture.
Ainsi, loin de goûter les plaisirs innocens,
Dont sa trompeuse voix avoit flatté mes sens,

Je fouffrois de cruels fupplices.
Le traître n'avoit plus fa premiere douceur;
Et felon fes divers caprices
Il troubloit ma raifon & déchiroit mon cœur.
Par des commencemens fi rudes,
Voyant que les plaifirs que je devois avoir,
Se changeoient en inquiétudes :
Renonçant tout d'un coup au chimérique efpoir,
Dont il vouloit me faire une nouvelle amorce,
D'un dépit plein de fureur
J'empruntai toute la force,
Et j'étouffai l'impofteur.

Un autre Poëte François, plus libertin peut-être dans fes penfées que dans fa conduite, quoiqu'il foit rare & difficile que le libertinage de l'efprit foit fans celui des mœurs, fait auffi un aveu qui eft l'expreffion du cœur, dans une de fes Fables, où après avoir fait l'éloge de l'amitié, il ajoute :

Cet autre fentiment que l'on appelle amour,
Mérite moins d'honneur : cependant chaque jour
Je le célebre & je le chante.
Hélas ! il n'en rend pas mon ame plus contente.

LA FONT.

Quels troubles en effet, quelles peines, quels chagrins, quels tourmens fecrets font prefque toujours les fruits amers des criminelles amours! Les premieres peines qu'on y éprouve, à la place des plaifirs qu'on s'y promettoit, font des inquiétudes continuelles, tantôt de la part de la perfonne aimée, dont on a ou l'indifférence à vaincre, ou l'inconftance à fixer, ou les caprices à souffrir : tantôt de la part des parens & des surveillans attentifs, dont il est difficile de pouvoir tromper la vigilance : tantôt de la part d'un rival qui, rebuté en apparence, est peut-être favorisé en secret ; peut-être même que, plus aimé, il reçoit une partie de vos présens, & que deux fourbes, au lieu d'un, se divertissent à vos dépens : car il est rare qu'une femme galante n'ait qu'une intrigue, & plus rare encore qu'elle n'ait que ce vice.

Combien d'amertumes & de peines n'éprouve-t-on pas aussi du côté de la religion, s'il en reste encore quelque sentiment ! Dans certains momens où, l'ivresse du plaisir passée, on revient à soi, quels remords accablans ! La conscience indignée, traçant l'épouvantable image des jugemens de Dieu, pousse un de ces cris, qui retentissent au fond de l'ame & la remplissent de sombres terreurs. Mais nous aurons lieu de parler ailleurs des grands motifs que la religion fournit contre cette dangereuse passion. Nous ne voulons employer ici que la voix de la raison. C'est à son tribunal que nous appelons le voluptueux, pour le forcer à se condamner lui-même d'aveuglement & de folie.

Fut-il jamais un maître plus dur & plus impérieux que l'amour ? C'est un tyran, qui gouverne despotiquement ceux même qui sont les maîtres des autres. N'est-ce pas une chose pitoyable de voir des hommes, qui tiennent un rang dans le monde, qui ont fait des prodiges de valeur, trembler puérilement aux pieds de la personne qu'ils idolâtrent, essuyer ses caprices, ses bizarreries, ses humeurs, & passer aveuglément par-tout où il lui plaira? Combien de grands Capitaines, de Héros, ont donné sur cela les plus ridicules scenes! Combien de maîtres, tyrannisés par une passion qu'ils n'ont pas le courage de vaincre, se mettent indignement au-dessous de leurs propres domestiques? Avec quel ménagement, & pour ainsi dire avec quel respect, parlent-ils à celle qui a séduit leur cœur! avec quelle patience dévorent-ils ses insolentes réponses! Sont-ce donc là ces hommes, qu'ailleurs on respecte & on admire? Ces Grands, si fiers, si impérieux, si dédaigneux, les voyez-vous, comme de méprisables esclaves, ramper indignement aux pieds d'une vile créature, qu'avant leur passion ils auroient cru trop honorer d'une parole ou d'un regard?

Mais si l'amour criminel est déshonorant pour les hommes, il l'est encore plus pour les femmes, parce que la pudeur, la modestie, la décence, doivent être sur-tout leurs vertus. Plus on a de respect pour leur sexe, plus on a de mépris pour celles qui le déshonorent. La chasteté est pour elles ce que l'honneur est pour les hommes, leur plus bel ornement. Aussi une femme sage & vertueuse est-elle respectée de ceux même qui ont tenté de la corrompre. *Henri IV*, à qui on ne peut guere reprocher qu'une trop grande foiblesse en ce genre, ayant voulu séduire Antoinette de

Pons, Marquife de Guercheville, la trouva inflexible. Il la loua de fa fageffe, & lui dit: *Puifque vous êtes véritablement Dame d'honneur, vous le ferez de la Reine que je mettrai fur le trône.* Il tint parole, & elle fut la premiere qu'il nomma Dame d'honneur de Marie de Médicis. Madame de Guercheville vécut eftimée & refpectée généralement.

Le monde, tout corrompu, tout relâché qu'il eft à l'égard du vice dont nous parlons, ne manque jamais de méprifer les femmes qui s'oublient, & il en fait l'objet de fa rifée. Deux femmes connues par leurs galanteries, fe querelloient au jeu. Quelqu'un leur demanda ce qu'elles jouoient. *Nous jouons pour l'honneur*, dirent-elles. *Vous faites*, leur répondit-il, *bien du bruit pour rien.*

Il eft difficile de comprendre comment des femmes bien nées peuvent fe déterminer à être, par leurs défordres, l'objet de la raillerie & du mépris public. Quelque complaifance que le monde ait pour les perfonnes du fexe, il ne l'a pas encore pouffée jufqu'à approuver celles qui manquent à leur devoir. Si elles ne lui font refpecter leur conduite, il ne l'excufera point, & fi elles font répréhenfibles à fes yeux, il les jugera fans indulgence. Le vice déshonore celle qui vit dans la fplendeur, comme celle qui traîne une vie miférable dans les ordures du libertinage. Le feul privilege du rang & de la naiffance, c'eft d'expofer les défordres à un plus grand jour, & de les faire plus connoître : c'eft de les rendre plus criminels, en autorifant le mal par un plus grand exemple.

De quelque condition, de quelque état qu'on foit, il eft difficile de cacher un mauvais commerce, quand la nature même ne contribueroit pas à le découvrir. Le public eft clair-voyant. On a pour les fautes d'autrui des yeux que la malignité, la rivalité, la jaloufie, tiennent toujours ouverts, des yeux attentifs & perçans. Les chofes qui devroient être conduites avec le plus de fecret, font celles qui font les moins ignorées.

Quel fujet de honte & de confufion, pour une jeune perfonne, dont la faute vient à éclater! Que devient-elle aux yeux d'une famille, fur qui réjaillit une partie du déshonneur? Que devient-elle aux yeux des fages, & dans quel étonnement ne les jette-t-elle pas? Que devient-elle aux yeux même des libertins? ne font-ils pas les premiers à la méprifer, à l'infulter? Difons plus: peut-elle fe déguifer à elle-même fa propre infamie?

Encore fi celui à qui elle a fait le facrifice de fon honneur, avoit pour elle les fentimens & les égards qu'elle devoit en attendre, fon fort du moins ne feroit pas fi à plaindre, & elle ne fe croiroit pas fi malheureufe. Mais les hommes ne tardent pas à fe faire payer les frais de leur conquête : ils fe dédommagent avec ufure de ce qu'elle leur a coûté. Ceux qui étoient les plus doux, les plus foumis, deviennent fouvent, après leur criminelle victoire, les plus fiers, les plus impérieux;

quelquefois les plus dédaigneux & les plus méprifans. Penfée bien trifte, réflexion bien amere pour une jeune perfonne qui n'efpéroit trouver que de la douceur & du plaifir, & qui eft déformais obligée de dépendre de fon vainqueur, & d'avoir à chaque inftant à craindre qu'il ne publie fon infame victoire, comme il n'arrive que trop fouvent. Combien n'y en a-t-il pas qui, par un raffinement monftrueux de volupté, fe plaifent à féduire les plus fages, pour les abandonner enfuite, & divulguer leurs foibleffes? Sentimens bien indignes fans doute, & trophées d'ignominie plutôt que de gloire! Mais n'eft-il pas étonnant qu'ils trouvent encore tant de dupes? & n'y a-t-il pas là de quoi arrêter toutes celles qui penfent? Car, indépendamment de la honte qui fuit le déréglement, n'eft-il pas bien cruel de fe voir trompée par un indigne à qui l'on a tout facrifié? *Françoife de Rohan* l'éprouva. Elle s'étoit laiffée féduire par le Duc de Nemours, qui, par un artifice affez ordinaire en ce genre, lui avoit promis de l'époufer. Lorfqu'elle fe vit enceinte, elle fomma ce Duc de fa parole; mais ce Prince perfide fe moqua de fes promeffes.

Enfin, ce qui met le comble à la honte d'une jeune perfonne déshonorée par de criminelles amours, c'eft qu'elle eft expofée à s'entendre reprocher fa faute, par tous ceux qui aimeront à lui faire de la peine, ou qui voudront fe venger de fes plus innocentes railleries. On a toujours de quoi lui fermer la bouche, fuppofé qu'elle ofe parler encore : contrainte à dévorer en filence les mortifications les plus humiliantes ; depuis que fa foibleffe a paru, à peine ofe-t-elle paroître elle-même.

Prendra-t-elle l'affreux parti de lever le mafque & de ne plus rougir de rien ? Mais c'eft une trifte confolation, que de ne plus fe foucier de ce qu'on penfera de foi, d'être réduit à fe confoler du mépris du public par un mépris pareil. C'eft le défefpoir d'une ame avilie à fes propres yeux.

Le feul afile qui refte à une perfonne déshonorée par fa chute, eft celui de la retraite & d'une véritable converfion. Elle doit fe cacher entiérement & fe faire oublier, s'il eft poffible : car fi elle veut continuer encore à paroître dans le monde, fon déshonneur la fuivra par-tout. Fût-elle dans la fuite plus fage, plus régulière ; on fe fouviendra toujours du faux pas qu'elle a fait : ce pas demeure imprimé dans l'opprobre, & ne s'efface jamais. C'eft comme une cicatrice qui refte après la guérifon d'une grande plaie.

L'honneur eft comme une ifle efcarpée & fans bords :
On n'y peut plus rentrer, dès qu'on en eft dehors.

DESPRÉAUX.

Quel puiffant motif pour retenir fur le bord même du précipice celles qui ont encore des fentimens d'honneur & de vertu ? Une Bourgeoife auffi vertueufe que jolie, avoit infpiré une paffion très-forte à un grand Seigneur, qui lui dit un jour : Votre vertu est tout ce que j'aime en vous. *Hé bien*, lui répondit-elle, *ne m'exposez donc point au danger de perdre tout ce que vous aimez en moi.*

Que les jeunes personnes du sexe se défient de ceux qui les louent, parce qu'ils ne les flattent d'ordinaire que pour les séduire : mais qu'elles se défient encore plus d'elles-mêmes, parce qu'elles sont foibles & qu'elles ont naturellement le cœur tendre. D'ailleurs l'amour-propre, qui est le premier de tous les flatteurs, & la vanité, qui est presque toujours d'autant plus grande qu'on devroit moins en avoir, les empêchent de sentir la fausseté des louanges qu'on leur donne. Elles rapportent à leur mérite les éloges intéressés qu'on leur prodigue. Elles prennent le langage de la passion pour celui de la vérité. Elles reçoivent avidement ces jolis riens, qui sont comme les fleches légeres de l'amour, ces petites fleurs de galanterie, qui exhalent un parfum doux, mais empoisonné : & elles ne tardent pas à en ressentir les funestes atteintes.

Elles commencent par perdre peu-à-peu cette précieuse pudeur, qui est le plus beau coloris de la vertu. La nature semble l'avoir accordée en partage aux personnes du sexe, non-seulement pour relever l'éclat de leurs graces par un fard innocent, mais pour être la gardienne de leur chasteté, & les avertir des pieges qu'on lui tend. C'est un secours que le Ciel leur a donné contre leur foiblesse & leur fragilité naturelle. Malheur à celles qui, ne connoissant plus la pudeur, l'ont effacée de leur front & de leur ame! Elles deviennent la honte & l'opprobre de leur sexe : elles sont perdues & déshonorées sans ressource. C'est là souvent où conduit une premiere foiblesse : le premier pas franchi, on ne garde plus de mesures, on se porte aux plus grands excès.

Dans le crime une fois il suffit qu'on débute :
Une chute toujours attire une autre chute.

DESPRÉAUX.

C'est ce qui arriva à la trop fameuse *Messaline*, dont le nom est venu jusqu'à nous chargé d'infamie. Elle avoit d'abord gardé quelques mesures, ne se permettant que de certains crimes, & même en secret & avec précaution : mais voyant que rien ne s'opposoit à ses désirs déréglés, & qu'elle pouvoit, par l'indolence stupide de son époux (1), tout entreprendre sans rien craindre, elle secoua toute contrainte & toute pudeur. Elle se livra sans ménagement à ses infames passions ; peu-à-peu elle se familiarisa avec le crime ; & cette funeste habitude l'ayant rendue insensible à toutes les considérations qui pouvoient l'obliger à quelque retenue, elle se laissa aller aux désordres les plus scandaleux. Croiroit-on qu'elle porta plus loin encore l'impudence, & qu'elle osa, au milieu même de Rome, en plein jour, devant témoins & par contrat, se marier, du vivant de l'Em-

---

(1) L'Empéreur *Claude* : on donne encore aujourd'hui son nom à ceux qui lui ressemblent.

pereur son époux, avec Silius, Sénateur Romain & Consul désigné ? Rien n'est plus avéré que ce fait, quelque incroyable qu'il paroisse; & le stupide Empereur fut le seul qui l'ignora. On crut devoir enfin l'en avertir. Il fit mourir Silius ; & il eût peut-être fait grace à Messaline, si Narcisse, son Ministre & son Affranchi, n'eût envoyé dans le lieu où elle s'étoit retirée, des soldats qui la massacrerent. Juste punition de tous les crimes de cette indigne Impératrice, dont la mort fut moins honteuse encore que la vie !

Si sa conduite, si son sort vous fait horreur, craignez jusqu'à la naissance même d'une passion qui entraîne souvent beaucoup plus loin qu'on ne l'auroit pensé. Lorsque la fameuse *Ninon Lenclos*, si célebre dans le dernier siecle par son esprit, par sa beauté & par le long cours de ses galanteries, réfléchissoit, à soixante ans, sur la vie qu'elle avoit menée jusqu'alors, elle ne pouvoit s'empêcher d'en rougir ; & elle écrivit à un de ses amis : *Qui m'auroit proposé une telle vie, je me serois pendue.* Cependant elle n'eut pas le courage de vaincre son penchant ; & à quatre-vingts ans elle s'y livroit encore. Tant il est vrai que la pente qui nous entraîne vers le mal, est douce & facile ; & que lorsqu'une fois on a marché dans les sentiers détournés du vice, il en coûte infiniment pour revenir sur ses pas ?

Mais quelque difficile que soit le retour à la vertu, il n'est cependant pas impossible à l'homme le plus foible & le plus fortement dominé

miné par ſes habitudes. Aidé de ſes propres réflexions ſur la honte & l'indécence de ſa conduite; fortifié ſur-tout des ſecours du Ciel, que lui attireront ſa priere, ſes bonnes œuvres & ſa réſolution généreuſe, le vieillard le plus corrompu ſurmontera bientôt ſon malheureux penchant. Quoi qu'il doive en coûter, peut-on acheter trop cher, & par de trop grands efforts, une ſi néceſſaire & ſi glorieuſe victoire?

Il ne faut ſans doute pas moins de fermeté, & encore plus de ſoins & de contrainte, pour conſerver ſon innocence au milieu de tous les périls qui l'environnent : mais auſſi quelle joie, quel contentement ne procure pas une conduite ſage & irréprochable! Tous les plaiſirs que donne la ſatisfaction des ſens, n'ont jamais valu la douceur & la tranquillité, que goûte une ame qui n'eſt attachée qu'à ſon devoir. Cette maxime ſi vraie & ſi conſolante pour la vertu, devroit être gravée dans tous les cœurs. Elle l'étoit dans celui de *Catherine de Rohan*. Henri IV, qui avoit conçu de l'inclination pour elle, lui demanda un jour par où on alloit à ſa chambre. Cette Dame vertueuſe, qui, guidée par des principes de religion & d'honneur, croyoit ne devoir rien accorder, que le mariage ne l'eût rendu permis & légitime, lui répondit : *Sire, on y va par l'Egliſe.*

Les peres, & ſur-tout les meres, ne ſauroient trop inſpirer à une fille, par leurs leçons & par leurs exemples, les ſentimens d'honneur. Sans cette ſauve-garde, toutes les autres feront prefque toujours inutiles; & elle aura trop d'occafions fecretes d'échouer, pour qu'on puiffe fe flatter de l'empêcher autrement de faire naufrage.

Nous avons trouvé dans un ancien Poëte François (1), un Dialogue ingénieux, compofé pour les jeunes perfonnes du fexe. Les fentimens d'honneur & d'une jufte crainte, propres à faire impreffion fur elles & à les retenir, y font préfentés d'une maniere vive & intéreffante. C'eft ce qui nous engage, quoiqu'il foit un peu long, à le mettre ici prefque tout entier. On admirera pour le fiecle où il a été fait, la délicateffe des penfées & la correction du ftyle, auquel nous n'avons eu befoin de faire que quelques légers changemens.

## DIALOGUE

### DE DAMON ET DE PANOPÉE.

DAM. A quoi vous fert tant de fierté,
  Belle & cruelle Panopée?

PAN. A conferver ma liberté,
  Et m'empêcher d'être trompée.

DAM. Craindriez-vous de voir changer
  L'amour dont mon cœur vous révere?

PAN. Ne m'expofant point au danger,
  La peur ne m'en occupe guere.

_____
(1) *Bertaut*, Evêque de Séez en Normandie, mort en 1611.

Dam. Vous feriez grand tort à ma foi
 D'eſtimer mon ame infidelle.
Pan. Je m'en ferois bien plus à moi
 De vous aimer, la croyant telle.
Dam. Il n'en faut point avoir de peur;
 J'aime trop le nœud qui m'engage.
Pan. Il ne fut jamais de trompeur,
 Qui ne tînt le même langage.
Dam. L'amour ſi long-temps éprouvé
 Dut chaſſer de vous cette crainte.
Pan. Le mal aux autres arrivé
 L'y dut toujours tenir empreinte.
Dam. Ne dois-je donc rien eſpérer,
 Hors toujours pleurer, triſte & blême?
Pan. J'aime mieux vous faire pleurer,
 Que me faire pleurer moi-même.
Dam. Pourquoi vous déplaît mon bonheur,
 Dont vous ſervir font les délices?
Pan. Parce qu'aux dépens de l'honneur
 Vous faites payer vos ſervices.
Dam. Ah! du moins voyez mon tourment,
 Puiſque c'eſt de vous qu'il procede.
Pan. J'en verrois le mal vainement,
 N'y pouvant donner nul remede.
Dam. Mais vous en avez le pouvoir,
 Si ma peine en eſt ſuſceptible.
Pan. Ce que me défend mon devoir,
 Je me le répute impoſſible.

DAM. Ah! fiere & cruelle beauté,
Qu'inhumaine eſt votre rudeſſe !

PAN. Ce que vous nommez cruauté,
D'autres l'appelleront ſageſſe.

DAM. Eſt-on ſage, pour maltraiter
L'amour d'un fidelle courage ?

PAN. Eſt-on cruel, pour éviter
Le péril de faire un naufrage ?

DAM. Mais appréhender ce malheur,
C'eſt à faire à moins belles Dames.

PAN. Mais n'en craindre point la douleur,
C'eſt à faire à de folles ames.

DAM. Votre beauté vous garantit
Du ſort d'Ariadne abuſée.

PAN. Votre jeuneſſe m'avertit
De l'inconſtance de Théſée.

DAM. Trop aimable eſt votre priſon :
Il ne peut être qu'on la quitte.

PAN. Je puis bien perdre ſans raiſon,
Ainſi que j'acquiers ſans mérite.

DAM. C'eſt faire un mauvais jugement
De votre œil & de ſa puiſſance.

PAN. Mais bien c'eſt juger ſagement
De votre fatale inconſtance.

DAM. Ah! je perds en vain mes accens,
Pleurs, & réponſes, & demandes.

N. Quand vous perdriez encor le ſens,
Vos pertes ne ſeroient pas grandes.

*Ni de vin.* La paſſion du vin n'eſt pas moins à fuir que celle de l'amour : toutes les deux font le plus funeſte écueil de la ſageſſe. *Le vin & les femmes*, dit l'Eſprit-Saint, *font tomber les ſages même, & jettent dans l'opprobre les hommes ſenſés. N'excitez pas à boire*, dit-il encore, *ceux qui aiment le vin, car le vin en a perdu pluſieurs. Le vin bu avec excès, produit la colere & l'emportement, & attire de grandes ruines : il eſt l'amertume de l'ame* (1).

Si le vin eſt le pere de la joie, il l'eſt auſſi de la fureur. S'il fait naître quelquefois des penſées vives, brillantes, ingénieuſes, il produit auſſi les idées les plus ridicules, les plus folles, les plus extravagantes. Il éteint par ſes vapeurs ce noble flambeau, que la nature nous a donné pour nous éclairer & nous conduire ; ou il l'obſcurcit de ſi épais nuages, qu'il ne jette plus qu'une ſombre clarté. Privés de cette lumiere, les yeux s'égarent, les pas chancellent, les idées ſe confondent, le jugement ſe trouble, les paſſions s'enflamment & portent aux excès les plus honteux.

Xénophon, dans ſa *Cyropédie*, rapporte l'impreſſion ſinguliere que fit ſur le jeune Cyrus la vue de pluſieurs perſonnes ivres. Ayant obtenu d'Aſtyage ſon grand-pere la permiſſion de lui donner à boire pour imiter

---

(1)... *Amaritudo animæ, vinum multùm potatum.* Eccli. 31.

l'Echanson de ce Prince, il s'en acquitta de fort bonne grace. *Je suis content, mon fils,* lui dit Astyage, *on ne peut pas mieux servir: mais puisque vous vouliez imiter Sacas,* c'étoit le nom de l'Echanson; *pourquoi n'avez-vous pas comme lui goûté le vin ?* J'ai craint, répondit avec naïveté le jeune Prince, qu'il n'y eût dans cette liqueur du poison. Car au festin que vous donnâtes, le jour de votre naissance, aux grands Seigneurs de votre Cour, je vis clairement que Sacas vous avoit tous empoisonnés. *Comment vîtes-vous cela,* dit le Roi ? C'est, repartit Cyrus, que je m'apperçus qu'après qu'on eut un peu bu de cette liqueur, la tête tourna à tous les convives. Je vous voyois faire des choses que vous ne pardonneriez pas à des enfans; crier tous à la fois sans vous entendre, puis chanter tous ensemble de la façon la plus ridicule; & lorsqu'un de vous chantoit seul, vous juriez sans l'avoir écouté qu'il chantoit admirablement bien. Chacun de vous vantoit ses forces; mais lorsqu'il fallut se lever pour danser, loin de pouvoir faire un pas en cadence, vous ne pouviez pas même vous tenir fermes sur vos pieds. *Comment !* reprit Astyage, *la même chose n'arrive-t-elle pas à votre pere ?* Jamais, répondit Cyrus. *Que lui arrive-t-il donc quand il a bu,* ajouta le Roi ? Il cesse d'avoir soif, répliqua l'enfant.

Les Lacédémoniens, pour détourner leurs enfans de l'ivrognerie, leur faisoient considérer un esclave ivre. Quoi de plus propre en effet pour en inspirer de l'horreur, que de mettre sous les yeux le triste spectacle d'un homme que le vin a privé de sa raison, de faire remarquer toute la laideur d'un état où l'on ressemble plus à une bête qu'à un homme, de rendre témoin de toutes les sottises & de toutes les extravagances dont alors on est capable! Nous allons en rapporter quelques exemples: puissent-ils, par leur ridicule même, faire faire des réflexions sérieuses sur les excès de folie, auxquels le vin peut porter les personnes qui ont le plus d'esprit!

*Chapelle*, aussi connu par son amour pour la vie voluptueuse & pour le vin, que par ses vers délicats, soupoit un soir tête-à-tête avec un Maréchal de France. Quand ils eurent bien bu, ils se mirent à faire des réflexions sur les miseres de cette vie, & sur l'incertitude de ce qui doit la suivre. Ils convinrent que rien au monde n'étoit si dangereux, que de vivre sans religion: mais ils trouvoient en même temps, qu'il n'étoit pas possible de passer en bon Chrétien un grand nombre d'années, & que les Martyrs avoient été bienheureux de n'avoir eu que quelques momens à souffrir pour gagner le Ciel. Là-dessus Chapelle imagina qu'ils feroient fort bien l'un & l'autre de s'en aller en Turquie, pour y prêcher la religion Chrétienne. *On nous prendra*, disoit-il, *on nous conduira à quelque Bacha. Je lui répondrai avec fermeté: vous ferez comme moi, Monsieur le Maréchal. On m'empalera, on vous empalera après moi, & nous voilà en Paradis.* Le Maréchal trouva mauvais que Chapelle se mît ainsi avant lui. C'est à moi, dit-il, qui suis Maréchal de France & Duc & Pair, à parler au Bacha, & à être martyrisé le premier, & non pas à un petit compagnon comme vous. *Je me moque du Maréchal & du Duc*, répliqua Chapelle. Sur cela le Maréchal lui jette son assiette au visage. Chapelle se jette sur le Maréchal : ils renversent tables, buffets, sieges. On accourt au bruit. On peut penser quelle scene ce fut de leur entendre expliquer le sujet de leur querelle.

Ce que fit dans une autre occasion le même Chapelle, avec ses compagnons de débauche, est encore plus extravagant, & faillit avoir des suites bien plus tragiques. Sur la fin de sa vie, Moliere vivoit de régime ; & lorsqu'il alloit à sa maison d'Auteuil, il engageoit Chapelle son ami à faire les honneurs de sa table, & lui laissoit le choix des convives. On peut juger qu'il les choisissoit bien. Un soir que Moliere étoit allé se coucher, & les avoit laissés à table, la conversation tomba insensiblement sur la morale vers les trois heures du matin. *Que notre vie est peu de chose*, dit Chapelle, *& qu'elle est remplie de traverses ! Nous sommes à l'affût pendant trente ou quarante ans, pour jouir d'un moment de plaisir, que nous ne trouvons jamais.* Dégoûtés des miseres de la vie, ils prirent tous la résolution d'aller se noyer dans la riviere qui étoit proche. Ils se levent, & vont gaiement à la riviere. Des domestiques & des gens du lieu coururent promptement à ces débauchés qui étoient déjà dans l'eau, & les repêcherent. Indignés du secours qu'on venoit de leur donner, ils mirent l'épée à la main, coururent sur leurs ennemis, les poursuivirent jusque dans Auteuil, & les vouloient tuer. Moliere qui avoit été averti de l'extravagant projet de ses amis, & qui s'étoit levé aussi-tôt, arriva sur ces entrefaites. Il leur demanda ce qu'ils vouloient faire. *Fatigués des peines de ce monde-ci*, lui répondit l'un d'eux, *nous avions pris la résolution de passer en l'autre, pour être mieux.* Vous avez raison, reprit Moliere; mais que vous ai-je fait, pour former un si beau projet sans m'en faire part ? Quoi, vous voulez vous noyer sans moi ! je vous croyois plus de mes amis. *Il a parbleu raison*, dit Chapelle, *voilà une injustice que nous lui faisions : viens donc te noyer avec nous.* Oh ! doucement, répondit Moliere, ce n'est point ici une affaire à entreprendre mal-à-propos, c'est la derniere action de la vie, il n'en faut pas manquer le mérite. On seroit assez malin pour lui donner un mauvais tour. Si nous nous noyions à l'heure qu'il est, on diroit à coup sûr que nous l'aurions fait la nuit, comme des désespérés ou comme des gens ivres. Saisissons le moment qui nous fasse le plus d'honneur : demain sur les huit à neuf heures du matin, bien à jeun & devant tout le monde, nous irons nous jeter dans la riviere. On approuva ce conseil, & on alla se coucher. Le projet s'évanouit avec le vin.

H 5

Les grands buveurs étoient autrefois fort communs. Ils n'eſtimoient que ceux qui buvoient beaucoup. Le Maréchal *de Baſſompierre*, Ambaſſadeur de Louis XIII, étoit fort aimé des Suiſſes, parce qu'il tenoit tête aux Députés des Treize Cantons, quand il falloit boire. Après un repas magnifique qu'ils lui firent le jour de ſon départ, & où l'on avoit bu largement, ils propoſerent, lorſqu'il fut à cheval, de boire le vin de l'étrier. Ils avoient fait apporter pour cela quantité de flacons & de grands verres. *Ce n'eſt pas ainſi*, leur dit le Maréchal, *que ſe boit le vin de l'étrier, c'eſt dans la botte.* En même temps il tira une de ſes bottes, & la fit remplir de vin. Il y but à grands traits, & tous les Députés après lui.

On trouve encore quelquefois aujourd'hui, mais plus rarement, de ces héros bachiques. Pour boire à leur ſanté, on eſt obligé d'altérer la ſienne, & il faut s'enivrer pour leur prouver qu'on les aime. C'eſt là ſans doute une amitié bien raiſonnable, qui ne ſe prouve qu'en perdant la raiſon. Si vous en rencontrez de tels, n'ambitionnez pas d'acheter à ce prix leur amitié ; & pour quelque choſe que ce ſoit, ne vous enivrez jamais. C'eſt un principe, dit M. *de Claville*, dont il ne faut pas s'écarter en aucun cas. Si dans des lieux, ſi dans des maiſons, où la vraie politeſſe n'eſt pas encore connue, on veut vous forcer, ſoyez inébranlable. Echappez aux ſollicitations, uſez de ruſes, laiſſez boire les autres, & ſi c'eſt chez vous-même, ne ménagez pas votre vin, mais ménagez-vous. Soyez à table gai & de bonne humeur, mais foyez prudent.

Ce n'eſt pas que, quand un heureux haſard vient alonger le plaiſir, quand tous les cœurs ſe développent, quand la converſation devient plus brillante & plus vive ſans ceſſer d'être polie, on ne puiſſe jouir de l'occaſion & ſe livrer davantage. Mais les gens d'un goût fin ſavent animer un repas, ſans le rendre tumultueux & bruyant. Tout y eſt délicat. Le feu du vin fait briller le feu de leur imagination & fait éclore d'heureuſes ſaillies. Tant qu'ils ſavent répandre de l'eſprit & jouir délicieuſement de celui des autres, ils ne craignent rien pour leur raiſon. Mais ils ceſſent de boire, dès qu'ils s'apperçoivent que leur tête commence à s'embarraſſer; & ils préviennent le nuage qui obſcurciroit leur raiſon.

*Le vin*, dit le Sage, *a été créé dès le commencement pour réjouir l'homme & non pour l'enivrer. Le vin pris avec modération, eſt la joie de l'ame & du cœur. La tempérance dans le boire eſt la ſanté de l'eſprit & du corps* ( 1 ).

L'effet de l'intempérance, au contraire, eſt de ruiner la fortune & la ſanté: elle dégrade l'homme, aliene au moins pour un temps la plus noble de ſes facultés, & l'abrutit à la fin. C'eſt ce qui faiſoit dire au Philoſophe *Anacharſis*, que la vigne portoit deux ſortes de raiſins, les uns doux, & les autres amers,

---

(1) .... *Sanitas eſt animæ & corpori ſobrius poſus*. Eccli. 31.

*Ne regardez pas le vin*, dit Salomon, *lorsque sa couleur brille dans le verre : il entre agréablement, mais il mord enfuite comme un serpent, & il répand son venin comme un basilic. Le vin est une source d'intempérance ; & l'ivrognerie entraîne avec elle bien des désordres. Quiconque y met son plaisir, ne deviendra jamais sage* ( 1 ).

Soyons donc sobres & modérés, évitons la débauche : nos plus chers intérêts nous y engagent. L'Esprit-Saint nous avertit que celui qui aime les festins, sera dans l'indigence, & que celui qui aime le vin & la bonne chere, ne s'enrichira point. *Ne vous trouvez pas*, dit-il, *avec les grands buveurs ni avec les gens de bonne chere : car ceux qui passent le temps à boire & à se régaler, deviendront pauvres ; & celui qui aime à dormir, ne sera vêtu que de haillons* ( 2 ).

Mais ce qui doit faire craindre encore plus de s'abandonner à ce vice, c'est qu'il n'est presque plus possible de s'en corriger, quand une fois on a eu le malheur d'en contracter l'habitude. Cette inclination se change en nature ; & pour en triompher, il ne faut pas moins que le courage & la constance héroïque de *Charles XII*, Roi de Suede. Ce qu'il fit à ce sujet, donne de ce Monarque une plus haute idée que la plus éclatante de ses expéditions. Il avoit un jour dans l'ivresse perdu le respect qu'il devoit à la Reine sa mere ;

---

(1) ..... *Quicumque his delectatur, non erit sapiens.* Prov. 20 & 23.

(2) ..... *Vacantes potibus & dantes symbola, consumentur,* &c. Prov. 23.

elle se retira dans son appartement pénétrée de douleur, & y resta enfermée le lendemain. Comme elle ne paroissoit pas, le Roi en demanda la cause. On la lui dit. Il fit remplir un verre & alla trouver cette Princesse. *Madame, lui dit-il, j'ai appris qu'hier dans le vin je m'étois oublié à votre égard. Je viens vous en demander pardon ; & afin que je ne tombe plus dans cette faute, je bois ce verre à votre santé : ce sera le dernier de ma vie.* Il tint parole, & depuis ce jour il ne but jamais plus de vin.

―――――――――――――――

*Ni de jeux.* Il est sans doute permis de jouer, comme nous aurons bientôt occasion de le dire. Il est même si nécessaire à ceux qui sont dans le monde de savoir le jeu, au moins pour défendre son argent, & pour s'amuser quelquefois ou pour amuser les autres, que le jeu doit en quelque sorte entrer dans le plan d'une belle éducation. C'est souvent le moyen de s'introduire dans les bonnes compagnies, de se faire connoître, & faire appercevoir un mérite qu'on eût ignoré : on s'attire des suffrages importans & de puissans amis. Ce que la Sagesse défend dans cette maxime, ce n'est donc pas absolument le jeu, mais deux grands vices qui se glissent souvent dans le jeu : la fureur des jeux de hasard, & la passion du jeu.

Parmi les différentes sortes de jeux, il y en a où le hasard décide de tous les coups : c'est l'intérêt qui y préside, & non l'amusement. Il y en a où la science seule du joueur emporte le prix, comme aux échecs : ces jeux-là sont plutôt des études que des jeux. Il y en a d'autres, où la science du joueur & la fortune triomphent tour-à-tour : ce sont les plus beaux jeux : l'application qu'ils demandent occupe l'esprit sans le fatiguer ; & les caprices de la fortune, ménagés par la science du joueur, y produisent un véritable plaisir qui soutient sans l'attrait d'un gros intérêt. Ces jeux, qu'on appelle des jeux de commerce, sont presque les seuls qu'on devroit se piquer de bien savoir, parce qu'on est le maître de n'en faire qu'un amusement. Il n'en est pas de même des jeux de hasard, qui ont si souvent de tristes effets. Si vous êtes sage, vous vous ferez une loi de n'y jouer jamais.

Evitez avec le même soin de vous attacher avec passion à quelque jeu que ce soit. *Platon* trouvant un de ses Disciples qui jouoit avec trop d'attache, lui fit une réprimande. Le Disciple s'excusa, en disant qu'il ne jouoit qu'un petit jeu. *Mais*, lui dit Platon, *comptes-tu pour rien la passion de jouer, que ce petit jeu te fait contracter?* Cette passion ne tarde pas à augmenter, & s'accroît, comme le feu, par les alimens qu'on lui donne. Le jeu qui devient passion, se changera bientôt en fureur. On commence par jouer peu : mais bientôt la perte irrite ou le gain enflamme. On fait succéder les profusions énormes à de légers gains ; ou l'on veut recouvrer ses pertes par des excès accumulés, qui en attirent de nouvelles. L'obligation de payer les dettes énormes du jeu, dettes qui font toujours les premieres & souvent les seules acquittées, fait engager ou aliéner les fonds ; & de là souvent la ruine subite des maisons les plus opulentes. La paffion du jeu eft un des plus terribles fléaux qui confpirent à la défolation des familles. Combien de joueurs a-t-on vu profpérer ! Pour deux ou trois aventuriers ou quelques heureux joueurs dont on vante les fuccès, que de milliers d'autres réduits à une honteufe mifere !

Jouer par l'efpoir du gain, c'eft jeter fon bien dans la mer, pour aller le recueillir fur le rivage. S'expofer fans néceffité à une grande perte, c'eft puérilité, c'eft fottife. Mais rifquer le néceffaire pour avoir le fuperflu, abandonner au fort d'une carte ou d'un dez fa fortune, fon rang & fon état, ceux de fa femme & de fes enfans, n'eft-ce pas folie & fureur ? Que refte-t-il à celui qui a perdu au jeu tout fon bien, que les regrets, les larmes & le défefpoir ? On dit que M. *de Sallo*, de qui nous avons rapporté dans le premier volume un fi beau trait d'humanité, ayant perdu au jeu cent mille écus, qui faifoient tout fon bien, en mourut de chagrin. Qui pouroit compter toutes les autres perfonnes que la paffion du jeu a ruinées, & qui ayant joué & perdu leur argent, leurs revenus, leurs terres, leurs hôtels & leurs équipages, fe font livrées aux tranfports de la rage & de la fureur, & se sont donné la mort, en vomissant contre eux-mêmes les plus affreuses imprécations, & contre Dieu les plus horribles blasphêmes ? Quelle horreur ne doit-on pas avoir d'une passion qui est capable de porter à de tels excès !

L'homme raisonnable ne se livrera pas à la folle espérance d'une espece de fortune, qu'on fait rarement, & qu'on ne fait presque jamais sans crime. Il n'est permis qu'à un fou ou à un fripon de jouer gros jeu : l'honnête homme qui le joue ne le sera pas long-temps : il est trop difficile d'y garder toute sa probité. Quand on est avide de gain, si l'on peut gagner par la fraude, si l'on est sûr qu'elle demeurera secrete, si on la regarde peut-être comme un jeu ou comme une partie de l'habileté du jeu; n'est-on pas tenté de s'en servir au besoin, & ne succombe-t-on jamais à la tentation ? On cherche à réparer par la ruse les mauvais tours de la fortune : de la ruse on passe bientôt à la fourberie, & l'honnête homme se trouve changé en fripon. Tout le monde connoît ces beaux vers qui méritent d'être relus souvent :

Les plaisirs sont amers, si-tôt qu'on en abuse.
  Il est bon de jouer un peu ;
Mais il faut seulement que le jeu nous amuse :
  Un joueur, d'un commun aveu,
  N'a rien d'humain que l'apparence ;
Et d'ailleurs il n'est pas si facile qu'on pense,
D'être fort honnête homme & de jouer gros jeu.
Le désir de gagner qui nuit & jour occupe,

Est un dangereux aiguillon.
Souvent, quoique l'esprit, quoique le cœur soit bon,
On commence par être dupe,
On finit par être fripon.

Des Houl.

Quel motif pressant pour tout honnête homme d'éviter le gros jeu ! Qui ne doit pas craindre d'être dupe & de devenir fripon ? Madame *des Houlieres* pratiquoit ce qu'elle enseignoit aux autres : elle jouoit, mais elle n'étoit pas joueuse : elle jouoit deux heures par jour, petit jeu, & de ces jeux, où ni l'espoir du gain ni la crainte de la perte ne se trouvent jamais de la partie, & qui furent toujours permis pour se délasser.

« Tout le monde joue, disoit une Dame à une de ses amies (1); mais il ne faut accorder à cet amusement que les momens qu'on ne peut employer mieux. Quand une femme en fait sa passion dominante, elle est perdue. Plus elle joue, & plus elle veut jouer. Elle néglige le soin de sa santé, de sa réputation, de son repos, de sa famille ; & pourquoi ? Pour confier au hasard le soin de sa fortune. Quel aveuglement ! Mais il faut moins s'en prendre à cette femme, qu'à celles à qui on en avoit confié l'éducation. Si on nous accoutumoit de bonne heure à aimer la lecture & des occupations qui pourroient nous amuser en nous instruisant, on ne

---

(1) *Conseils à une amie*, par Madame de Puisieux. Tous ses avis ne sont pas également bons, & elle parle quelquefois plus en femme du monde, qu'en personne instruite des vrais principes de la Morale.

joueroit point, ou fort peu. Comment trouvez-vous ces femmes qui, depuis quatre heures qu'elles fortent de table jufqu'à dix qu'elles s'y remettent, ne quittent pas le jeu ? Elles fe retirent la plupart avec la rage d'avoir perdu, ou avec la joie maligne d'avoir gagné leurs amis. Toutes les joueufes aiment l'argent, & rien n'eft fi vil que cet attachement ».

Une femme joueufe n'eft pas feulement intéreffée, elle eft encore prefque toujours une mere dénaturée. Voyez ces enfans qui portent fur leur front un caractere de nobleffe que dément leur air mal-propre & négligé. Laiffés à eux-mêmes, ou livrés à des mains mercenaires, qu'on paye mal & qui fervent de même, ils languiffent dans l'ordure, & reftent fans éducation, ou, ce qui eft encore pis, n'en ont qu'une vicieufe. Mille fois plus à plaindre que s'ils étoient orphelins, parce qu'ils ont une mere que la paffion du jeu a dépouillée de tous les fentimens de la nature, une mere qui ne les regarde qu'avec indifférence, ou plutôt qui ne les regarde pas, qui les oublie entiérement pour ne s'occuper que de fon jeu, & qui ne leur laiffera pour héritage avec fes mauvais exemples que l'indigence & les regrets de l'avoir eue pour mere.

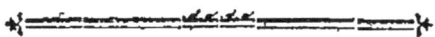

*Ce font-là trois écueils en naufrages fameux.*

LA paffion des femmes, du vin & du jeu, eft le funefte écueil, où la fortune & la vertu de plusieurs font un triste naufrage. Le jeu est un abyme profond, où les plus grandes richesses vont tous les jours s'engloutir & se perdre. Les excès du vin ne sont pas moins pernicieux, parce que non-seulement ils troublent la raison & privent l'homme pendant un certain temps du plus bel apanage de notre nature, mais ils alterent la santé, abrutissent l'esprit, détruisent le plus heureux naturel, & portent, dit l'Esprit-Saint, à la colere, à la violence & à la luxure (1).

L'amour criminel ne produit pas toujours, il est vrai, des désordres si sensibles, mais les conséquences n'en sont pas moins dangereuses ni moins funestes. L'amour est l'ivresse du cœur, & il est rare que le penchant à ce vice ne conduise pas à la perte de toutes les vertus. La volupté infecte le corps, empoisonne l'ame, mene à l'irréligion, seme dans les familles les soupçons, les défiances, les divorces scandaleux, & quelquefois même en cause la ruine entiere. Comme c'est l'écueil le plus dangereux & le plus commun, le vice de tous les âges, de tous les états, de toutes les conditions, on nous permettra bien de revenir encore une fois sur cet objet, un des plus importans de la morale. Tandis qu'une infinité de livres obscenes présentent par-tout à la jeunesse la coupe fatale, où elle va boire avec avidité le poison impur, n'est-il pas de notre devoir de lui

---

(1) *Luxuriosa res vinum, & tumultuosa ebrietas.* Prov. 20. Le vin pris avec excès, dit un Moraliste, nuit à la beauté, à la santé & à la chasteté.

faire entendre ici la voix falutaire de la fageffe, & de la prémunir contre un mal fi contagieux & fi funefte, en lui mettant fous les yeux le vrai & trop affreux tableau des défordres & des crimes, qu'enfante ce monftre malheureufement fécond ?

Jetez les regards fur la vafte fcene du monde. Par-tout où ce vice regne, vous verrez marcher à fa fuite les vols domeftiques, les noires perfidies, les infidélités facrileges, les événemens tragiques, & les fcandales éclatans. Au milieu de ce trifte cortege, vous appercevrez les maladies honteufes, les douleurs aiguës, l'affoibliffement des tempéramens les plus vigoureux, la corruption du fang, la jeuneffe languiffante, la vieilleffe prématurée, la mort tantôt lente qui frappe de mille coups redoublés fa victime, tantôt précipitée qui moiffonne quelquefois dans leur printemps les plus cheres efpérances des familles.

> Vois ces fpectres dorés s'avancer à pas lents,
> Traîner d'un corps ufé les reftes chancelans,
> Et fur un front jauni qu'a ridé la molleffe,
> Etaler à trente ans leur précoce vieilleffe.
> C'eft la main du plaifir qui creufe leur tombeau.

A quels excès cette malheureufe paffion ne porte-t-elle pas ! Pour la fatisfaire, il faut de l'argent. C'eft au poids de l'or qu'on achete les criminels plaifirs. Il faut parer l'idole & fournir à toutes fes folles dépenfes. Deux Efpagnols fe difputoient la conquête d'une courtifane, l'épée à la main, *Meſſieurs*, leur dit-elle, *ce n'est point avec le fer, c'est avec l'or qu'on se bat chez moi.* Plus jalouses des dons de leurs amans que de leur tendresse, ces especes d'animaux voraces persécutent à toute heure avec une avidité importune. Où trouver de quoi rassasier une cupidité insatiable ? Où trouver de quoi jeter incessamment dans un gouffre immense, qui absorbe toujours sans se remplir ? Que fera-t-on ? On prendra de toutes mains & par toutes sortes de voies. Un fils dépouillera secrétement la maison paternelle : un pere laissera ses enfans sans entretien, sans éducation : un maître refusera la nourriture & les gages à ses domestiques : on ne payera ni le créancier ni l'artisan malheureux, que le besoin réduit au désespoir : on sera insensible aux cris des pauvres, à la misere des indigens. Ainsi, pour contenter sa passion, on foulera aux pieds l'humanité, la justice, l'intérêt de sa famille, les devoirs de sa condition, les bienséances de son état, le soin même de son honneur & de sa réputation.

Ce n'est pas tout. Est-on supplanté ou traversé par un rival : à quelle violence de jalousie & de rage ne se laisse-t-on point aller ? La calomnie, le poison, les poignards, les combats singuliers fournissent des armes à la fureur & à la vengeance. Qui pouroit dire tous les meurtres, tous les assassinats, dont cette funeste passion a rempli l'univers ?

Mais voici des excès plus affreux encore. Combien de personnes du sexe, pour conserver un reste d'honneur après avoir perdu ce que leur honneur avoit de plus précieux, ont détruit le fruit de leur crime par un crime plus grand, & sont devenues parricides avant que d'être meres! Combien d'hommes aveuglément impies, dans l'ivresse de leur passion, ont fait, de celle qui en étoit l'objet, leur divinité, lui ont protesté que toute leur vie, & à la mort même, ils n'en auroient point d'autre, & n'ont été que trop fidelles à leurs fermens!

Et l'on appellera une telle passion, foiblesse, bagatelle, galanterie, amusement! Car c'est sous ces expressions adoucies que souvent on désigne un si grand mal. Mais depuis quand donc est-il permis de traiter de foiblesse pardonnable & de bagatelle, ce qui conduit presque toujours aux plus grands crimes, ce qui rend un objet d'horreur aux yeux de Dieu, ce qui, dépouillant l'homme des traits augustes de sa ressemblance avec la Divinité, le réduit à la condition des bêtes, le fait même descendre au-dessous d'elles, par les honteux excès auxquels on ne rougit pas de s'abandonner?

Que dans le Paganisme, où cette passion étoit en quelque sorte consacrée par la religion & divinisée par l'exemple des Dieux, elle ait trouvé des protecteurs & des apologistes, on ne doit pas en être surpris. N'est-il pas même étonnant que, malgré les préjugés de leur religion, tant de Païens aient eu sur ce point des idées si pures, aient donné des exemples si admirables de continence & de chasteté? Mais n'est-il pas plus étonnant encore, que dans une religion auſſi ſainte & auſſi chaſte que la nôtre, des hommes qui ſe diſent Chrétiens, entreprennent de juſtifier l'amour criminel, d'affoiblir les traits odieux qui le caractériſent, & de lui prêter un nom qui le rend preſque innocent & permis ?

O vous qui, dans le ſein du Chriſtianiſme, vous faites gloire d'avoir ce que vous appelez des inclinations, des attachemens, des intrigues, qui mettez votre honneur à ravir à une jeune perſonne le ſien, à dépouiller une honnête femme de ſa ſageſſe, & qui vous faites un indigne trophée de ces honteuſes victoires, libertins voluptueux, venez à l'école des Païens même vous inſtruire ou vous confondre ! *Scipion l'Africain*, un des plus grands hommes de la République Romaine, ayant été envoyé en Eſpagne, ſoumit ce pays aux Romains en moins de quatre ans. Au milieu de ſes victoires, on lui amena une jeune captive de la plus rare beauté. Scipion étoit dans l'âge où les paſſions ſe font ſentir avec le plus de force. Mais plus vainqueur encore de lui-même que des nations qu'il avoit domptées, il ne voulut point la retenir. Il fit venir celui à qui elle étoit promiſe, la lui remit entre les mains, & ordonna qu'on augmentât ſa dot de la rançon qu'on étoit venu offrir pour elle.

Ce que fit dans une occaſion à peu près ſemblable *Gonſalve-Ferdinand de Cordoue*, ſurnommé *le grand Capitaine*, n'eſt pas moins beau, ni moins digne de ſervir de modele à toutes les personnes du même état. L'honneur dont on y est si jaloux, devroit leur rendre celui des autres également cher; & la grandeur d'ame dont on y fait profession, devroit les faire souvenir qu'il y a bien peu de gloire à triompher du sexe le plus foible. Ceux d'entre eux qui blâmeront le beau trait que nous allons rapporter, ou qui ne se sentiront pas le courage de l'admirer, n'ont pas l'âme faite pour les grands sentimens ni pour la vertu. Gonsalve passoit souvent devant la maison de deux Demoiselles, filles d'un Ecuyer qui avoit peu de part aux faveurs de la fortune. Leur pere s'étant apperçu qu'il paroissoit avoir quelque inclination pour elles à cause de leur grande beauté, crut que c'étoit une occasion favorable de sortir de l'indigence. Il alla trouver le grand Capitaine, & le pria de lui donner le soin de quelque affaire hors de la ville. Gonsalve comprit d'abord l'intention du pere, & lui demanda : *Quelles personnes laissez-vous dans votre maison ?* Deux jeunes Demoiselles, mes filles, répondit l'Ecuyer. *Attendez-moi*, reprit le Capitaine, *je vais vous expédier votre commission*. Il alla prendre deux bourses, dans chacune desquelles il mit deux mille ducats. Il les donna au pere, en lui disant : *Voilà les provisions que je vous donne, mariez-en vos filles au plutôt; & pour vous, j'aurai soin de vous donner de l'emploi.*

Nous l'avons déjà dit, & l'on ne sauroit trop le répéter, ce n'est que dans la pratique de la vertu & dans la fidélité à ses devoirs, qu'on qu'on trouvera les vrais plaisirs. Toutes les voluptés sensuelles ne valent pas la noblesse des sentimens. Qui de nous en effet, s'il n'a pas eu le malheur de recevoir en naissant une ame vile, ne préféreroit aux plaisirs brutaux d'un voluptueux, la douce joie que donne une action vertueuse, telle que celle de Gonsalve, ou de ce jeune homme, dont nous allons rapporter le beau trait. Peu de temps après son entrée dans le monde, il fut tenté d'aller chez une courtisane, qui vendoit à grand prix ses faveurs. Près de frapper à la porte, il se sent arrêté par une voix secrete, qui lui crie au fond du cœur : *Ton vieux Gouverneur languit dans la misere*. Il retourne sur ses pas, court chez le vieillard, & verse entre ses mains l'or qu'il destinoit à sa passion. Quelle satisfaction délicieuse, en voyant des larmes de joie couler des yeux de son Maître, ne dut-il pas goûter lui-même en ce moment ! satisfaction d'autant plus agréable & plus douce, qu'elle est plus pure & n'est jamais suivie du remords ni du repentir ; au lieu que les plaisirs criminels le sont toujours. On sait ce que répondit un Païen à une courtisane qui lui demandoit dix mille drachmes, c'est-à-dire, environ quatre mille livres de France : *Je n'achete pas si cher un repentir*. Les plus belles fleurs de l'amour sont entourées d'épines cruelles, qui piquent & qui déchirent, comme est forcé de l'avouer lui-même le Chantre d'Epicure (1).

---

(1) .... *Usque adeò de fonte leporum*
*Surgit amari aliquid, quod in ipsis floribus angat!*
LUCRET.

C'est ce qui faisoit dire à un ancien Philosophe, qu'il s'abstenoit des voluptés par volupté.

En effet, elles sont presque toujours empoisonnées : elles trouvent dans elles-mêmes leur supplice : & par un secret jugement de Dieu, qui punit dès cette vie même par les douleurs les plus aiguës les plaisirs les plus criminels, souvent elles ne sont pas moins funestes au corps qu'à l'ame du voluptueux. Combien de libertins ne voit-on pas aujourd'hui, dont les membres infectés par un mal contagieux, après avoir été les instrumens de leurs crimes, le deviennent d'une punition aussi juste qu'elle est terrible.

> Ayez soin, dit Bellegarde (1),
> De réprimer vos désirs :
> Souvent, si l'on n'y prend garde,
> On périt par ses plaisirs.

Jeune homme, si jamais vous êtes sollicité par des compagnons libertins ou par vos passions, à goûter les plaisirs de l'impureté, rappelez-vous alors la leçon frappante qu'un pere donna un jour à son fils. Cet homme de beaucoup de bon sens & plein de religion, voyant le tempérament naissant de son fils le porter aux femmes, n'épargna rien pour le contenir. Mais enfin, malgré tous ses soins, le sentant prêt à lui échapper, il s'avisa de le mener dans un hôpital, destiné à la guérison de ces maladies infames qui sont le triste fruit

---

(1) Auteur de plusieurs Ouvrages de Morale.

du libertinage. Sans le prévenir de rien, il le fit entrer dans une falle, où une troupe de ces malheureux expioient, par la cure la plus douloureuſe, leurs crimes & leurs débauches. A ce hideux aſpect qui révoltoit à la fois tous les ſens, le jeune homme frémit d'horreur, pâlit, & fut près de tomber. *Va, miſérable débauché*, lui dit le pere d'un ton véhément, *ſuis le vil penchant qui t'entraîne; bientôt tu ſeras trop heureux d'être admis dans cette ſalle, où victime des plus infames douleurs, tu forceras ton pere à remercier Dieu de ta mort*. Ce peu de paroles jointes à l'énergique tableau qui frappoit le jeune homme, lui firent une impreſſion qui ne s'effaça jamais. Deſtiné par ſon état à paſſer ſa jeuneſſe dans des garniſons, il aima mieux eſſuyer toutes les railleries de ſes camarades, que d'imiter leur libertinage. Il ſe diſtingua toujours par ſes mœurs, autant que par ſa bravoure. Lorſqu'il racontoit cette hiſtoire dans ſa vieilleſſe : *J'ai été homme*, ajoutoit-il, *j'ai fait des fautes ; mais parvenu juſqu'à mon âge, je n'ai jamais pu regarder une fille publique ſans horreur*.

Je ſuis Chrétien, diſoit un autre Officier ; & je crois un enfer : mais n'y eût-il pas d'enfer pour punir ce crime, ce que j'ai vu dans les hôpitaux de Lodi, quand nous étions en Italie, ſuffiroit pour m'en donner une invincible horreur.

Jeunes gens, ſi de telles leçons ne vous frappent point, ſi la crainte d'une ſi honteuſe contagion ne peut ſervir de frein à votre incontinence, il ne me reſte plus rien à vous dire. Car inutilement ouvrirois-je à vos yeux ces abymes, spécialement destinés par la vengeance divine à punir les coupables voluptueux. Continue donc, téméraire jeunesse, continue de t'applaudir de tes honteuses débauches. Tes plaisirs passeront vite, & ils seront suivis d'une éternité de tourmens qui ne passera point. Tes feux criminels seront l'aliment & la proie des feux vengeurs, allumés par le souffle de la colere céleste.

Celui qui rit de ces terribles châtimens, n'en est que plus digne, & ses railleries n'éteindront pas les flammes qui lui sont préparées. Si l'on espere de les éviter un jour par les larmes du repentir, pourquoi veut-on vivre comme on ne voudroit pas mourir ? Ne sait-on pas aussi qu'un des effets les plus ordinaires de l'impureté, est de conduire à l'irréligion, à l'endurcissement, à l'impénitence ? L'habitude se forme, & l'on traîne jusqu'à la fin de sa vie des chaînes qu'on n'a plus la force de porter.

> Je ne le sais que trop, dans le cours du bel âge,
> Quand la nature ardente, échauffant nos désirs,
> Nous rend si propres aux plaisirs,
> Il est mal-aisé d'être sage.
> Cependant malgré tant d'attraits,
> On ne peut trop le dire & le faire connoître,
> C'est dans ce temps-là qu'il faut l'être,
> Ou l'on court grand danger de ne l'être jamais.
>
> PAVILLON.

Je déplore le malheur d'un jeune homme qui, entraîné par la fougue de ses passions se laisse aller à un criminel penchant. Mais je plains encore plus ces honteux vieillards qui, courbés sous le poids des années, conservent, comme on n'en voit que trop souvent, dans des membres glacés, le feu qu'une jeunesse libertine souffla dans leurs veines : objets de risée & de mépris aux yeux des hommes, objets d'horreur & d'abomination aux yeux de Dieu.

C'est une terrible passion que l'amour : si vous le laissez croître & se fortifier, il se jouera de toutes vos résolutions ; & dans le temps même qu'il vous déchirera le cœur ou qu'il vous couvrira de honte, vous ne pourez vous résoudre à vous en détacher. Rompez donc courageusement vos fers, tandis qu'il en est temps encore, & rentrez généreusement dans la voie de la vertu. Mais pour cela, interdisez-vous absolument tout commerce. Tant que vous continuerez de voir cette personne qui a blessé votre cœur, le poison se glissera de nouveau, & il viendra un moment où votre repentir vous abandonnera. Un feu mal éteint se rallume de lui-même.

Pour vaincre plus sûrement, implorez, à l'exemple de l'Auteur du Livre de *la Sagesse*, le secours de celui qui peut seul donner la continence (1). Faites descendre du Ciel, par l'ardeur de vos prieres, ces armes puissantes qui vous feront triompher. Employez souvent

---

(1) *Ut scivi quoniam aliter non possem esse continens, nisi Deus det*, &c. Sap. 8.

les remedes que la religion vous présente ; & pourquoi rougirois-je de le dire ? pourquoi dans ce siecle même craindrois-je de parler le langage de la religion, puisque je parle à des Chrétiens ? Non, ce n'est que par l'usage fréquent des Sacremens, qu'on poura résister à tous les assauts de l'Esprit impur, & remporter la plus difficile de toutes les victoires. Si l'on néglige ces sources abondantes de graces, si l'on s'en éloigne ; exposé sans force & sans défense à de continuelles attaques, & abandonné à sa propre foiblesse, on ne se soutiendra pas long-temps, & l'on retombera bientôt dans les mêmes désordres dont on avoit eu tant de peine à sortir.

Celui qui a fait plusieurs fois la triste expérience de sa fragilité, ne sauroit être trop réservé & trop prudent : il y auroit plus que de la témérité à compter encore sur ses forces. Les plus sages même se sont perdus, parce qu'ils ne se sont pas assez défiés de leur foiblesse. Pour vaincre dans ces sortes de combats, il faut craindre & fuir : nous ne sommes forts que loin du danger. Quelque solide, quelque inébranlable qu'ait été jusqu'à présent votre vertu, si vous comptez sur elle, vous périrez.

Il y a, pour la chasteté des femmes surtout, des tentations bien fortes & des momens bien critiques. La fuite des occasions leur est peut-être encore plus nécessaire qu'aux hommes, parce qu'elles sont plus sensibles & plus foibles. Aussi une Dame célebre par la délicatesse de son esprit, la leur recommande-telle dans une petite Piece de vers, que nous les exhortons à relire souvent.

> Contre l'amour voulez vous vous défendre :
> Empêchez-vous & de voir & d'entendre
> Gens dont le cœur s'explique avec esprit :
> Il en est peu de ce genre maudit,
> Mais trop encor pour mettre un cœur en cendre.
> Quand une fois il leur plaît de nous rendre
> D'amoureux soins, qu'ils prennent un air tendre ;
> On lit en vain tout ce qu'Ovide écrit
>     Contre l'amour.
> De la raison il n'en faut rien attendre :
> Trop de malheurs n'ont su que trop apprendre
> Qu'elle n'est rien, dès que le cœur agit.
> La seule fuite, Iris, nous garantit :
> C'est le parti le plus utile à prendre
>     Contre l'amour.
>
> DES HOUL.

*Si l'on faisoit avec moi,* disoit une autre Dame très-sage, *un pas de trop en avant, j'en ferois deux en arriere.* C'est la froideur, ajouta-t-elle, qui est la sauve-garde de la vertu : il n'y a point de meilleur retranchement contre les attaques du vice, elle éteindra les flammes de l'amour, comme l'eau éteint le feu.

Quelque dangereux que soit pour les femmes le commerce des hommes trop fréquent & trop familier, celui des femmes l'est encore plus pour les hommes. Ce sexe à qui les graces & la douceur sont échues en partage, & dont le désir est, dans tous les pays, de plaire aux hommes, est d'autant plus séduisant & plus à craindre pour eux, qu'il les enchaîne en fe jouant, & les maîtrife en paroiffant les flatter. *Henri IV*, voyant dans une fête un bel efcadron de Dames, habillées en amazones, & parées de tous leurs charmes, avouoit qu'il n'avoit jamais trouvé d'efcadron plus redoutable.

Qui que vous foyez, fi vous voulez conferver votre vertu, craignez le péril, & fuyez avec foin toutes les occafions dangereufes. Puiffiez-vous n'éprouver jamais de quel courage il faut être armé pour ne pas céder alors! Evitez de vous trouver feul avec la perfonne dont vous avez touché le cœur, ou qui a gagné le vôtre. Voyez-la le plus rarement qu'il eft poffible. Ne craignez pas de manquer à la politeffe, ne craignez que de manquer à votre devoir. Si l'on veut vous folliciter au crime, dérobez-vous par la fuite, & laiffez plutôt votre manteau que votre innocence. Imitez le vertueux *Orégius*. Né à Florence de parens pauvres, il alla faire fes études à Rome. Il demeuroit dans une petite penfion bourgeoife. Il y éprouva les mêmes follicitations que le chafte Jofeph. Il s'enfuit de la maifon de fon hôteffe, & il aima mieux paffer une nuit d'hiver dans la rue fans habits, que d'y rentrer. Le Cardinal Bellarmin, inftruit de la vertu de ce jeune homme, conçut de l'affection pour lui, & le fit élever dans un college avec des penfionnaires de la premiere qualité. Il devint dans la fuite Cardinal & Archevêque de Bénévent. Jufte récompenfe de fon amour héroïque pour la chafteté!

Plus l'attaque est violente, plus il faut s'armer de courage pour défendre ce qui est plus précieux que tout l'or du monde. Mais si vous voulez le conserver encore plus sûrement, évitez le plus que vous pourez les assauts d'un ennemi, qui n'est que trop d'intelligence avec les penchans de votre cœur ; & ne négligez aucune des précautions, qui sont comme les gardiennes de l'innocence.

Veillez sur vos sens, & particuliérement sur vos yeux. *Ne les arrêtez point*, dit le Sage, *sur une fille, de peur que sa beauté ne devienne pour vous une occasion de chute. Détournez vos regards d'une femme parée, & ne considérez pas curieusement une beauté étrangere. Plusieurs se sont perdus par la beauté de la femme ; & en la regardant, la passion s'allume comme un feu* (1). Faites, ainsi que Job, un pacte avec vos yeux, afin qu'ils ne se portent sur aucun objet qui excite dans votre cœur des désirs criminels. Ce n'est pas qu'il faille avoir toujours les yeux baissés ; mais regardez, ne fixez pas, contemplez encore moins. Saint *François de Sales* avoit été en conversation avec une belle Dame. On lui demanda ce qu'il pensoit de sa beauté. *Je l'ai vue*, répondit-il, *mais je ne l'ai pas regardée*.

Interdisez-vous aussi la lecture de ces ouvrages licencieux, qui, déchirant le voile de la pudeur, étalent avec une liberté cynique les images de la volupté. Ils salissent l'imagi-

---

(1) *Virginem ne conspicias*, &c. Eccli. 9.

nation par des portraits voluptueux, qui s'y impriment d'autant plus facilement qu'elle est plus pure ou plus vive; & ils laissent dans la mémoire des traces importunes qui ne s'effacent jamais. Malheureux ceux qui aiment à lire de ces sortes d'ouvrages! mais plus malheureux encore ces Auteurs lascifs, qui se plaisent à exhaler toute la corruption de leur cœur, pour la communiquer aux autres, ou pour se faire goûter des lecteurs aussi corrompus qu'eux! C'est en vain qu'ils se flattent d'arriver à la gloire par la voie de l'infamie. Le public, en admirant les talens & le génie de quelques-uns d'entre eux, en condamne l'abus, en plaint la prostitution; & les sages qui seroient bien fâchés de lire leurs ouvrages les plus vantés en ce genre, seroient encore plus fâchés de les avoir faits. Ne vous laissez pas attirer par les charmes du style. Ce sont des appâts brillans qui n'en sont que plus propres à faire tomber dans le piege. Quand ces ouvrages seroient encore mieux écrits qu'ils ne le sont, il y a, pour celui qui les lit, beaucoup moins à gagner qu'à perdre. Ils operent insensiblement sur l'ame, & la corrompent, comme ces poisons doux & lents, qui donnent peu-à-peu la mort. Faites-vous donc une loi de n'en lire jamais.

Evitez encore ces divertissemens nocturnes, ces assemblées bruyantes, où se réunissent un grand nombre de personnes de l'un & de l'autre sexe pour se divertir, où le moindre crime est de passer les nuits au milieu des plaisirs & des pompes du monde, & d'où l'on sort presque toujours moins pur qu'on n'y étoit entré.

Le préjugé pour les *danses* & les *bals*, ainsi que pour les *spectacles*, est si universel & si fort, que ce seroit sans doute trop nous flatter, que d'espérer pouvoir faire revenir de leur prévention la plupart de ceux que le prestige a séduits. Mais il est de notre devoir & du but de cet Ouvrage, de faire connoître & de combattre tout ce qui peut corrompre les mœurs. Si beaucoup de personnes regardent comme purs & innocens, ou du moins comme indifférens, les plaisirs dont nous parlons; il en est un grand nombre d'autres dont la décision doit paroître bien moins suspecte, qui les regardent avec fondement comme une des principales sources de la corruption générale.

Par une multitude de témoignages que nous pourions rapporter ici, bornons-nous à quelques-uns, qu'on ne puisse récuser. L'autorité de personnes même du monde connues & estimées, fera d'un plus grand poids que la nôtre. Poura-t-on, si l'on n'est point obstinément décidé à se justifier & à se permettre tout ce qu'on aime, ne pas se rendre à ce que dit sur les dangers des *bals* un homme qui vivoit au milieu du monde, qui en connoissoit tous les plaisirs, qui en avoit vu par lui-même tous les dangers, en un mot, un Militaire & un Courtisan, qui, par caractere autant que par état, étoit bien éloigné de condamner les divertissemens permis? Nous parlons du Comte *de Bussi-Rabutin*, si célebre par son esprit & par ses disgraces. Dans la réponse qu'il fit à M. de Noailles, alors Evêque de Châlons, qui l'avoit consulté avant que de donner à son peuple une instruction sur cette matiere, il lui dit:

» J'ai toujours cru les bals dangereux. Ce n'a pas été seulement ma raison qui me l'a fait croire, ç'a encore été mon expérience ; & quoique le témoignage des Peres de l'Eglise soit bien fort, je tiens que sur ce chapitre celui d'un Courtisan doit être de plus grand poids. Je sais bien qu'il y a des gens qui courent moins de hasard en ces lieux-là que d'autres : cependant les tempéramens les plus froids s'y échauffent. Ce ne sont d'ordinaire que de jeunes gens qui composent ces sortes d'assemblées, lesquels ont assez de peine à résister aux tentations dans la solitude, à plus forte raison dans ces lieux-là, où les objets, les flambeaux, les violons & l'agitation de la danse échaufferoient des Anachoretes. Les vieilles gens qui pouroient aller au bal sans intéresser leur conscience, seroient ridicules d'y aller ; & les jeunes gens à qui la bienséance le permettroit, ne le peuvent sans s'exposer à de trop grands périls. Ainsi je tiens qu'il ne faut point aller au bal, quand on est Chrétien, & je crois que les Directeurs feroient leur devoir, s'ils exigeoient de ceux dont ils gouvernent la conscience, qu'ils n'y allassent jamais ».

M. *de Claville*, tout porté qu'il est à permettre aux jeunes gens les plaisirs, convient lui-même qu'une mere qui mene sa fille au bal, sans songer à tous les périls qui l'environnent, prouve bien qu'elle aime plus ses propres plaisirs que la vertu dans ses enfans. Quelle envie de plaire, ajoute-t-il, toujours dangereuse dans une personne libre, & souvent criminelle dans celle qui ne l'est plus, inspirent ces sortes d'assemblées !

Un autre Auteur, qui a écrit avec le plus grand succès pour l'éducation de la jeunesse, Madame *le Prince de Beaumont*, en permettant la danse entre personnes du même sexe, condamne le bal sans exception; & ses raisons paroissent bien fortes. » Ecoutez, dit-elle aux jeunes Demoiselles qu'elle instruisoit, & parlons franchement. Nous naissons toutes foibles, & portées au mal. Parmi les penchans corrompus qui dominent dans notre cœur, celui de plaire est sans doute le plus violent. C'est lui qui produit chez les femmes l'amour de la parure, la jalousie, la vanité. Or le lieu où ce désir de plaire prend une nouvelle force, c'est le bal. On n'y va guere que pour cela, si l'on s'examine à fond. Croyez-vous de bonne foi que, parmi ce grand nombre d'hommes auxquels vous tâcherez de plaire, il ne s'en trouvera pas quelques-uns qui vous plairont à leur tour, & peut-être qui vous plairont trop ?

» Ce n'est pas tout. Vous vous accoutumerez à aimer le bal: vous aurez un violent désir d'y aller le plus souvent que vous pourez. Qu'en arrivera-t-il ? vous vous échaufferez la sang, vous détruirez votre santé en changeant les heures du sommeil. Pendant que vous dormirez, vos enfans, si vous en avez, vos domestiques auront toute liberté : vous ne pourez veiller au bon ordre de votre maison : il faudra l'abandonner à un autre ; & vous deviendrez coupables de toutes les fautes qui se commettront chez vous ».

Enfin, & ceci est de la derniere importance, au bal, où souvent avec une plus grande multitude entre plus de licence, & où les visages ne se masquent que pour montrer les cœurs plus à découvert, les hommes se permettent des discours, qu'ils n'oseroient tenir ailleurs : c'est un lieu de plaisir, de liberté. Votre imagination échauffée par le tumulte du bal, par l'action de la danse, ne vous permettra pas de vous appercevoir sur le champ de l'indécence des discours qu'on vous y tiendra ; & qui poura vous répondre que vous ne tomberez pas alors dans quelqu'un des pieges, que tend en ces lieux le démon de l'impureté ? *Celui qui aime le péril, y périra.*

Il ne faut pourtant pas porter les choses à l'excès ; & en condamnant, avec les Auteurs que nous venons de citer, la plupart des bals, qui, comme le disoit saint François de Sales dans son style simple & naïf, ressemblent aux champignons dont les meilleurs ne valent rien, nous ne voulons pas proscrire généralement la danse. C'est un exercice salutaire, agréable, propre à la vivacité des jeunes gens, & qui leur apprend à se présenter les uns aux autres avec grace. La morale la plus auftere ne peut défendre de s'égayer en commun par une honnête récréation, pourvu qu'on prévienne ou qu'on empêche les principaux abus qui pouroient en naître.

Car il ne faut rien diffimuler, les danfes même publiques, font fouvent la caufe de bien des péchés, & de beaucoup de défordres & de fcandales. Plus les plaifirs font vifs & bruyans, plus il eft ordinaire & naturel à l'homme d'en abufer.

C'eft ce qui faifoit défirer à un Auteur célebre (1), qu'on n'accufera certainement pas d'une doctrine trop fcrupuleufe & trop févere, non-feulement que les danfes fe fiffent toujours en public & au grand jour, parce que celui qui veut faire mal, craint la lumiere, & que le vice eft ami des ténebres; mais il voudroit encore que les peres & meres y affiftaffent, pour veiller fur leurs enfans, pour être témoins de leurs graces & de leur décence, des applaudiffemens qu'ils auroient mérités, & jouir ainfi du plus doux fpectacle qui puiffe toucher leur cœur. Il voudroit auffi qu'une perfonne refpectable par fon âge ou par fon rang ne dédaignât pas d'y préfider, afin d'impofer par fa préfence aux acteurs trop enclins à s'echapper, une gravité convenable & une joie modefte, dont ils n'oferoient fortir un inftant.

___

(1) *J. J. Rouffeau*, dans fa Lettre à M. d'Alembert fur les Spectacles. Quoiqu'on y trouve un grand nombre d'excellentes chofes, bien vues & fupérieurement dites, nous n'en croyons la lecture utile qu'aux perfonnes éclairées & capables de démêler le vrai du faux.

Sans ces précautions & d'autres également sages, qu'il voudroit qu'on apportât, mais qu'il est rare qu'on apporte, toutes les danses, sur-tout si elles sont fréquentes & entre les jeunes gens des deux sexes, seront toujours dangereuses, & souvent aussi funestes à l'innocence & à la pudeur que les bals même.

Madame le Prince de Beaumont, qui les interdit si sévérement à la jeunesse qu'elle veut élever & former aux bonnes mœurs, n'approuve pas davantage la fréquentation des *spectacles*. » Je trouve, dit-elle, qu'à la Comédie on dit bien des sottises. Il est vrai qu'il n'y en a pas dans les tragédies ; mais dans les meilleures, il y a des sentimens biens opposés au christianisme : on y approuve la vengeance, on y loue l'ambition ; & puis au commencement de la plus pure tragédie, il y a un prologue qui quelquefois ne l'est guere, & à la fin une petite piece qui ordinairement est infame. Je soutiens qu'une personne qui aime son salut, ne doit point aller à ces sortes de pieces «.

Mais, ajouterons-nous, quand on aime les spectacles, est-on fort scrupuleux sur le choix des Pieces qu'on doit y représenter, & ne va-t-on pas à toutes ? Vous dites que vous n'y faites point de péché, & qu'il n'y a de mal à la Comédie qu'autant qu'on veut y en prendre. Il est moralement impossible que vous n'en preniez pas, comme le prouve sans réplique l'Auteur des *Lettres sur les Spectacles* (1).

---

(1) M. *Desprez de Boissy*, Avocat au Parlement de

Le théâtre, de l'aveu même de ses plus zélés partisans, n'est-il pas destiné à remuer & à enflammer les passions ? N'y justifie, & n'y anoblit-on pas souvent l'amour criminel & la volupté ? N'y dispose-t-on pas l'ame à des sentimens trop tendres, qu'on satisfait ensuite aux dépens de la vertu ? Quand il seroit vrai, comme le disent faussement les partisans du théâtre, qu'on n'y représente qu'un amour légitime, ou du moins toujours puni, lorsqu'il est coupable; s'ensuit-il de là, dit le Citoyen de Geneve (1), que les impressions en soient plus foibles, que les effets en soient moins dangereux ? comme si les vives images d'une tendresse innocente étoient moins douces, moins séduisantes, moins capables d'échauffer un cœur sensible, que celles d'un amour criminel, à qui l'horreur du vice sert au moins de contre-poison. Quand le Patricien *Manilius* fut chassé du Sénat de Rome, pour avoir donné un baiser à sa femme en présence de sa fille ; à ne considé-

---

Paris. L'accueil que le public a fait à cet Ouvrage, dont on vient de faire une sixieme Edition, & qui a même été traduit en Italien & en Latin, fait honneur à la vérité & à celui qui l'a si bien défendue. L'Université de Paris en a fait un livre classique, persuadée que la fréquentation des spectacles est l'écueil où échouent souvent les meilleures éducations. Nous exhortons aussi à lire avec attention l'excellente Lettre qui est sur ce sujet dans le *Comte de Valmont*. C'est la vingt-neuvieme du tome II.

(1) Dans sa *Lettre* à M. d'Alembert, que nous avons déja citée : il y réfute victorieusement le Rédacteur Encyclopédique, partisan du théâtre, & y prouve sans réplique, que les spectacles, tels même qu'ils sont aujourd'hui, ne peuvent être que très-dangereux & très-funestes pour les mœurs.

rer cette action qu'en elle-même, elle n'avoit sans doute rien de répréhensible. Mais les chastes feux de la mere en pouvoient inspirer d'impurs à la fille. Les circonstances qui rendent la chose honnête, s'effacent de la mémoire, tandis que l'impression d'une passion si douce reste gravée au fond du cœur. Voilà l'effet des amours permis du théâtre. En y admirant l'amour honnête, on se livre à l'amour criminel. Tout le théâtre François ne respire guere que cette passion; & qu'on nous peigne l'amour comme on voudra, il séduit, ou ce n'est pas lui.

C'est là encore que la jeunesse de l'un & de l'autre sexe s'instruit à se jouer de la simplicité ou des volontés de ses parens, & à suivre, pour un engagement de toute la vie, un aveugle penchant. C'est là qu'on fait passer une vigilance légitime pour une jalousie intolérable, & une connivence criminelle pour un air de galant homme. N'est-ce pas là aussi qu'on enseigne aux domestiques à ne rougir de rien, à servir les passions d'autrui, à entretenir dans de jeunes cœurs des amours défendues, à prêter leur ministere à d'indignes intrigues pour tromper la sagesse ou la bonhommie de leurs maîtres; comme si en leur apprenant à dérober pour les autres, on ne leur apprenoit pas en même temps à le faire pour eux-mêmes?

N'est-ce pas là enfin qu'on cherche souvent à flatter l'imagination licencieuse des spectateurs par des images voluptueuses, & à exciter les éclats du peuple par de prétendus bons mots, qui feroient rougir la pudeur, si elle n'étoit bannie de ces lieux ? Nous avons connu un Magiſtrat de Province, plein de probité & de religion. Etant allé à Paris pour voir les beautés de cette grande ville, il fut curieux d'aſſiſter à quelques repréſentations des divers théâtres, dont on lui vantoit beaucoup la pureté & la décence. Il y remarqua avec ſurpriſe que les endroits auxquels on applaudiſſoit le plus, étoient ſouvent ceux qui étoient les plus indécens, ou qui ne cachoient l'obſcénité que ſous le voile tranſparent & plus dangereux de l'équivoque. Mais peut-on applaudir au mal, ſans ſe rendre complice & coupable du mal même ?

C'eſt donc parce qu'on cherche à ſe faire illuſion, qu'on voudroit ſe perſuader ou perſuader aux autres que le théâtre eſt aujourd'hui très-épuré. Le venin n'en eſt ſeulement quelquefois que plus enveloppé, préparé avec plus d'art, & ſouvent par-là même plus funeſte. Le poiſon le plus fin n'eſt-il pas le plus mortel ? & les traits les mieux affilés ou lancés avec le plus d'adreſſe, ne ſont-ils pas les plus perçans ? Les mauvaiſes leçons, les maximes corrompues qui révoltent d'abord, perdent inſenſiblement, & à force d'être répétées, ce qu'elles avoient de plus révoltant : on les adopte, preſque ſans qu'on s'en apperçoive : l'eſprit ſe gâte & le cœur ſe corrompt peu-à-peu, comme le viſage ſe noircit au ſoleil. Mais quoiqu'on ne ſente plus la corruption d'un air infect, parce que l'organe eſt vicié ou qu'il y est fait, en est-il moins contagieux & moins funeste à la santé ?

En vain nous ferez-vous valoir quelques foibles avantages, qu'on peut retirer des spectacles, & nous direz-vous qu'on peut abuser de tout. Nous vous répondrons avec le Philosophe de Geneve : Lorsque le bien surpasse le mal, la chose doit être admise malgré ses inconvéniens : mais lorsque le mal surpasse le bien, comme dans les spectacles, il faut la rejeter même avec ses avantages. Quand, ce qui est presque impossible, vous ne prendriez point de mal à la représentation des Pieces ; comptez-vous pour rien celui que vous faites, en contribuant avec les autres à entretenir une profession frappée des anathêmes de l'Eglise, & digne de l'être par la vie scandaleuse & libertine de la plupart de ceux qui l'exercent, par tous les désordres secrets ou publics dont ils sont la cause ? Une personne du monde disoit à un Religieux, recommandable par son esprit & par ses lumieres, qu'elle ne croyoit pas qu'il y eût du mal à fréquenter la Comédie. *Si l'on faisoit une quête*, lui répondit-il, *pour entretenir dans le crime & dans le libertinage des courtisanes ou d'autres personnes de mauvaise vie, ne vous croiriez-vous point coupable d'y contribuer ?* Je vous entends, reprit l'autre ; mais est-il défendu de contribuer à l'amusement du public ? *Oui, sans doute,* répondit le Religieux, *lorsque cet amusement est une occasion de péché pour plusieurs. S'il est quelquefois permis de tolérer un mal pour en empêcher un plus grand, il ne l'eſt jamais d'y coopérer, même pour faire un bien* (1). Cette perſonne qui avoit beaucoup de jugement & de droiture, convint qu'il avoit raiſon.

On encourage, par l'attrait du gain & des applaudiſſemens, les auteurs de la corruption publique. On s'inquiete peu qu'ils ſe perdent & en perdent une infinité d'autres avec eux, pourvu qu'ils divertiſſent & qu'ils amuſent. Eſt-ce être Chrétien ? eſt-ce même être homme ? Une de nos Princeſſes fille de Louis XV, Madame *Henriette de France*, diſoit un jour à une perſonne qu'elle honoroit de ſa confiance, qu'elle ne concevoit pas comment on pouvoit goûter quelque plaiſir aux repréſentations du théâtre, & que c'étoit pour elle un vrai ſupplice. *Si-tôt*, ajoutoit-elle, *que je vois paroître les premiers acteurs ſur la ſcene, je tombe tout-à-coup dans la plus profonde triſteſſe. Voilà, me dis-je à moi-même, des hommes qui ſe damnent de propos délibéré pour me divertir.*

Le nombre ni la qualité des perſonnes qui vont aux ſpectacles, ne peuvent ſervir d'excuſe ni raſſurer. La multitude ou la dignité des coupables pourra-t-elle enchaîner le bras puiſſant de la Juſtice divine ? & que ſerviront les richeſſes, les titres & la grandeur, qu'à lui préparer de plus grandes victimes ?

Si des hommes, qui par état devroient s'interdire les ſpectacles, y aſſiſtent, c'eſt un

---

(1) *Non faciamus mala, ut veniant bona.* Rom. 3. Loi de l'Eſprit-Saint, ſur laquelle les fauſſes maximes du monde ne prévaudront pas.

scandale de plus, & non une juftification. Combien déshonorent leur état par leur conduite, & agiffent contre les réclamations de leur confcience, avec laquelle on ne peut difputer, fans avoir tort !

Nous avons connu une perfonne en place: elle répétoit fouvent, quelque temps avant fa mort, qu'une des chofes qui lui faifoient le plus de peine, étoit d'avoir dans fa jeuneffe, à l'exemple des autres, fréquenté les fpectacles. Qu'il eft doux aux derniers momens de fa vie de n'avoir rien à fe reprocher ! Mais quel jugement terrible n'auront pas alors à craindre les peres & les meres, qui par leurs leçons ou par leur exemple, auront infpiré à leurs enfans le goût & l'amour du théâtre ! Obligés encore plus que les autres à s'interdire la fréquentation des fpectacles & des bals, fi pernicieufe fur-tout pour la jeuneffe, ne fe rendent-ils pas coupables devant Dieu de toutes les fuites qu'elle peut avoir à l'égard de leurs enfans ? & n'eft-ce pas fur eux principalement que tombe la malédiction lancée par *Jefus-Chrift* contre ceux qui font une occafion de chute pour les petits & les foibles ? Peres foibles, meres imprudentes, gouverneurs & guides indignes de l'être, en conduifant aux fpectacles vos enfans ou vos éleves, vous leur préfentez vous-mêmes la coupe empoifonnée du plaifir & de la volupté ! N'y boiront-ils donc pas affez tôt fans vous ? Leurs paffions ne s'éveilleront-elles pas affez d'elles-mêmes ? faut-il encore les faire naître d'avance ou les irriter ?

On ne veut, dira-t-on, les y conduire ou y aller foi-même qu'une fois, pour fatisfaire fa curiofité. Mais fi le théâtre eft défendu à celui qui fait profeffion d'être Chrétien, il l'eft pour cette fois même que vous voudriez en excepter ; & où en ferions-nous pour les mœurs, fi fous ce prétexte il falloit tout connoître & tout voir ? Qui peut d'ailleurs fe répondre que ce qui eft attrayant de fa nature, ne fera pas naître en nous le défir de le voir plus fouvent ? & pourquoi fe donner un défir de plus, pour avoir enfuite tant de peine à le réprimer, ou pour s'expofer au danger d'y fuccomber encore ?

*Alipe*, cet ami de faint Auguftin, dont nous avons déjà parlé, étudioit le droit à Rome. Quelques-uns de fes condifciples lui propoferent un jour d'aller avec eux à l'amphithéâtre. Il avoit autrefois aimé paffionnément les fpectacles, & faint Auguftin l'avoit guéri de cette paffion. Alipe réfifta aux invitations & aux follicitations preffantes de fes amis, qui l'entraînerent de force. Il ferma conftamment les yeux pendant le fpectacle. Mais tout-à-coup fur la fin un cri extraordinaire frappa fes oreilles, & excita fa curiofité. Il ouvrit les yeux. A peine vit-il le fpectacle, qu'il s'y fentit intéreffé. Ravi, tranfporté, il mêle fes cris & fes applaudiffemens à ceux des autres fpectateurs, & fort enfin plus épris que jamais de l'amour du théâtre.

A la place de ces grands plaifirs, trop dangereux pour n'être pas fouvent criminels,

& trop vifs pour être long-temps agréables, substituez les plaisirs purs & toujours satisfaisans de l'esprit & de l'ame. Ceux-ci sont bien au-dessus de toutes les satisfactions, qu'on cherche & qu'on trouve si rarement dans les divertissemens du monde. Ces divertissemens peuvent bien charmer pour un moment nos chagrins, interrompre un peu le cours de nos ennuis, & fixer quelques instans la joie fugitive : mais ce n'est que pour rendre nos chagrins plus insupportables, nos ennuis plus accablans, & nos regrets plus amers. Ils glissent, pour ainsi dire, sur la superficie de notre ame sans la pénétrer, & ne font qu'agiter le cœur sans le remplir. Ils n'offrent qu'une image trompeuse du bonheur, & non le bonheur lui-même, qu'on ne trouvera jamais que dans l'exercice de la vertu. C'est à elle qu'il appartient de faire goûter des plaisirs infiniment plus agréables & plus flatteurs que tous ceux que peuvent donner les vains amusemens du monde ou la satisfaction brutale des sens. Quelle joie douce & pure naît sur-tout de l'attachement inviolable à son devoir, & du renoncement aux plaisirs défendus ! Elle est inaltérable comme la vertu qui la produit, & n'est jamais sujette à de fâcheux retours.

    Brillans amusemens d'un monde corrompu,
    Valez-vous ces vrais biens que donne la vertu ?
    Non, malgré vos attraits, les ennuis, les alarmes
    Assiegent le coupable enivré de vos charmes :
    Même au sein des plaisirs, son destin est affreux.
    La vertu seule a droit de faire des heureux.

Sans vouloir interdire les délassemens & les plaisirs permis, il faut du moins qu'ils le soient, il faut qu'ils ne nuisent point à la piété ni aux mœurs, qu'ils n'aient rien de contagieux, qu'ils n'inspirent point le goût de la frivolité, de la dissipation, & l'oubli de ses devoirs. Une ame belle & sensible, dit l'Auteur du *Comte de Valmont*, n'a-t-elle pas au sein de sa famille, dans la société d'amis vertueux comme elle, dans les tendres épanchemens de la confiance, dans le goût même des Lettres & des Arts, des plaisirs plus purs qu'elle puisse se permettre ? Si elle est plus belle & plus vertueuse encore, n'a-t-elle pas des spectacles plus intéressans qu'elle puisse se procurer, celui des malheureux qui souffrent & qu'elle va consoler ? N'a-t-elle pas des larmes plus douces à verser, celles de la pitié pour des indigens qu'elle va visiter & soulager ? N'a-t-elle pas un emploi plus noble & plus touchant à faire de ses richesses, en les ménageant pour des œuvres qui honorent l'humanité & la charité ? Ah ! ce sont-là des plaisirs bien plus dignes de nous, que tous ces faux plaisirs des bals & des spectacles, qu'on n'aime & qu'on ne recherche avec tant d'ardeur, que parce qu'ils flattent & nourrissent le penchant & le goût qu'on a aux plaisirs criminels de la volupté (1).

---

(1) Presque toutes nos pieces de théâtre sont fondées sur une intrigue amoureuse. Les femmes qui parent nos spectacles, dit M. *de Voltaire*, ne veulent point souffrir qu'on leur parle d'autre chose que d'amour, parce que c'est-la sans doute ce qu'elles entendent le mieux.

Pour vous, plus éclairé & plus sage, laissez aux hommes efféminés ou stupides & grossiers des plaisirs qui leur sont communs avec la bête, des plaisirs qui les dégradent & les avilissent, & qui sont bien plus une preuve de l'infirmité humaine, qu'une marque de la distinction & de l'élévation de l'homme. Ne mettez jamais votre gloire dans ce qui fait votre honte, & ne cherchez pas dans la défense même un nouvel attrait à la volupté. Placés sur la terre, comme dans le jardin destiné au séjour du premier homme, si l'Auteur de notre être, pour de justes & sages raisons, nous défend l'usage d'un fruit, acceptons avec reconnoissance ceux qui ne nous sont point interdits. Jouissons de ce qui nous est offert, sans nous croire malheureux par ce qui nous est refusé. Gardons-nous de porter une main téméraire à l'arbre qui nous est défendu, & d'en cueillir le fruit, qui deviendroit pour nous un fruit de mort. Respectons la loi. Nous devons à la Majesté de Dieu le tribut d'une soumission parfaite à ses ordres : nous devons à sa sagesse l'hommage d'une persuasion intime que, s'il daignoit nous découvrir les mysteres de ses conseils, nous applaudirions aux motifs de sa conduite. Ces sentimens respectueux, un sentiment de plaisir les accompagne, une heureuse tranquillité les suit, & en est dès cette vie même la récompense.

## XXXI.

*Sobre pour le travail, le sommeil & la table. Vous aurez l'esprit libre & la santé durable.*

CETTE maxime renferme trois regles de conduite bien sages, & auffi importantes pour l'ame que pour le corps, comme on le verra par le développement que nous allons en faire.

*Sobre pour le travail.* La plupart de nos infirmités & de nos maladies viennent de nos excès. Trop de fatigue ruine le corps, trop d'étude épuise la tête, & trop d'affaires accablent l'esprit. *Mon fils*, dit le Sage, *ne vous engagez pas dans une multiplicité d'actions : car si vous entreprenez beaucoup d'affaires, vous y ferez bien des fautes : si vous les suivez toutes, vous ne pourez y suffire; & si vous allez au-devant, vous en serez entiérement accablé* (1).

Ce n'est pas qu'il faille négliger ses affaires ou en abandonner le soin à d'autres : faites-les au contraire par vous-même le plus qu'il vous fera possible. Mais ayez en cela, comme en tout le reste, de la modération & de la fageffe. Les affaires vous sont données comme une occupation pour votre esprit : n'en faites pas son supplice. Interrompez votre application par quelque délassement. Travaillez rarement plus de deux heures de suite, sans y

___
(1) *Fili, ne in multis sint actus tui*, &c. Eccli. 11.

méler quelques momens de repos. Vous retournerez avec plus de plaisir & de goût à vos occupations ; votre mémoire fera plus prompte, votre esprit plus pénétrant, votre jugement plus net : vous regagnerez bientôt le temps que vous paroîtrez avoir perdu : les affaires n'en iront pas plus lentement, & ne s'en feront que mieux : vous conserverez votre santé, que des travaux trop longs, trop continués, ne manqueroient pas d'altérer ou d'affoiblir.

Un Chasseur, dit *Cassien*, ayant vu saint Jean, qui tenoit une perdrix & la caressoit avec la main, lui en témoigna sa surprise. *Mon ami*, lui répondit l'Apôtre, *que tenez-vous en votre main ?* Un arc, lui dit ce Chasseur. *Pourquoi donc n'est-il pas bandé, & ne le tenez-vous point toujours prêt ?* Il ne le faut pas, répondit l'autre ; parce que s'il étoit toujours tendu, quand je voudrois m'en servir il n'auroit plus de force. *Ne vous étonnez donc pas*, reprit saint Jean, *que notre esprit doive se relâcher aussi quelquefois ; parce que si nous le tenions toujours tendu, il s'affoibliroit par cette contrainte ; & nous ne pourions plus nous en servir, lorsque nous voudrions l'appliquer de nouveau avec plus de force & de vigueur.*

Une application continuelle n'est pas moins nuisible aux Gens de Lettres, qu'à ceux qui ont beaucoup d'occupations & d'affaires. L'esprit s'use en quelque sorte comme le corps : les sciences sont des alimens qui le nourrissent

& le confument (1). L'homme fage réglant fes études fur les forces de fon tempérament, n'ira pas facrifier fa fanté à des travaux immodérés, ni abréger inutilement fes jours par des efforts, dont le but eft d'avoir appris en fix mois ce qu'un autre auroit étudié en deux ans. A quoi fert la fcience à celui qui fe porte mal ou qui n'eft plus? Le célebre *Pafcal*, qui, à l'âge de feize ans, avoit compofé un traité des Sections coniques admiré de tous les Savans Géometres, mena, depuis l'âge de dix-huit ans, une vie languiffante & infirme, caufée ou du moins augmentée de beaucoup par fa grande application à l'étude, & il mourut à trente-neuf ans. On fait que fur la fin de fa vie, fa tête épuifée fe dérangea, & qu'il croyoit voir fans ceffe un précipice à fes côtés. *Moréri*, premier Auteur du *Dictionnaire Hiftorique*, fut de même la victime de fon ardeur pour l'étude. L'affiduité avec laquelle il s'y livroit le fit mourir, lorfqu'il n'étoit encore que dans fa trente-huitieme année.

Mais fi l'excès du travail eft fouvent pernicieux, l'excès du repos l'eft encore plus. L'inaction eft comme la rouille, qui gâte beaucoup plus que l'ufage: une clef dont on fe fert fouvent eft toujours claire.

---

(1) Les Gens de Cabinet qui étudient continuellement, dit *Pitaval*, diffipent leurs efprits & confervent leurs humeurs; au lieu que les Ouvriers qui n'outrent point le travail du corps, confervent leurs efprits & diffipent leurs humeurs.

L'oisiveté corrompt ce qu'il y a dans nous de plus incorruptible & de plus divin. Une vie oisive étouffe les germes des vertus, & ne produit que des crimes & des vices, comme une terre inculte ne donne que des ronces & des chardons. Les herbes les plus mauvaises naissent à l'ombre & dans les lieux stériles : les eaux croupissantes sont toujours infectes & mal-saines. Celui qui ne fait rien, pense a mal faire & fera bientôt mal. Il ne faut quelquefois à l'oisiveté qu'une heure, & moins encore, pour faire périr une vertu de plusieurs années. C'est l'arme la plus puissante de la volupté. Otez l'oisiveté du monde, vous brisez les fleches de l'Amour.

*Otia si tollas, periére Cupidinis arcus.*

N'est-ce pas l'oisiveté qui a fait perdre en un moment à *David*, à ce Prince qui étoit selon le cœur de Dieu, toute sa vertu, & l'a rendu coupable d'un double crime ? Il trouva dans le sein du repos un plus dangereux ennemi, que ceux auxquels ses Généraux faisoient la guerre ; & tandis que ses troupes prenoient des villes & gagnoient des batailles, David, au milieu de son Palais, vaincu par un regard imprudent, perdoit son innocence & sa gloire.

Un des meilleurs moyens pour nous préserver de la suggestion du vice & des passions, c'est l'occupation & le travail. Un Religieux vint un jour se plaindre à son Supérieur qu'il étoit tourmenté de grandes & fréquentes tentations. Le Supérieur l'exhorta à combattre toujours avec courage, & en même temps il eut soin de le faire travailler continuellement & sans relâche. Au bout de quelques mois, il lui demanda si les tentations duroient encore: *Comment*, répondit-il, *aurois-je le temps d'être tenté? je n'ai pas même le temps de respirer.*

L'occupation & le travail modéré ont encore un autre avantage, c'est de nous préserver de l'ennui, cet ennemi domestique de notre bonheur, & de faire couler les jours avec une rapidité qui étonne. C'est par l'oisiveté que l'ennui est entré dans le monde. On ne recherche si fort les plaisirs, le jeu, les compagnies, que parce qu'on ne sait que faire. Celui qui aime le travail se suffit à lui-même.

Le Sage n'est jamais oisif : il se fait quelques occupations honnêtes, pour remplir le vide que ses affaires peuvent lui laisser. Persuadé que le travail le moins honorable déshonore encore moins que la paresse, il ne rougit d'aucun travail, l'oisiveté seule lui paroît honteuse. Si le loisir lui semble doux, ce n'est pas parce qu'on n'y fait rien, c'est parce qu'on y est le maître de choisir & de modérer ses occupations.

A la place du travail des mains, qui n'est ni de tous les goûts ni de tous les états, au défaut des affaires qui ne suffisent pas toujours pour remplir tous les momens, le Sage sait se faire des occupations aussi agréables qu'utiles. Tantôt jouissant de lui-même dans une gracieuse solitude, il s'entretient, il s'instruit avec ces illustres Auteurs, dont les Ouvrages immortels composent sa bibliotheque & font ses délices. Tantôt il se plaît à observer, à étudier la nature, dont le livre admirable, ouvert à tous les yeux, est lu de si-peu. Tantôt les productions différentes, que la terre fait éclore de son sein & qu'elle prodigue à ceux qui se plaisent à la cultiver, l'occupent d'une maniere toujours variée, toujours nouvelle; & élevant ses pensées jusqu'à l'Auteur même de la nature, elles le remplissent d'admiration & de reconnoissance. S'il sort de sa retraite, pour se livrer à la société; la justice, l'humanité, la bienfaisance s'empressent, pour ainsi dire, à lui servir de cortege, & marquent tous ses pas de quelque action vertueuse. Quelle occupation fut jamais plus belle, & plus digne de l'homme !

―――――――――

*Le sommeil.* Les choses les plus utiles, les plus nécessaires même, peuvent devenir pernicieuses; & par-tout le mal est voisin du bien. Le sommeil est sans doute un des plus doux présens du Ciel. Il prévient les maladies, il répare les forces, il délasse des travaux, il tempere les amertumes & les peines de la vie. Mais si vous desirez que votre sommeil, conformément aux intentions de la Providence, soit doux & paisible, & qu'il soit pour vous un sommeil de santé; ayez soin de le régler suivant les conseils de la Sagesse.

L'Auteur de la nature a destiné pour le sommeil le temps des ténèbres: ne choisissez pas le jour, & ne vous couchez pas lorsque l'aurore vient avertir les hommes de se lever. Ne vous imaginez point que vous ne pouvez être heureux, qu'en bouleversant l'ordre de la nature. Ne croyez pas au-dessous de vous d'être éclairé du même flambeau que l'univers; & ne mettez pas votre gloire à veiller, tandis que les autres reposent. Affecter de se distinguer par-là est une petitesse qui annonce celle du mérite. D'ailleurs il n'est pas égal pour la santé, comme nous le dirons plus bas, de veiller fort avant dans la nuit, pour se lever ensuite très-tard.

La sagesse qui marque le temps du sommeil, en regle aussi la durée. On sait la maxime de l'Ecole de Salerne:

*Septem horas dormire sat est juvenique senique:*
Sept heures de sommeil à tout âge suffisent.

Les Médecins conviennent qu'une personne qui demeure pour l'ordinaire au lit dix & onze heures, en sort toujours moins saine; & les Casuistes disent qu'elle en sort presque toujours moins innocente & moins chaste. Le trop long repos énerve les forces, au lieu de les réparer. Le lit est le trône de la mollesse, le séjour de la volupté, & souvent l'écueil de la vertu. C'est ce qui fait dire à l'Auteur du beau Portrait de *Charles XII*, Roi de Suede:

Tout le jour agissant sans cesse,
Il n'accorde qu'à peine à la nécessité

> Un court sommeil, sur la nuit emprunté,
> Et qui souvent interrompu ne laisse
> Nulle prise à la volupté.
>
> LE P. DU CERCEAU.

Les personnes qui se levent tard, nuisent beaucoup à leur santé, en croyant la conserver. Le temps du matin est celui où l'air est le plus sain & le plus pur : il porte dans celui qui le respire, sur-tout à la campagne, une force & une salubrité, dont on se ressent tout le reste de la journée. La fraîcheur de la rosée qui est si propre à rafraîchir le sang, le parfum des fleurs qui est comme un baume volatil, & qui n'est jamais si sensible qu'au lever de l'aurore, tout cela fait couler dans les veines un principe de vie, que la chaleur d'un lit mollet, & l'air corrompu d'une chambre long-temps fermée, ne peuvent que détruire. Se coucher de bonne heure & se lever matin, comme l'a dit quelqu'un, c'est le meilleur moyen de conserver sa santé & sa fortune.

Car le trop long sommeil ne nuit pas seulement au corps & à l'ame, il nuit encore aux biens & aux nécessités de la vie. La diligence & le travail apportent les richesses, mais la paresse & le sommeil sont souvent suivis de l'indigence. N'aimez point le sommeil, dit *Salomon*, de peur que vous ne tombiez dans le besoin : soyez vigilant, & vous serez dans l'abondance. Vous dormirez un peu, vous sommeillerez un peu, vous croiserez un peu les bras pour dormir, & l'indigence viendra vous surprendre comme un homme qui marche à grands pas ;

& la pauvreté se saisira de vous comme un homme armé. Mais si vous êtes laborieux, votre moisson sera comme une source abondante, & l'indigence fuira loin de vous. J'ai passé, dit-il encore, par le champ du paresseux & par la vigne de l'homme insensé : j'ai trouvé que tout étoit plein d'orties, que les épines en couvroient toute la surface, & que la muraille étoit abattue. *En voyant cela, j'ai fait mes réflexions, & je me suis instruit par cet exemple* (1).

Profitez en de même, vous qui lisez ceci ; & si jamais il vous arrive de rester au lit trop tard, représentez-vous Salomon qui paroît tout-à-coup dans votre chambre, & qui vous tirant par le bras, vous adresse les mêmes paroles qu'il adressoit aux paresseux de tous les siecles : Jusqu'à quand, ô paresseux, dormirez-vous ? Quand vous réveillerez vous de votre sommeil ? N'est-ce pas assez frotter vos yeux pour les ouvrir, assez tordre vos bras & les étendre, vous soulever & puis retomber sur le chevet : tandis que la malédiction de Dieu laisse entrer dans votre maison, avec le désordre & le libertinage, la pauvreté qui ne vous craint pas, non plus qu'elle n'a pas craint d'autres maisons plus riches que la vôtre. La Paresse va si lentement, que la Pauvreté l'atteint bientôt.

Ce que la Sagesse vous recommande encore, si vous voulez dormir heureusement & paisiblement, c'est d'éviter tout ce qui pouroit

---

(1) *Quod cùm vidissem, posui in corde meo, & exemplo didici disciplinam*. Prov. 6 & 24.

ouvrir les portes à l'insomnie : les inquiétudes de l'esprit, les mouvemens tumultueux des passions, les excès de l'intempérance. C'est bien assez d'employer tout le jour à vos occupations & à vos affaires: donnez la nuit à votre repos & à votre tranquillité. Lorsque l'heure est venue de vous mettre au lit, faites en sorte que vos desseins, vos entreprises, vos espérances, vos peines même, s'il est possible, & vos tristesses s'endorment avec vous, & qu'il y ait un grand silence dans votre ame ainsi que dans votre maison. Le savant M. *Huet* avoit pour maxime de ne lire jamais ses lettres le soir avant de se coucher, ni à midi avant de se mettre à table. On trouve ordinairement dans les lettres, disoit il, bien plus de mauvaises nouvelles que de bonnes : & en les lisant, on se prépare à soi-même des sujets d'inquiétudes, qui troublent le repos & le repas.

La juste mesure du repos, la régularité & la tranquillité du sommeil, sont un des plus fermes appuis de la santé. Celui qui ne dort que ce qu'il faut, & dans le temps le plus propre au sommeil, celui dont l'ame n'est agitée par aucune passion violente, ni le corps surchargé par aucun excès, se couche & s'endort dans le même moment. Son sommeil est tranquille & profond : il est difficile de l'en tirer. Mais aussi-tôt que la nature est satisfaite & que ses forces sont réparées, il se réveille, il est frais, sain, vigoureux & gai, comme on le voit d'ordinaire dans les artisans & dans les gens de la campagne. Il n'en est pas de même des personnes du grand monde, & de ces désœuvrés qui, pour prendre ou prolonger leur repos, consultent plus la mollesse que la nécessité, la paresse que le besoin, & le caprice que la nature. C'est en vain qu'ils attendent le sommeil, il fuit loin de leurs yeux ; leur impatience même ne sert qu'à l'éloigner davantage.

Voyez aussi ces riches, ces voluptueux, ces hommes importans qui, chargés de veiller au repos des autres, n'en prennent jamais. Agités par les soins, les affaires, les projets, les plaisirs, les regrets du jour ; échauffés par les alimens & les boissons, ils se couchent avec un esprit inquiet, un pouls précipité, un estomac chargé. L'inquiétude, l'embarras, la fievre se couchent avec eux, & les tiennent long-temps éveillés. S'ils s'endorment, c'est d'un sommeil léger, inquiet, troublé par des rêves effrayans & des réveils brusques. Ils se levent avec des palpitations, de la lassitude, de l'abattement, de la mauvaise humeur. Chaque nuit ainsi passée, au lieu de réparer leurs forces, les épuise ; leur sang, loin de se purifier & de se rafraîchir, s'épaissit & s'enflamme : leur santé s'altere, se mine peu-à-peu ; il survient quelque grande maladie, dont le terme est le tombeau.

Voulez-vous donc que le sommeil porte dans vos membres la santé & la vie : fuyez la multitude des affaires, modérez vos passions, évitez les excès, & usez sobrement du sommeil même. Il ressemble aux remedes qui, trop multipliés ou réitérés trop souvent, ne font plus aucun effet. Une Dame consulta un jour un célebre Médecin, & lui dit qu'elle étoit le soir sans appétit : il lui ordonna de dîner peu. Elle ajouta qu'elle étoit sujette à des insomnies : il lui prescrivit de n'être au lit que pendant la nuit. Elle lui demanda pourquoi elle devenoit pesante, & quel remede il lui falloit prendre : il lui répondit qu'elle devoit se lever avant midi, & quelquefois se servir de ses jambes pour marcher. A combien d'autres ne pouroit-on pas faire les mêmes réponses ?

⁂───────────⁂

*La table.* Ne ressemblez pas à ceux qui paroissent n'avoir point de plus importantes affaires, que de dîner le matin & de souper le soir, & qui ne semblent nés que pour la digestion. Ne vivez pas pour manger, mais mangez pour vivre. Aimez les bonnes choses plus pour les autres que pour vous, & consultez moins votre goût que le leur. Préférez le plus sain au plus friand. Le choix & le goût des alimens, lorsqu'on n'a pour but que d'entretenir la santé & de se mettre en état de remplir ses devoirs, ne sont pas interdits par la Sagesse : ils entrent même dans l'intention bienfaisante du Créateur, & l'on sait la réponse que fit un jour *Descartes* à ce sujet. Un Riche, dont les connoissances étoient fort bornées, lui voyant manger quelques mets délicats : Eh quoi ! dit-il, les Philosophes mangent-ils de ces morceaux ? Pourquoi non, répondit Descartes ! *vous imaginez-vous que la nature n'ait fait les bonnes choses que pour les ignorans ?*

Gardez-vous pourtant d'être ou de paroître trop délicat. Bien des gens font les délicats par vanité. Loin de donner dans une telle petitesse, quand vous auriez vraiment le goût fin, sachez l'oublier à table, ou du moins le cacher. On ne trouve rien de bon, quand on est trop difficile : on souffre & on fait souffrir les autres par une délicatesse trop raffinée. Si un ragoût moins bon ou un plat moins bien accommodé vous donne de l'humeur, ceux que vous prétendez régaler ne pouront-ils pas dire de vous, comme le Poëte comique :

> C'est un fort méchant plat que sa sotte personne,
> Qui gâte à mon avis tous les repas qu'il donne.
>
> MOLIERE.

Ce seroit encore pis, si vous portiez ce caractere chez les autres : peu de gens voudroient vous recevoir ; & quelque soin qu'on prît, quelque bonne chere qu'on vous fit, vous vous croiriez toujours mal régalé. Le vrai savoir-vivre est de savoir s'accommoder aux temps & aux lieux. Les choses les plus délicates ne sont pas toujours les plus agréables ou ne le sont pas long-temps, parce qu'il est difficile de les goûter avec cette modération qui augmente le plaisir en le réglant. La sage nature, qui nous avertit ordinairement avant de nous punir, a mis dans le plaisir de la table, comme dans tous les autres, le dégoût à côté de l'excès. Ce qui est trop délicat ou pris sans mesure, ne flatte plus, parce qu'il a trop flatté.

Voulez-vous donc goûter dans toute sa

pureté le plaisir de la table : ne le prenez que des mains de la Sagesse & dans les vues honnêtes qu'elle permet. Ne donnez jamais surtout dans aucune des folies qui portent beaucoup de jeunes gens à prodiguer leur santé. Quand ils sont sur le retour de l'âge, ils voudroient bien, autant par plaisir que par religion, racheter les excès de la jeunesse. Prévenez ces regrets inutiles : n'attendez pas que l'expérience vous instruise trop tard, & vous serve plutôt de châtiment que de remede. Ne mettez point votre tempérament à trop d'épreuves : usez, mais n'abusez point : jouissez, mais ne dissipez pas.

Il est permis, il est louable même, sans avoir un soin inquiet & scrupuleux de sa santé, de ne pas la prodiguer. C'est sans contredit le plus précieux de tous les biens qui servent à la vie, celui que les hommes estiment le plus, & que souvent ils ménagent le moins. Sans la santé, la vie est à charge ; & c'est une grande extravagance d'abréger sa vie, ou de la rendre plus triste, par tout ce qui n'est fait que pour la conserver ou pour l'égayer. Rien ne ruine plus la santé & n'abrege plus les jours que les excès de la bouche ; ils sont plus meurtriers que l'épée. Vous avez sans doute entendu parler de cette jeune Princesse, qui se livroit à tous les plaisirs de la table : elle prenoit avec excès tout ce qui flattoit son goût. Quand on l'avertissoit qu'elle jouoit à abréger sa vie, elle répondoit en riant : *Courte & bonne.* Elle mourut en effet dans la fleur de son âge. *Alexandre*, que tant de combats, de travaux, de fatigues, n'avoient pu vaincre, fut vaincu par le vin & par la débauche. Il mourut à Babylone au milieu des plaisirs, à trente-deux ans.

Ne connoître & ne goûter de plus grands plaisirs que ceux de la table, est un vice qui dégrade. Ne sommes-nous donc faits que pour manger & pour boire ? & ne sommes-nous nés pour rien de plus élevé & de plus noble, que pour les plaisirs animaux ? Quelle gloire honteuse que celle qu'on tire de la capacité du ventre ou d'un appétit glouton ! L'Empereur *Wenceslas* fit Gentilhomme un fameux buveur; & la récompense étoit digne de ce Prince. *Henri IV* ne fit pas de même. Un homme qui mangeoit autant que six, se présenta un jour à ce Monarque, dans l'espérance qu'il en obtiendroit de quoi entretenir un si beau talent. Le Roi, qui avoit entendu parler de cet homme, lui demanda s'il étoit vrai qu'il mangeât autant que six. Oui, Sire, répondit-il. *Et tu travailles à proportion*, ajouta le Roi ? Sire, répliqua-t-il, je travaille autant qu'un autre de ma force & de mon âge. *Ventre-saint-gris*, dit ce Prince, *si j'avois beaucoup d'hommes comme toi dans mon Royaume, je les ferois pendre : de tels coquins l'auroient bientôt affamé.*

On reconnoît un gourmand à ses propos de table, à la profonde théorie de la cuisine qu'il se plaît à développer, à ses transports, au feu qui brille dans ses yeux lorsqu'il parle des différens vins & de leurs qualités, des maisons où l'on traite avec le plus de goût, de délicatesse & d'abondance. Mais peut-on avoir pour lui d'autres sentimens que des sentimens de mépris ?

C'est en effet un défaut bas & honteux, qui rapproche l'homme de la bête : ne peut-on pas même dire qu'il le met au-dessous ? Les bêtes le plus souvent se bornent au nécessaire. Si elles trouvent quelque chose qui ne répugne pas à leur goût, elles s'en contentent, n'en prennent qu'autant qu'il leur en faut, & ne cherchent rien de plus. Elles ne se provoquent pas au vomissement, pour manger de nouveau. Elles n'avalent pas des liqueurs fortes, pour hâter la digestion, afin de pouvoir satisfaire encore un appétit artificiel & plus que brutal. Croiroit-on que des hommes, des femmes même, soient capables de pareils excès ? & n'est-ce pas là, selon l'expression énergique de l'Ecriture, faire son dieu de son ventre ? Celui qui a été bien élevé, n'aura jamais un vice si déshonorant, & il ne mettra point au nombre de ses plaisirs ce qui le confondroit avec les plus vils animaux.

D'ailleurs ces plaisirs grossiers conduisent souvent à de plus grossiers encore. Le vin & la bonne chere sont les alimens de la volupté. C'est ce qui a fait dire aux Anciens : *Sine Baccho & Cerere, Venus friget.*

Eh ! que pouroit Vénus, sans Bacchus & Cérès ?

Le Poëte que nous avons déjà cité, dit

aussi dans le *Portrait* du Roi de Suede :

> Une sage frugalité,
> Dont il donne l'exemple avec autorité,
> De son camp bannit la mollesse,
> Et le défend lui-même, au feu de la jeunesse,
> D'un écueil plus à redouter,
> Que tous les ennemis que son bras sut dompter.

Ce Prince étoit d'une sobriété qui ne contribua pas moins que l'exercice à rendre son tempérament fort & robuste. Jamais il ne se plaignit que ses mets fussent peu délicats ou mal apprêtés. Après un repas frugal, il faisoit à cheval de longues courses, & le soir en campagne il couchoit sur de la paille étendue par terre, tête nue, sans draps, couvert seulement d'un manteau. Il avoit acquis par-là un tempérament de fer, que les fatigues les plus violentes ne purent abattre.

Qui doute en effet que la force & la santé ne soient le partage de la sobriété & de l'exercice, comme la foiblesse & la maladie le font de l'inaction & des excès de la table ? Pourquoi voit-on une si grande différence pour le tempérament, la santé & la force, entre le laboureur ou l'artisan, & le riche, le voluptueux, l'homme de bonne chere ? N'en doit-on pas chercher la principale cause dans la différence de leurs alimens & de leurs boissons ? Le pain le plus grossier, les mets les plus simples, la boisson naturelle, font la nourriture des premiers. Le besoin, qui en fait tout l'agrément, en regle aussi la quantité ; & comme ces choses n'ont par elles-mêmes rien d'attrayant, on n'en prend jamais au-delà du néceſſaire : la digeſtion ſe fait aiſément & ſans douleur : au bout de quelques heures le beſoin renaît, & on le ſatisfait avec le même plaiſir.

Il n'en eſt pas de même des riches & des perſonnes du grand monde. On voit ſur ces tables où regnent la magnificence, le luxe & la ſomptuoſité, des viandes ſucculentes, des gibiers de haut goût, des pâtiſſeries délicates, des mets variés de différentes façons & rendus plus échauffans par des aromates prodigues. Les vins les plus fumeux & les plus violans, l'eau-de-vie maſquée ſous les formes les plus agréables & les plus dangereuſes, ſe trouvent à tous leurs repas. L'impreſſion flatteuſe de toutes ces choſes détermine ſouvent à en prendre au-delà du beſoin, & le trop en ce genre nuit encore plus que le trop peu : l'eſtomac ſurchargé digere mal, & toutes les fonctions du corps ſe dérangent. Mais ce n'eſt pas tout encore. Le moment d'un nouveau repas arrive : on ſe met à table, quoique le beſoin réel n'exiſte pas. On veut manger ; l'odeur, la couleur, la ſaveur des mets y invitent. On paroît décidé pour un plat, on en eſt ſervi, on le goûte, on le renvoie : on en eſſaie un grand nombre, on mange de quelques-uns : l'enſemble fait un volume, & eſt compoſé d'une infinité de choſes différentes, dont la réunion offre les plus grands obſtacles à la digeſtion. De là un long ſéjour ſur l'eſtomac, une corruption plutôt qu'une digestion, une indisposition habituelle qui fait que, sans être malade, on ne se porte jamais bien.

La sobriété, au contraire, rend le corps dégagé & dispos, & l'entretient dans une santé ferme & vigoureuse. Un Roi de Perse envoya, dit-on, au Calife Mustapha un Médecin très-habile. Celui-ci, en arrivant, demanda comment on vivoit à cette Cour. On ne mange, lui répondit-on, que lorsqu'on sent la faim, & on ne la satisfait pas entiérement. *Je me retire*, dit-il, *je n'ai que faire ici*.

On a dit d'un goutteux:

> Tu manges des ragoûts exquis,
> Tu ne bois que du fin Champagne,
> Et tu joins aux liqueurs d'Espagne
> Les vins que le Turc a conquis.
> Sous une housse d'écarlate,
> Tes rideaux sont d'un gros damas :
> La Hollande a filé tes draps,
> Et tes matelas sont d'ouate.
> Dois-tu, Géronte, t'étonner
> De voir qu'une Goutte cruelle,
> Qui traîne sa sœur la Gravelle,
> Ne veuille point t'abandonner?
> Je la trouverois ridicule
> De quitter tes festins avec ton lit mollet,
> Pour s'en aller jeûner avec un Camaldule,
> Ou coucher sur la dure avec un Récollet.

La tempérance qui est la source de la santé, l'est aussi de la longue vie. *L'excès de la bouche,* dit le Sage, *en a tué plusieurs : mais l'homme* sobre vivra plus long-temps (1). On a remarqué qu'on voyoit plus de vieillards en Italie qu'en France : ce qu'on n'attribue pas seulement à la salubrité de l'air & à la douceur du climat, mais à la sobriété des Italiens. Un Poëte Anglois dit ingénieusement dans une de ses Epigrammes latines :

*Si tardè cupis esse senex, utaris oportet*
*Vel medico medicè ; vel medico modicè.*
*Sumpta, cibus tanquam, lædit medicina salutem :*
*At sumptus prodest, ut medicina, cibus.*

OWEN.

On a ainsi traduit ou plutôt imité cette Epigramme :

Peu de Médecin,
Peu de médecine,
Point de chagrin,
Sobre cuisine,
Si tu prétends
Vivre long-temps.

La tempérance & le travail, dit le Philosophe de Geneve, sont les deux vrais médecins de l'homme ; le travail aiguise son appétit, & la tempérance l'empêche d'en abuser. Un Médecin ayant demandé au Pere *Bourdaloue* quel régime de vie il observoit ; ce Pere lui répondit qu'il ne faisoit qu'un repas par jour. *Gardez-vous*, lui dit le Médecin, *de rendre public votre secret ; vous nous ôteriez toutes nos pratiques.*

―――――――――――――――
(1) *Propter crapulam multi obierunt : qui autem abstinens est, adjiciet vitam.* Eccli. 37.

Saint *Charles Borromée* étant tombé malade à Rome, se vit obligé de consulter les Médecins. Mais comme ils ne convenoient pas entre eux sur sa maladie, il profita de leurs contradictions pour ne pas se mettre entre leurs mains, & pour se faire lui-même un régime de vie. Il commença par retrancher de sa table tout ce qui tenoit de la délicatesse, & qui ne servoit qu'à flatter le goût; & s'étant accoutumé peu-à-peu à une vie dure & sobre, il fut bientôt délivré de sa pituite, de sa toux, de ses fievres & de ses autres incommodités ordinaires. Il devint même si robuste qu'on est surpris de la force avec laquelle il supporta les plus rudes travaux de l'Episcopat, auxquels son zele le livroit.

La vie humaine, déjà si courte, semble tous les jours, pour la plupart des gens du monde, le devenir encore plus. On regarde avec raison les épiceries & les aromates, présens funestes du Nouveau-Monde, comme une des principales causes de ce raccourcissement, parce que tout ce qui hâte les battemens du cœur, fait qu'il battra moins long-tems & que les organes s'useront plus vîte. A ces poisons, que l'art des cuisiniers prépare & varie en mille manieres, comme s'ils craignoient qu'on n'en prît pas assez, joignez ces boissons fortes & brûlantes, qui achevent de porter le ravage & la flamme dans les entrailles; & il vous sera facile de juger quels effets pernicieux tout cela doit produire. Doit-on être surpris de tant de morts prématurées, de tant de morts subites, dont nous entendons parler maintenant.

Si vous aimez votre santé & votre vie, aimez la sobriété, n'oubliez jamais le précepte que vous donne ici la Sagesse. Les plaisirs de la table pris sans modération, ne sont agréables que pour le moment : on les achete souvent bien cher ; & la nature ne tarde pas à se venger, quand on la force de prendre ce qu'elle ne demande point. La frugalité au contraire flatte moins dans le moment, mais les suites en sont douces & agréables. Timothée, illustre citoyen d'Athenes, avoit fait chez *Platon* un souper frugal, où il avoit eu beaucoup de plaisir. L'ayant rencontré le jour suivant : *Ami*, lui dit-il, *vos repas me plaisent beaucoup, parce qu'on s'en trouve bien, même encore le lendemain.*

L'Auteur de *l'Ecclésiastique* se sert de la même raison, pour nous porter à la sobriété. Si vous êtes assis, dit-il, à une grande table, ne vous laissez pas aller à l'intempérance de votre bouche : usez, comme un homme tempérant, de ce qui vous est servi, & ne demandez pas le premier à boire. Un peu de vin n'est-il pas plus que suffisant à un homme réglé ? Ainsi vous n'aurez point d'inquiétude durant le sommeil, & vous ne sentirez point de douleur. L'insomnie, la colique & les tranchées sont le partage de l'homme intempérant. Celui qui mange peu, aura un sommeil de santé, il dormira jusqu'au matin, & à son réveil il se félicitera lui-même du bon état

où

où il se trouve. *Ne soyez pas*, dit-il encore ailleurs, *des derniers à vous lever de table, & bénissez le Seigneur qui vous a créé & qui vous comble de ses biens* (1).

Voudra-t-on nous permettre de faire ici une réflexion ? On se pique d'être ou de paroître reconnoissant envers les hommes, & on oublie de l'être, on rougit de le paroître envers Dieu ! Pourquoi dans tant de maisons où l'on se dit Chrétien, a-t-on abandonné la religieuse coutume de nos peres, d'élever son cœur & ses pensées vers le ciel avant & après le repas, pour en faire descendre la bénédiction & y faire monter ses actions de graces, pour sanctifier & anoblir par la religion ce qui nous confond avec les animaux ? Faisons-nous toujours gloire de reconnoître & de remercier la main bienfaisante qui répand sur nous ses dons avec tant de bonté & quelquefois avec tant de profusion : plus elle est généreuse à notre égard, plus nous devons être reconnoissans, & moins sur-tout nous devons abuser de ses bienfaits.

Nous l'avons dit plus haut, & nous le répétons : on se trompe, si l'on croit que les plaisirs de la table consistent dans la quantité ou dans la délicatesse. Plus on court après les sensations exquises, plus on s'en éloigne. Les organes deviennent difficiles, à mesure qu'on

---

(1) .... *Dormiet usque mane, & anima illius cum ipso delectabitur.* Eccli. 31. *Et super his omnibus benedicite Dominum*, &c. Eccli. 32.

Tome III.                                                    L

les flatte. Ce n'eſt qu'en reſtant dans une juſte ſimplicité, qu'on peut s'aſſurer de goûter conſtamment ce plaiſir agréable deſtiné par la nature à nous faire prendre la nourriture convenable & néceſſaire. Celui qui ne mange que du pain bis & ne boit que de l'eau, les trouve toujours bons. L'homme qui veut des mets ſucculens, des vins exquis, eſt toujours dans le cas d'en déſirer de nouveaux. Le ſentiment s'émouſſe: tout ce qui n'eſt pas piquant & extraordinaire, devient indifférent ou inſipide; & de là ſouvent un dégoût total, dont le meilleur & le plus ſûr remede eſt la diete & la ſobriété. *Artaxerxès*, Roi de Perſe, ayant perdu une bataille, fut contraint dans ſa retraite de manger des figues ſeches & du pain d'orge. Il trouva excellens ces mets groſſiers. *O Dieux!* s'écria-t-il, *de quel plaiſir je m'étois privé juſqu'à préſent par trop de délicateſſe!*

Il y a long-temps qu'on l'a dit, l'appétit eſt le meilleur de tous les aſſaiſonnemens; mais il faut ſe le procurer par la tempérance. *Pour faire un ſouper délicieux*, diſoit un Philoſophe, *faites un diner frugal.* Socrate à la ſobriété joignoit l'exercice. Quelqu'un lui demandant pourquoi tous les jours il ſe promenoit à grands pas juſqu'à la nuit: *Je prépare ainſi, pour mieux ſouper*, répondit-il, *le meilleur de tous les ragoûts, un bon appétit.*

L'exercice eſt après la ſobriété un des plus ordinaires & des plus excellens conſervateurs de la ſanté. Une vie trop ſédentaire accumule les humeurs, rend l'eſtomac pareſſeux, le corps délicat & souvent peu propre aux fonctions communes de la vie. L'action, au contraire, & le mouvement entretiennent la vigueur du corps, raniment celle de l'esprit, & garantissent de beaucoup d'infirmités.

Mais ce qui vaut peut-être encore mieux, c'est la gaieté, cette aimable effusion de l'ame, qui tient souvent lieu d'esprit dans la société, de compagnie dans la solitude, & de remede dans les maladies. Ce qui est certain, c'est que la Médecine n'a point de plus excellens remedes pour prévenir les maux, que l'exercice, la tempérance & la joie. On demanda un jour à *Léonicéni*, célebre Médecin Italien, par quel secret il avoit conservé pendant plus de quatre-vingt-dix ans, sa mémoire, tous ses sens, un corps droit & une santé pleine de force. Il répondit qu'il devoit la vigueur de son esprit à la pureté de mœurs dans laquelle il avoit toujours vécu, & la santé de son corps à sa sobriété & à sa gaieté. Celle-ci, pour être pure & constante, doit avoir sa source dans le contentement de l'esprit & dans la tranquillité de la conscience. La bonne conduite est la mere de la gaieté, & la gaieté la mere de la santé.

## XXXII.

*Jouez pour le plaisir, & perdez noblement.*

LE jeu est pour bien des personnes une des plus amusantes distractions. Il corrige par sa douceur l'amertume des peines, & par son agrément il délasse de la fatigue des affaires. Il est donc quelquefois permis, il est utile même de jouer. Mais on ne doit, selon la belle pensée d'un saint Pere (1) & l'esprit du Christianisme, prendre le jeu que comme une médecine, pour le besoin seulement, ou lorsque les circonstances en font comme une espece de devoir à l'égard d'un malade, d'un ami ou d'un étranger qu'il est de la politesse d'amuser quelques momens. Un sage Païen, dont toutes les maximes de morale semblent avoir été dictées par la plus saine raison, ne permet de jouer qu'après une grande application & des occupations importantes (2). Qu'eût-il dit de ces personnes du monde, qui emploient ou plutôt qui perdent tous les jours tant d'heures au jeu, sans qu'aucune occupation sérieuse leur ait fait mériter ce délassement & pour qui même le jeu est si souvent une occasion de négliger leurs affaires, l'éducation de leurs enfans, le soin de leur salut & leurs autres obligations ?

---

(1) Saint Augustin.
(2) *Ludo & joco uti illis quidem licet, tum cùm gravibus seriisque satisfecerimus.* l. de Offic.

La Sageſſe qui condamne ſi ſévérement tous les abus, ne peut approuver celui du jeu, la perte du temps, l'oubli de ſes devoirs, le goût pour une vie inutile & diſſipée, l'attache au plaiſir du jeu, que produit preſque toujours un jeu fréquent. Si elle nous recommande ici de jouer pour le plaiſir, elle ne veut par-là que nous défendre de jouer par intérêt, & de faire du jeu, comme tant de perſonnes, une affaire importante, une occupation ſérieuſe.

Voyez ce cercle de joueurs placés autour d'une table: quel air grave ſur les viſages! quel morne ſilence! Ils paſſent des journées & ſouvent des nuits entieres, ſans ſe déplacer. Le haſard, aveugle & farouche divinité, préſide au jeu, & y décide en ſouverain du bonheur ou du malheur, de la joie ou de la triſteſſe. A la place de la gaieté & du plaiſir, qui ſont bannis de ces lieux, on y voit le déſir de gagner & la crainte de perdre, qui marchent toujours à la ſuite du gros jeu, les plaintes, les regrets, les tranſports, quelquefois une joie maligne mêlée d'inquiétude, ou une flatteuſe eſpérance qui ſouvent ſe change en déſeſpoir. Qui pourroit peindre tous les divers mouvemens qui s'élevent tour-à-tour, ou ſe confondent enſemble ſur le viſage de ces joueurs, & qui annoncent le trouble & le déſordre de leur ame?

Changeons de ſcene, & tranſportons-nous dans une de ces honnêtes & eſtimables familles, auxquelles ſe joignent quelques amis choifis, qui, après avoir employé la plus grande partie de leur temps à d'utiles occupations, ou dans les jours accordés par la religion au repos & au délaffement, jouent enfemble un petit jeu de commerce, moins pour gagner & pour vaincre, que pour fe prêter mutuellement à une diftraction néceffaire, ou pour éviter d'autres parties de plaifirs plus difpendieufes & moins innocentes. Nous y verrons régner la joie, la paix, la décence & la modération.

Comme eux, ouvrez votre cœur aux plaifirs permis, & ne vous refufez pas aux reffources gracieufes d'un honnête amufement. Interrompez votre travail, lorfque la raifon & la néceffité le demandent. Jouez, & délaffez votre efprit, fuivez votre inclination, & choififfez entre les jeux celui qui vous plaira davantage & qui fera le plus propre à vous divertir. Mais ayez pour maxime inviolable que le jeu foit toujours un plaifir pour vous. Ne jouez jamais, on ne fauroit trop le répéter, ni gros jeu ni jeux de hafard : un jeu où l'on eft tranfporté du défir du gain & défefpéré fur la perte, peut-il être la fource d'un plaifir pur & délicat ?

De combien de chagrins & de malheurs même, ne devient-il pas fouvent la caufe ! *François Premier*, Roi de France, étant prifonnier en Efpagne, joua un jour avec un Grand, & lui gagna une fomme immenfe. L'Efpagnol piqué de fa perte, en payant le Roi, lui dit avec beaucoup de fierté : *Garde cela pour ta rançon.* Le Monarque irrité de l'insulte, lui donna sur la tête un coup d'épée dont il mourut. Les parens en demanderent justice à Charles-Quint, qui, instruit de quelle maniere la chose s'étoit passée, répondit: *Le Grand avoit tort, tout Roi est Roi par-tout.*

Ne mettez jamais au jeu que ce que vous pouvez y laisser sans intéresser votre fortune & votre conscience, sans vous préparer des sujets de chagrin & de repentir. Sachez, avant de vous embarquer, ce que vous avez envie de perdre : regardez-le comme perdu ; & si la fortune vous fuit, ne courez pas après elle ; & ne vous obstinez pas à rattraper votre argent, lorsqu'il s'est échappé.

Défiez-vous même de la Fortune, lorsqu'elle vous favorise : craignez ses perfides caresses. On se livre aveuglément à un trompeur espoir qui, semblable à ces feux errans qu'on voit voltiger dans les lieux marécageux ou sur les tombeaux, ne brille de temps en temps aux yeux du joueur que pour le conduire dans le précipice & causer sa ruine. Car voilà où se terminent la plupart des gros jeux ; c'est là presque toujours la triste destinée qui attend les joueurs de profession, les joueurs passionnés. On en voit bien peu s'enrichir. Dominés par la passion du jeu ou par le désir d'avoir encore plus, ils n'ont pas la force de se borner à un gain considérable ; & à force d'exposer leur argent, ils trouvent enfin le moment fatal où ils échouent : un coup funeste leur enlève d'ordinaire le fruit de plusieurs victoires. Le jeu est le théâtre de la Fortune, nulle part elle n'est plus inconstante. Elle comble aujourd'hui de richesses, elle élève autour de ses favoris des monceaux d'or ; & demain elle les dépouillera de tout, elle les laissera sans argent, sans crédit, sans ressource : revers cruel, d'autant plus accablant, qu'on a été plus heureux, & que le plaisir que donne le gain n'égale jamais le chagrin que cause la perte.

Aussi n'est-ce pas l'avarice qui a inspiré aux hommes le désir de jouer. Celui qui aime l'argent ne le hasarde pas volontiers, & l'on trouve peu d'avares qui sachent même les jeux les plus communs. C'est le plus souvent l'ennui, l'oisiveté, la paresse qui, détournant des occupations sérieuses, attache au jeu, où l'on espere se désennuyer, & où l'on cherche à couler le temps, ce temps si précieux, dont on ajoute la perte à toutes les autres.

Pour vous, fidelle aux lois de la Sagesse, faites-vous du jeu un plaisir, & non une occupation : ayez en de plus utiles & de meilleures. De quelle utilité est pour l'Etat un joueur de profession ? Ne jouez, comme nous l'avons déjà dit, que pour vous délasser, pour vous dérober à un ennui passager qui vous obsede, à des chagrins qui vous affligent, ou lorsque vous ne pouvez pas faire autrement. Mais sur toutes choses tâchez d'être beau joueur. Cette qualité est rare : celui qui l'a, est modeste & garde un silence respectueux, lorsque le jeu lui rit. Tranquille & de bonne humeur quand il perd, il ne se fâche de rien. Il voit d'un œil égal le bonheur & le malheur: son air est toujours serein & son front sans nuages: il paroît même plus gai dans la perte que dans le gain.

Si vous voulez lui ressembler, n'intéressez le jeu que pour l'animer: il est plus facile de conserver cette égalité d'ame dont nous venons de parler, quand on ne joue que petit jeu. Celui qui risque au jeu de grandes sommes, n'est pour l'ordinaire ni honnête joueur ni noble joueur. On en voit qui ne jouent que des jeux où l'intérêt n'est pour rien, qui jouent peu de temps, peu de chose, & malgré d'excellentes qualités sont mauvais joueurs. C'est que ce défaut ne vient pas toujours de l'esprit d'intérêt, mais souvent d'un orgueil mal-entendu, qui ne veut jamais être vaincu & qui aime à l'emporter. On ne sauroit trop s'appliquer à prévenir ou à corriger ce défaut dans les enfans même. L'inquiétude au jeu sur le gain ou la perte, est petitesse; la colere est grossiéreté, & l'avarice est bassesse d'ame. Celui qui montre de l'humeur lorsqu'il perd, a un double chagrin: il perd, & il est raillé, ou, ce qui lui doit être encore plus sensible, personne ne veut jouer avec lui.

Rien n'est plus propre à faire connoître le caractere que le jeu: le naturel y échappe & se démasque. Sachez donc si bien vous y posséder & y être tellement maître de vous-même, que vous ne vous exposiez pas à perdre en un moment toute la bonne opinion qu'on avoit de vous. Ne perdez point de partie, que vous ne gagniez quelque chose de plus précieux que votre argent, l'estime de ceux avec qui vous jouez.

Ce n'est pas qu'il faille jouer avec indifférence. Si trop d'attention au jeu décele un fond d'orgueil ou d'avarice, une trop grande inattention ne convient qu'à un fat ou à un évaporé, qui ne réfléchit pas que le jeu ne peut faire plaisir qu'autant qu'il est bien joué. Ayez en jouant l'air libre & aisé, sans distraction & sans indolence; l'esprit attentif & appliqué, sans vive inquiétude pour le succès. Ne vous plaignez ni de vous-même ni de vos associés. Ne disputez jamais sur le jeu, ou faites-le avec tant de politesse & d'égards, qu'on n'ait aucune peine à vous céder. Avouez vous-même sans peine votre tort, dès qu'on vous le fait connoître; & s'il le faut, relâchez de votre droit. Vous aurez gagné beaucoup, si vous avez su vous rendre aimable & vous faire estimer.

*Sans prodigalité dépensez prudemment.*

QUE de regrets on se prépare, quand on ne veut pas apprendre le secret de mesurer sa dépense sur sa fortune! La cause la plus ordinaire de la ruine de bien des personnes, c'est qu'elles reglent leur dépense sur leur état & non sur leurs moyens, sur leur ambition

& non sur leurs richesses. Le luxe, enfant de la mollesse & de la vanité, conduit à la pauvreté par des chemins brillans & agréables; mais il n'y a que les fous qui le suivent.

Une espece de luxe modéré entre dans les vues de la nature, qui a répandu sur la terre comme dans les cieux une magnificence égale à sa grandeur: elle n'a pas prodigué tant de bienfaits aux hommes, pour leur en interdire l'usage. Mais ce que la raison nous défend, c'est un luxe excessif ou ruineux, c'est toute jouissance superflue, qui n'est prescrite ni par le rang, ni par l'usage légitime de la nation où l'on vit, & dont le retranchement ne peut que mériter l'approbation des gens sensés. A quoi bon cette multitude de laquais insolens & paresseux, qui jouent & dorment dans une antichambre? Que sert aux femmes cet excès ridicule de parures, cette folle passion des modes & des nouveautés qui coûtent si cher & qui passent si vite?

Je sais que la Sagesse permet de suivre les modes qui ne sont qu'indifférentes, & qui ne blessent point les mœurs ni ne dérangent la fortune. Quoiqu'elles ne naissent le plus souvent que de l'inconstance & du caprice, les personnes les plus sages se trouvent quelquefois obligées de s'y conformer & de s'y soumettre, pour ne point paroître ridicules.

La mode est un tyran dont rien ne nous délivre:
À son bizarre goût il faut s'accommoder:
Mais sous ses folles lois étant forcé de vivre,
Le Sage n'est jamais le premier à les suivre,
Ni le dernier à les quitter. PAVILLON.

S'il est permis à certaines conditions de porter des habits riches & magnifiques, il est plus glorieux & plus estimable de rester un peu au-dessous de son état. La modestie & la pudeur feront toujours, pour les femmes même, le plus bel ornement & la plus noble parure. C'étoit celle de la vertueuse Epouse de Henri III, *Louise de Vaudemont*. Au milieu du luxe & du faste le plus indécent, elle ne se distinguoit que par la simplicité de ses habits. Ce qui donna lieu à une aventure assez singuliere qui lui arriva. Passant un jour par la rue Saint-Denis, elle entra dans la boutique d'un Marchand de soie. Elle y trouva la femme d'un Président, magnifiquement parée & fort attachée au choix de quantité de superbes étoffes. La Reine l'observa quelque temps dans cette occupation; & voyant qu'elle ne prenoit pas seulement garde qu'elle étoit dans la boutique, elle s'approcha de cette Dame, & lui demanda qui elle étoit. La Présidente qui se voyoit sans comparaison beaucoup mieux vêtue que la Reine, & qui avoit tous ses sens occupés à considérer la beauté des étoffes qu'elle avoit sous ses yeux, lui répondit brusquement, qu'on l'appeloit la Présidente une telle. La Reine lui dit alors en riant: *Madame la Présidente, vous êtes bien brave pour une femme de votre qualité.* La Présidente répliqua sans détourner la vue de dessus les étoffes: *Ce n'est pas à vos dépens, Madame.* Quelqu'un de la suite de la Reine avertit la Présidente de prendre garde à qui elle parloit;

Elle leva les yeux sur le visage de la Reine, & l'ayant reconnue, elle se jeta à ses pieds, en lui demandant pardon. La Princesse l'ayant relevée, lui fit avec douceur une remontrance sur le luxe de ses habits, & lui donna des témoignages de sa bienveillance.

Les jeunes gens puissamment riches, & ceux qui le sont devenus en peu de temps, sont ordinairement prodigues, parce qu'ils ignorent le vrai usage des richesses. Ils s'imaginent aussi que la Fortune, qui les a traités si favorablement, ne les abandonnera jamais : ils croient la tenir enchaînée dans leur maison ; mais déliée bientôt par leur main prodigue, elle s'envole & ne revient plus.

Nous devons nous souvenir que, quelque maîtres que nous soyons des biens que nous possédons légitimement, nous avons nous-mêmes un Maître de qui nous les tenons : nous lui en rendrons un compte rigoureux, soit que par notre avarice nous les ayons rendus inutiles à nous & aux autres, soit que par notre prodigalité nous en ayons fait un mauvais usage, & nous nous soyons mis dans l'impuissance de faire du bien aux malheureux.

Quoique la dissipation ne soit pas aussi universellement méprisée que l'avarice, parce qu'elle a quelque chose d'éclatant, qui frappe les yeux de la multitude & les éblouit ; le prodigue qui a tout dissipé & qui n'a plus rien, est peut-être encore plus méprisé que l'avare. Dans le temps même de son abondance, ses profusions ne le garantissent pas toujours du mépris qu'il mérite. Entouré de faux amis & de fourbes, qui feignent de l'estimer & de l'honorer, il reçoit l'encens trompeur d'une foule de libertins qui se divertissent à ses dépens, d'adulateurs parasites qui le louent & le dévorent, de mendians galonnés qui lui font l'honneur de manger son bien avec lui, & le méprisent. Il s'attire, par une dépense excessive & par un faste ridicule, la raillerie de toute une ville qu'il croit éblouir, & il se ruine à se faire moquer de lui. Deux prodigues sembloient disputer entre eux lequel feroit de plus folles dépenses. *Il me semble*, dit une personne d'esprit, *que je les vois se faire des complimens à la porte de l'hôpital, pour s'inviter l'un & l'autre à y entrer le premier.*

Il en est de la prodigalité comme du feu, qui se consume en dévorant la matiere qui doit l'entretenir. Réduit à une mendicité imprévue, le prodigue est bientôt obligé d'avoir recours aux autres. Mais toute ressource lui manque; car si la libéralité fait des amis, la prodigalité ne fait que des ingrats. Ceux qu'il a nourris, engraissés, ne le connoissent plus. Des amis plus nobles qui l'auroient secouru, s'il n'avoit été que malheureux, l'abandonnent. Livré à lui seul & à ses reflexions, le souvenir de sa premiere situation le déchire à tous momens: mille fois plus malheureux que l'avare, parce qu'il sent tout son malheur; parce qu'il est nécessairement & malgré lui, ce que l'autre du moins est librement & par choix ; parce qu'il souffre d'autant plus d'être dénué de tout, qu'il a plus agréablement joui. *Diogene* voyant un prodigue qui n'avoit que des olives pour son souper : *Si tu avois*, dit-il, *toujours dîné de la sorte, tu ne souperois pas si mal*.

Le prodigue dépense comme s'il devoit bientôt mourir, & l'avare épargne comme s'il devoit toujours vivre. Plus même il avance vers ce moment fatal où tout doit lui être ôté, plus il s'y attache. Mais la mort vient enfin l'enlever au milieu de ses tréfors, & le force de les abandonner à des héritiers avides, qui les attendoient avec impatience, & qui les dissiperont peut-être aussi facilement & aussi vîte qu'il avoit mis de peine & de temps à les amasser. N'auroit il pas fait bien plus sagement, d'employer pendant sa vie ses richesses à se procurer les choses nécessaires & utiles, à soulager les indigens, à faire plaisir à ses parens & à ses amis. Il se seroit du moins fait honneur de ce qu'il possédoit : il auroit mérité l'estime & la reconnoissance des hommes, & ses bienfaits l'auroient rendu heureux, comme le dit un Poëte, qui ajoute aussi très-bien :

> A quoi bon cet amas frivole ?
> Pourquoi tant de biens superflus ?
> Tout l'or qu'entraîne le Pactole,
> Ne vous rassasieroit plus.
> L'avarice à l'homme fatale,
> Est le vrai tableau de Tantale
> Qui brûle de soif dans les eaux,

Toujours esclave inséparable
D'un bien qui la rend misérable,
Elle n'aime que ses bourreaux (1).
Ah ! faisons un plus doux usage
Des biens qui nous viennent des Cieux.
Les richesses aux yeux du Sage
Sont comme un vin délicieux :
Cette liqueur enchanteresse,
Prise avec prudence & sagesse,
Ranime nos goûts & nos cœurs ;
L'excès dégénère en ivresse,
La privation en tristesse.
L'abus de tout fait nos malheurs.

*Ode à l'Avarice*,

Par M. DE FORGES, *Abbé de Valmont.*

L'homme est si facile & si ingénieux à se tromper soi-même, que le prodigue ne se croit que généreux, & l'avare ne se croit que ménager. Soyez vraiment, toujours & tout ensemble ce que tous deux se flattent d'être & ce qu'ils ne font pas ; ne soyez jamais ce qu'ils font. Tenez le milieu entre les deux excès. Soyez ménager pour l'ordinaire, & généreux dans l'occasion ; vous vous ferez honneur, & vous serez toujours en état de vous le faire. Un Prodigue se plaignoit à Socrate qu'il n'avoit point d'argent. *Empruntez-en de vous-même*, lui répondit ce Philosophe, *en retranchant de votre dépense.*

───────────────

(1) Il semble qu'il eût fallu mettre *son bourreau*, en le faisant rapporter au *bien*, qui est le tourment de l'avarice. Mais on peut aussi l'entendre des trésors ou monceaux d'or & d'argent.

Une sage économie qui sait retrancher, quand il le faut, les dépenses peu nécessaires ou superflues, soutient les familles & les fait prospérer. La gloire & les richesses y entrent avec elle. Un fils disoit un jour à son pere qui avoit acquis beaucoup de bien : Comment, mon pere, avez-vous fait pour avoir une si grande fortune ? pour moi, j'ai peine à gagner le bout de l'année avec tous les revenus du bien que vous m'avez donné en mariage. *Rien n'est plus facile*, lui répondit le pere en éteignant une des deux bougies qui les éclairoient : *c'est de se contenter du nécessaire, & de ne brûler qu'une bougie quand elle suffit.*

Conserver son argent pour n'en faire jamais un bon usage, c'est une avarice criminelle : ne le conserver dans un temps que pour s'en servir à propos dans un autre, c'est une économie louable.

Nous avons dit qu'il falloit être généreux dans l'occasion : car ce n'est pas être prodigue que de l'être à propos. Cette noble maxime étoit celle de *Jean Daens*, célebre Marchand d'Anvers. Il étoit extrêmement riche. Ayant prêté à Charles-Quint deux millions, il invita ce Monarque à un grand repas qu'il lui donna chez lui. Il le régala somptueusement : mais nul mets ne lui fut plus agréable, que celui qu'il lui servit à la fin. Il se fit apporter sur un grand plat un petit fagot de bois odoriférant. Il y mit le feu, & y brûla le billet que Charles-Quint lui avoit fait. *Grand Prince*, lui dit-il, *vous m'avez payé en me faisant l'honneur de venir manger chez moi.*

Une dépense bien placée a été pour plusieurs la source de leur fortune. C'est toujours la marque d'une personne qui pense bien ; & la gloire qu'on en retire, vaut infiniment mieux que la dépense qu'on a faite. Mais si l'on excepte quelques occasions rares, la prodigalité est le défaut d'un fou, qui dissipe son bien & n'en fait aucun. Le prodigue pour l'ordinaire n'est pas un homme bienfaisant. On en voit qui font des dépenses en sottises de toute espece, & qui laisseroient périr un malheureux pour un écu. Celui qui aime les bonnes actions, conserve son bien, pour être toujours en état d'en faire, pour ne se point manquer à lui-même, pour n'être pas à charge aux autres. Il préfere les actions de justice aux actions d'éclat : il aime mieux payer une dette qu'une pension, & s'acquitter que de donner. Mais un prodigue, qui veut passer pour généreux, comble de biens des indignes, donne avec ostentation à qui il ne doit rien, & meurt chargé de dettes : car combien de prodigues, qui en mourant ne payent qu'à la nature !

Si vous voulez ne pas leur ressembler, évitez la dissipation puérile qui ne fait rien retenir, la vanité ridicule qui veut égaler les Grands ou surpasser ses égaux par le faste & par la dépense, les générosités excessives & déplacées, les fantaisies trop tôt satisfaites, dont on se repent ensuite & dont la fortune souffre presque toujours. Une jolie chose qu'on achete, en demande quelquefois dix autres, afin que l'assortiment soit complet. Quand même la dépense de chacune seroit peu de chose, celle de toutes ensemble est considérable ; & d'ailleurs ce qui coûte peu est toujours payé trop cher, lorsqu'on n'en a pas besoin. Une Dame achetoit tout ce qui lui paroissoit à bas prix : elle fit tant de bons marchés, qu'elle se ruina.

Tâchez de vous tenir toujours également éloigné de la prodigalité & de l'avarice. A la suite de celle-ci marchent les inquiétudes outrées, les défiances injurieuses à la Providence divine, les frayeurs anticipées, les plaintes ennuyeuses & trop souvent répétées sur le malheur des temps, sur la facilité avec laquelle l'argent s'en va & la lenteur avec laquelle il vient, les petites attentions & les idées mesquines, la régularité servile à se rendre compte de presque rien, les détails déshonorans, & les épargnes minutieuses qui ne grossissent guere la fortune, & causent mille fois plus de peine qu'elles ne valent. Le bien nous a-t-il donc été donné, pour nous rendre malheureux ? Une Dame de notre connoissance, qui jouit d'une fortune assez honnête, & qui a encore plus de bon sens, nous disoit à ce sujet : *J'achete tous les ans mon repos & ma santé par le sacrifice de quelques centaines de francs, dont j'aime mieux diminuer mon revenu, que de me tourmenter moi & les autres, par une vigilance inquiete à ne rien perdre.* Nous avons vu au contraire un Seigneur très-riche, qui n'étoit pas avare, mais minutieux. Les plus grandes pertes ne l'affectoient presque point ; & les plus petites dans le détail du ménage dont il se mêloit trop, ou dans des journées d'Ouvriers, le jetoient dans des vivacités & des emportemens qui le rendoient odieux & insupportable, & qui, en lui bouleversant fréquemment les humeurs, n'ont pas peu contribué à abréger ses jours.

On se rend souvent misérable dans la crainte de le devenir. On s'attire quelquefois de grands maux, en se refusant quelques petites dépenses soit dans des voyages, ou dans des commencemens de maladies, qui ensuite occasionnent des frais bien plus considérables, & peut-être la mort même. Ce fut une de ces épargnes sordides, qui causa celle de *Chapelain*; car à beaucoup de mérite, il joignoit une extrême avarice, qui ne le rendit pas moins ridicule que son Poëme de *la Pucelle*. Quelques Académiciens l'appeloient, en riant, *le Chevalier de l'Ordre de l'Araignée*, à cause de l'habit rapiécé & recousu qu'il portoit. S'étant mis en chemin, un jour d'Académie, pour se rendre à l'assemblée & gagner deux ou trois jetons, il fut surpris par un orage. Ne voulant pas donner quelques liards, pour passer le torrent formé par la pluie, sur une planche qu'on y avoit jetée, il attendoit que l'eau fût écoulée. Mais voyant qu'il étoit près de trois heures, il passa au travers de l'eau, & en eut jusqu'à mi-jambe. La crainte qu'il eut qu'on ne soupçonnât ce qui étoit arrivé, l'empêcha de s'approcher du feu à l'Académie. Il s'assit à un bureau, & cacha ses jambes dessous. Le froid le saisit, & il eut une oppression de poitrine dont il mourut. On trouva chez lui après sa mort cinquante mille écus comptant.

L'argent est un bon serviteur & un méchant maître. L'or qu'on tient renfermé dans ses coffres, est de nul prix : il ne vaut qu'autant qu'on le fait valoir & qu'on s'en sert : on l'a comparé au fumier, qui n'est utile que lorsqu'on le répand. *Denis*, Roi de Syracuse, ayant appris qu'un de ses sujets avoit caché dans la terre un trésor, lui commanda de le lui apporter. Le Syracusain ne lui en donna qu'une partie, & s'en alla avec le reste dans un autre pays, où il vécut plus libéralement qu'il n'avoit fait. Denis, qui en fut instruit, le fit revenir : il lui rendit ce qu'il lui avoit pris, & lui dit : *A présent que vous savez bien user de vos richesses, vous méritez de les avoir.*

Ne pas se servir, dans l'occasion, de l'argent ou des commodités qu'il a plu à Dieu de nous accorder, & se prodiguer soi-même pour ménager ce qui n'est fait que pour nous, c'est être en même temps avare & prodigue, c'est une double folie. Celui qui a un beau cheval, le monte rarement, n'ose le mettre en haleine, craint de le travailler, s'en refuse l'usage, tandis que lui-même s'échauffe jusqu'à gagner une pleurésie.

Il nous reste encore à dire un mot sur les dépenses de la table. Il y a des gens qui croient faire bonne chere, quand ils la font grande. Mais excepté certains repas de cérémonie, où la qualité des personnes, la multitude des convives demandent plus d'apparat & d'ostentation, préférez plutôt de suivre ce que dit un Poëte :

> Bonnes façons & peu de plats ;
> Sans somptuosité, de la délicatesse,
> Propreté, bon vin, politesse :
> C'est ce qu'il faut dans un repas.

Ayez donc dans les repas que vous donnez à vos amis ( & il faut rarement en donner à d'autres ), beaucoup de propreté sans affectation, beaucoup de liberté sans manquer à la politesse, une table servie selon votre état & vos moyens, mais jamais de somptuosité.

*Socrate* ayant un jour quelques personnes à recevoir, répondit à un de ses amis, qui paroissoit étonné de ce qu'il n'avoit pas fait de plus grands préparatifs : *Si ce sont d'honnêtes gens, j'ai assez pour eux ; s'ils ne le sont pas, j'en ai trop.*

Il y a autant de fatuité à faire le magnifique, quand on ne doit pas l'être, que de petitesse à faire mal les honneurs de chez soi. Un fastueux, qui fait grande chere par orgueil, croit imposer ; mais il se trompe : on ne paye que de mépris une magnificence mal placée. Rien cependant n'est plus commun aujourd'hui. On charge les tables de mets. Chacun se pique d'émulation & d'honneur. On donne des repas magnifiques, où rien ne manque que la gaieté : on mange somptueusement & ennuyeusement.

Nos peres étoient bien plus sages que nous. Ils mangeoient moins magnifiquement & plus agréablement. Ils n'admettoient de profusion que dans la joie. Ils avoient peu de plats, mais beaucoup de gaieté, que nous avons remplacée par une abondance de mets. Il semble qu'on ne s'invite que pour manger.

L'usage a tellement prévalu, que les plus avares même se piquent de magnificence, & préferent, à la honte de paroître avares, le supplice d'être prodigues. Donnez à manger sans prodigalité, mais toujours de bon cœur, & noblement quand il le faut. C'est manquer à ses convives que de les mal régaler ; on n'invite pas les gens pour leur faire faire mauvaise chere. Un avare donnant un repas fort mesquin, disoit à ses convives : Mon repas ne vous causera point d'indigestion. On lui répondit : *Vous vous trompez, car un pareil repas est fort difficile à digérer.*

Si vous êtes surpris par des convives que vous n'attendiez pas, donnez de bon cœur ce que vous avez. Il vaut mieux leur donner un peu moins, que de leur faire acheter par la faim & l'impatience quelques plats de plus. Dites-leur ce que disoit en pareil cas un homme d'esprit : *Puisque vous n'avez pas jugé à propos de me faire avertir, ou de venir plutôt, vous dinerez avec moi ; mais si une autre fois j'en suis prévenu, je dinerai avec vous.*

## XXXIII.

*Ne perdez point le temps à des choses frivoles.*

Dès qu'on a passé le premier âge de la vie, destiné par la nature presque tout entier pour le corps, & que la raison commence à se dégager des ténebres de l'enfance, le temps devient précieux. Celui de la jeunesse l'est infiniment. Les peres en seront comptables devant Dieu & devant les hommes, encore plus que leurs enfans, parce que c'est à eux de leur en faire faire un digne usage.

Pour vous, jeune homme, qui voulez paroître un jour avec honneur dans le monde, raccourcissez le temps de la bagatelle; ce doit être le premier fruit de la réflexion. Préparez-vous à remplir dignement les emplois que la Providence vous destine. Faites des provisions pour l'âge mûr & pour la vieillesse. Le temps de la jeunesse est le temps de semer, si l'on veut recueillir. Du bon emploi de ce temps dépend pour l'ordinaire le bonheur du reste de la vie. Profitez des leçons de vos maîtres : les momens sont chers; si vous attendiez plus tard, vous n'y reviendriez point. Qui sait si la fortune ou les honneurs ne vous attendent pas au bout de la carriere, pour couronner votre diligence & récompenser votre ardeur ? Le célebre M. Rollin avoit un talent singulier pour former des jeunes gens & les animer à l'étude. M. le Premier Président *Portail*, se
plaisoit

plaisoit quelquefois à lui reprocher qu'il l'avoit excédé de travail. *Il vous sied bien de vous en plaindre*, lui répondit M. Rollin, *c'est cette habitude au travail qui vous a distingué dans la place d'Avocat-général, & qui vous a élevé à celle de Premier Président : vous me devez votre fortune.*

Appliquez-vous donc à l'étude dans votre jeunesse : c'est le seul chemin qui conduise au mérite & à la gloire. Aimez le travail, & ne soyez pas de ces jeunes désœuvrés, qui se levent le matin pour se coucher le soir, & qui, promenant tout le jour leur pénible existence, ne savent que faire de leur temps ni d'eux-mêmes. Après avoir ainsi commencé leur honteuse & ennuyante carriere, ils la continuent de même, & meurent sans avoir vécu.

Imitez encore moins ces jeunes efféminés, qui perdent une grande partie de leur temps à leur toilette & à celle des femmes. L'homme est-il donc fait pour placer une mouche ou nouer des rubans ? L'important & honorable emploi, que celui de se rendre assidument chez ces Dames qui n'ont guere d'autre occupation que celle de leur parure, pour s'en occuper des heures entieres avec elles, ou pour fuir l'ennui, qui semble courir après les désœuvrés & les suivre par-tout. Chaque femme de Paris, dit le Philosophe de Geneve, rassemble dans son appartement un sérail d'hommes plus femmes qu'elle, & lâchement dévoués aux volontés du sexe que le nôtre doit protéger

& non servir. Voyez-les dans ces prisons volontaires se lever, se rasseoir, aller & venir sans cesse à la cheminée, à la fenêtre, prendre & poser cent fois un écran, feuilleter des livres, parcourir des tableaux, tourner, pirouetter par la chambre, tandis que l'idole, étendue sans mouvement dans sa chaise longue, n'a d'actif que les yeux & la langue. Imaginez quelle peut être la trempe de l'ame d'un homme uniquement occupé de l'importante affaire d'amuser les femmes, & qui passe sa vie entiere à faire pour elles ce qu'elles devroient faire pour nous, quand épuisés de travaux, dont elles sont incapables, nos esprits ont besoin de délassement.

Livrée à ces puériles habitudes, à quoi notre efféminée & frivole jeunesse pouroit-elle jamais s'élever de grand? Celui qui ne sort qu'après avoir passé deux ou trois heures devant un miroir à s'ajuster, à se parfumer, à se farder, à se donner les airs qu'il croit être à la mode, fait honte aux femmes en les imitant, & se déshonore en voulant se faire admirer.

Heureux les jeunes gens qui connoissent mieux tout le prix de l'application & du travail, & qui savent mettre à profit tous les momens du plus bel âge de leur vie! Mais il y a pour la jeunesse un temps sur-tout bien critique; c'est celui où les jeunes gens livré à eux-mêmes, se félicitent d'avoir secoué le joug de l'éducation, & font consister la liberté à éviter toutes les occupations sérieuses. Leur études & leurs exercices finis, quelquefoi avant que l'âge soit arrivé de prendre un établissement, ils ne savent quelles occupations se prescrire, pour remplir le vide que leur laisse le défaut d'emplois & d'affaires.

Je le leur ai déjà dit : qu'ils fassent des provisions pour l'avenir. Qu'ils préparent tout ce qui leur sera nécessaire pour l'état auquel ils se destinent ; & s'ils ont du temps de reste, qu'ils le consacrent à la lecture : elle est le plus utile des amusemens. Lorsqu'on proposoit à une Princesse de beaucoup d'esprit le jeu ou quelque autre partie de plaisir, elle refusoit, disant que cela n'apprenoit rien. Mais que ferez-vous, lui dit-on ? *Je lirai*, répondit-elle, *ou je me ferai lire chez moi.*

Quels heureux effets ne produit pas la lecture ? Elle enrichit la mémoire, embellit l'imagination, rectifie le jugement, forme le goût, apprend à penser, élève l'ame & inspire de nobles sentimens. Les bons livres sont des conseillers aimables, qui nous instruisent sans nous ennuyer, nous avertissent de nos défauts sans nous offenser, & nous corrigent sans nous déplaire. *Alphonse*, Roi d'Aragon, disoit que les livres étoient les conseillers qu'il aimoit le mieux, parce qu'ils ne le flattoient point, & qu'ils lui apprenoient ce qu'il devoit faire.

Ce sont des amis complaisans, qui s'entretiennent avec nous quand il nous plaît, & que nous quittons quand nous voulons. Au milieu d'un peuple rustique & grossier, ils nous font trouver les douceurs de la société la plus charmante, ils nous offrent les richesses les plus précieuses de l'esprit humain, & les découvertes de tous les siecles. Ils sont une source d'agrémens dans tous les états, dans toutes les situations de la vie ; ils procurent mille plaisirs dans tous les âges, dans celui même qui n'en goûte presque plus : plaisirs qui se renouvellent sans cesse, que nous trouvons par-tout, que nous pouvons à tous les instans nous procurer.

La lecture suspend le sentiment des peines dont la vie humaine n'est jamais exempte, & fait oublier, au moins pour un temps, les chagrins qui se font sentir dans tous les états. Elle est dans bien des occasions une grande ressource contre l'ennui. On n'est pas toujours avec des personnes qui plaisent, & il vaut mieux être seul qu'avec des gens qui ne plaisent pas. Mais la solitude est bientôt à charge, quand on ne sait pas s'y occuper. Qu'elle est douce, au contraire, qu'elle est agréable, quand on sait tout-à-tour l'amuser par le travail & par la lecture ! Livres enchanteurs, que d'heures & de jours vous m'avez dérobés à l'ennui ! que d'heureux momens vous m'avez fait couler dans le sein pur & innocent des plus doux plaisirs ! O vous pour qui j'écris, si j'ai pu faire naître en vous l'amour de la lecture, que d'avantages inestimables ne vous aurai-je pas procurés !

La lecture est pour l'esprit ce que l'aliment est pour le corps. C'est ce que fit entendre ingénieusement le Duc *de Vivonne* à Louis XIV, qui lui demandoit un jour à quoi pouvoient lui servir toutes ses lectures : *Sire*, répondit ce Seigneur qui avoit de belles couleurs & de l'embonpoint, *les livres font à mon esprit ce que vos perdrix font à mes joues.*

Les bons livres nous font part des lumieres de ceux que la distance des lieux nous empêche de voir & de consulter. Ils nous rendent présens les plus grands hommes de l'antiquité, qui, dans leurs ouvrages immortels, semblent converser avec nous & nous instruire. Ils procurent mille connoissances utiles ou agréables, & nous servent comme de flambeau pour nous conduire dans le cours de la vie.

Mais pour recueillir plus sûrement ces fruits précieux, lisez avec choix. La vie est trop courte pour lire toutes sortes de livres. Il y en a d'ailleurs de si dangereux, de si obscenes, de si impies, sur-tout dans ce siecle, qu'il y a beaucoup à craindre pour celui qui lit au hasard. Mais que dis-je ? ne sont-ce pas ces livres-là même qu'on recherche avec le plus d'empressement, qu'on dévore avec le plus d'avidité ? Que voit-on pour l'ordinaire entre les mains des jeunes gens ? De misérables romans, dont la lecture, si souvent dangereuse pour les mœurs par le penchant à l'amour qu'elle inspire, seroit toujours un grand mal, quand elle n'auroit d'autres effets que de corrompre le goût, de nourrir la paresse naturelle de l'esprit, & de dégoûter des lectures plus sérieuses & plus utiles : des brochures frivoles, qui n'ont d'autre mérite que celui de la nouveauté : des livres effrontément cyniques, qu'on ne lit que pour apprendre à ne plus rougir de rien, & qui n'apprennent que ce qu'on devroit toujours ignorer : des ouvrages impies, qu'on se hâte de lire, parce qu'on espere y trouver de quoi calmer ses remords, parce qu'ils sont bien écrits, souvent parce qu'ils sont rares & défendus. N'y a-t-il donc pas d'autres bons livres, où l'on puisse se former l'esprit, se perfectionner le style, s'amuser agréablement ? ou les a-t-on lu tous ?

Un jeune homme, qui avoit reçu une excellente éducation, ayant un jour trouvé un livre obscene, n'en eut pas plutôt lu quelques lignes, qu'il le jeta au feu. Ayez le courage d'imiter cet exemple, & perdez plutôt un mauvais livre que de vous perdre vous-même. Mieux il est écrit, plus il est dangereux. Le serpent caché sous des fleurs, n'en est que plus à craindre.

Ce n'est pas assez de lire avec choix, il faut lire avec réflexion. Lisez moins de livres, & lisez-les bien. Il ne reste rien des lectures trop rapides. Il en est des livres comme de la nourriture, qui ne profite que quand elle est prise lentement & bien digérée. Un homme se vantoit à Aristipe d'avoir beaucoup lu : *Ce ne sont pas*, répondit ce Philosophe, *ceux qui mangent davantage qui sont les plus gras & les plus sains, mais ceux qui digerent le mieux.* Il ne faut pas, si l'on veut se former l'esprit, lire beaucoup de livres, mais lire beaucoup le même livre, quand il est excellent. Prétendre à une universalité de connoissances, est une illusion de l'amour-propre, & la folie de notre siecle. La manie de tout savoir ou de savoir un peu de tout, ne fait que des esprits superficiels & de présomptueux ignorans. Lorsqu'on veut trop savoir, on ne peut rien approfondir.

Ne lisez pas pour les autres, mais pour vous : voyez ce qui vous convient, & ce qui peut vous servir de regle de conduite. Lisez, non pour devenir plus savant, mais pour en être meilleur. C'est ainsi que vous devez lire l'histoire même, & non par un simple amusement ou par curiosité. Que vous servira d'être né après tant de grands hommes, si vous ne les prenez pas pour modeles ? Que vous servira d'être né après tant de fous & de scélérats, si vous n'en devenez pas plus sage & plus vertueux ?

Enfin, lisez quelquefois avec un ami judicieux, & communiquez-vous mutuellement vos réflexions : vous en lirez avec plus de plaisir & avec plus de fruit. En lisant à haute voix, vous aurez encore l'avantage de vous exercer à bien lire : talent rare, que la nature refuse souvent aux hommes même qu'elle a comblés des dons du génie. *Saint-Evremond* disoit qu'il n'avoit pas vu en sa vie trois personnes qui sussent bien lire. Le grand Corneille lisoit tout-à-fait mal. Racine, au contraire, lisoit très-bien : aussi Louis XIV aimoit-il à l'entendre lire, parce qu'il avoit un talent singulier pour faire sentir la beauté des ouvrages qu'il lifoit. On devroit peut-être moins négliger cette partie de l'éducation. On peut fe trouver fouvent dans le cas de lire à haute voix, & il eft auffi honteux pour foi que défagréable pour les autres de le faire mal.

*Le fage eft ménager du temps & des paroles.*

ON a dit qu'on devoit être ménager de fon bien & de fa confiance : on ne doit pas l'être moins de fon temps & de fes paroles. La feule avarice qui foit permife eft celle du temps. *Il n'y a rien de fi cher que le temps,* difoit Théophrafte, *& ceux qui le perdent font les plus condamnables de tous les prodigues.* Auffi le Sage eft-il toujours occupé. Il aime l'application & le travail, qu'il regarde comme un de nos plus grands befoins, comme l'ami des hommes & leur confolateur : auffi il l'aime & s'en occupe. Il fe délaffe d'un travail par un autre, ou par des lectures inftructives & agréables, qui, en ornant fon efprit d'utiles connoiffances, le garantiffent de l'ennui inféparable de l'oifiveté ou de ces converfations oifeufes plus pernicieufes encore. Il a de bonne heure accoutumé fon efprit à penfer & à pouvoir fe fuffire. Il aime mieux pour l'ordinaire s'entretenir avec lui-même qu'avec les autres, parce qu'il n'eft jamais moins feul, comme le difoit un Ancien, que lorfqu'il eft feul ; & que d'ailleurs il a remarqué plus d'une fois avec une perfonne de beaucoup de piété, qu'il n'avoit presque jamais été avec les hommes, qu'il n'en fût revenu moins homme. Comme lui, fuyez les longues conversations, parce qu'elles sont presque toujours ou inutiles, ou ennuyeuses, ou criminelles. Les choses indifférentes ne plaisent guere, & celles qui donnent du plaisir ne sont pas toujours innocentes. Il faut avoir dans l'esprit bien de la ressource, pour entretenir plusieurs heures de suite une conversation, sans répétitions, sans bâillemens, sans médisances ; & l'on réduiroit au silence bien de grands parleurs, si on les obligeoit à ne dire que de bonnes choses.

Le peuple le plus heureux & le plus sage, fut celui où l'on parloit le moins, & où l'on savoit le mieux employer le temps. Quelle République fut jamais plus florissante & plus admirable que celle des Lacédémoniens ? Mais dans quel Etat fut-on plus avare du temps & des paroles ? Ils étoient si concis dans leurs réponses, que leur style est devenu l'expression de la briéveté. Un peuple voisin les ayant fait menacer que s'il entroit dans leur pays, il mettroit tout à feu & à sang, ils répondirent, *Si*. On voit souvent, dans leur histoire, que pour toute réponse aux dépêches les plus importantes, ils n'employoient qu'un monosyllabe, parce que rien n'approche plus du silence, que Lycurgue leur avoit si souverainement recommandé. Un peuple qui avoit tant de soin de ménager les paroles, n'avoit pas moins d'exactitude à ménager le temps. On le regardoit à Sparte comme le plus précieux de tous les biens : on le révéroit comme une chose sacrée ; parce qu'il s'enfuit & nous échappe avec la plus grande rapidité, parce qu'une fois perdu il l'eſt pour toujours.

Mais quelque rapide que ſoit le temps, combien de perſonnes le trouvent encore trop long, parce qu'elles ne ſavent à quoi le paſſer ! On le déchire, on le perd à ne rien faire ou à faire des choſes qui ne valent guere mieux. Voyez tous ces déſœuvrés, eſpece d'hommes ou de femmes qui font la partie la plus brillante & la moins utile de la ſociété, quel uſage en font-ils ? A un long repos, que la molleſſe aime à prolonger, ſuccedent l'habillement & la parure, dont la vanité s'occupe des heures entieres. Le reſte de la journée ſe diſſipe, tantôt dans de longues parties de jeux, où l'on cherche à écarter l'ennui qui aſſiege toujours ceux qui n'ont rien à faire, tantôt dans des entretiens ſtériles & dans des viſites, où l'on ne cauſe que pour ſe dire des riens, que pour s'apprendre réciproquement des choſes dont on eſt également inſtruit, ou dont il importe fort peu qu'on le ſoit. Aſſemblées, viſites, converſations, ajuſtemens, parties multipliées de plaiſirs ou de jeu, ſoins profanes, occupations frivoles ; n'eſt-ce pas là tout ce qui compoſe la vie de tant de perſonnes du grand monde, qui regardent cette vie oiſive comme un des privileges de leur condition, & qui la croient fort innocente, parce qu'il leur ſemble qu'ils ne font pas beaucoup de mal ? Il ſeroit facile de leur faire voir qu'ils ſont dans l'erreur, & qu'une telle vie eſt ſouvent beaucoup plus criminelle qu'il ne pensent, parce que tout y favorise les passions, y nourrit la volupté & la mollesse, y produit la négligence & l'oubli de ses devoirs les plus essentiels. Ce qui a fait dire à une personne d'esprit, en parlant du temps que les Dames mettent à leur toilette, qu'elles employoient la moitié du jour pour se préparer à perdre l'autre & à se perdre elles-mêmes.

Et en effet, quand il n'y auroit dans une vie oisive que la perte du temps, ne seroit-ce pas assez pour la rendre condamnable devant Dieu? Nos années ne s'écoulent pas en vain. Toutes les minutes de la vie vont frapper à la porte de l'éternité. Les heures, disoit un Ancien, s'envolent au Ciel, pour y rendre compte de l'usage que les hommes en ont fait.

Dons à peine obtenus qu'ils nous sont emportés.
Momens que nous perdons, & qui nous sont comptés (1).

Si la vie oisive & inutile est condamnée par les Païens même, combien plus doit-elle l'être par des Chrétiens, qui savent qu'une destinée éternellement heureuse ou malheureuse, selon l'usage qu'ils auront fait de la vie, les attend à la fin de la courte carriere où ils marchent !

Un Auteur Persan, voulant rendre plus sensible & plus frappante cette importante vérité, l'a, suivant le goût des Orientaux, enveloppée sous le voile transparent d'une

_____
(1) *Et nobis pereunt & imputantur.*

MARTIAL.

allégorie ingénieuse. Un Étranger, dit-il, ayant été jeté par la tempête dans une Isle inconnue, y fut proclamé Roi. Étonné d'abord de sa brillante fortune, il se familiarisa bientôt avec elle, & il ne songeoit qu'à jouir des plaisirs qu'elle lui offroit, lorsque le Chef de la religion, qui est revêtu dans cette Isle d'une grande autorité, vint le trouver, & lui dit: Je crois, Prince, devoir vous avertir que rien n'est plus chancelant que le trône où vous êtes placé. Au moment que vous y penserez le moins, on vous en fera descendre: vous serez dépouillé des ornemens royaux, & revêtu d'habits grossiers. Des soldats impitoyables vous traîneront sur le bord de la mer, & vous jetteront presque nu sur un vaisseau, qui vous conduira dans une autre Isle fort éloignée de celle-ci. Telle est la loi immuable de cet État, & aucun de vos prédécesseurs n'a pu la changer ni s'y soustraire. Mais quoiqu'ils ne l'eussent pas ignorée, la plupart d'entre eux n'ont pas eu le courage de fixer sur un avenir désagréable des yeux éblouis par l'éclat qui environne le trône: ils n'ont pas su prévenir la fin qui les menaçoit, & le jour fatal est toujours venu, sans qu'ils eussent rien fait pour adoucir leur funeste & inévitable sort. Les plus sages ont agi autrement. *Qu'ont-ils fait*, reprit vivement le Roi, *& que faut-il que je fasse moi-même?* Ils ont fait passer, répondit le Ministre de la religion, dans l'Isle qui leur étoit destinée, toutes sortes de bonnes provisions & de secours, pour y mener une vie agréable & heureuſe. Imitez leur exemple, le temps preſſe, & l'inſtant échappé ne renaîtroit plus. Souvenez-vous ſur-tout que vous ne trouverez dans cette Iſle que ce que vous y aurez fait tranſporter d'ici dans le peu de jours peutêtre qui vous reſtent. Le Monarque ſuivit un ſi ſage conſeil : il envoya dans le nouveau ſéjour qui l'attendoit, autant de magaſins de toute eſpece qu'il en crut néceſſaires pour ſe le rendre agréable. Tout ce qui lui avoit été prédit lui arriva : il fut dépouillé de la couronne, & conduit dans ſa nouvelle Iſle : il y arriva heureuſement, & y vécut plus heureuſement encore.

Qui doute que les femmes ne ſoient pas moins obligées que les hommes à faire un bon uſage de leur temps ? Ne diroit-on pas néanmoins, à voir & à entendre preſque toutes celles du grand monde, qu'elles n'en ſont que foiblement perſuadées ? elles ne ſavent que faire, ni comment occuper le loiſir que leur procurent le bonheur de leur naiſſance & l'agrément de leur fortune. Tout leur ſoin eſt de chercher à ſe dérober à l'ennui inſéparable d'une vie oiſive ; & l'on eſt ſûr d'avoir un mérite de plus auprès d'elles, dès qu'on a le talent d'abréger les heures & de les faire couler plus rapidement.

Quoiqu'elles aient la plupart une famille à régler, des enfans à élever, un ménage à conduire, des domeſtiques à ſurveiller ; cette occupation ſi utile, ſi louable & ſi digne d'elles, n'est pas ce qui leur plaît ni ce qui les amuse. La toilette, le jeu, les visites, sont leurs occupations les plus ordinaires & le cercle uniforme qui environne le vide de leur vie. Elles sont de tous les plaisirs, elles volent à tous les spectacles, elles aiment à briller, à voir, & encore plus à être vues.

L'illustre Génoise que nous avons déjà plusieurs fois proposée aux Dames pour modele, *Vincentine Lomelin*, faisoit de son temps un emploi bien plus sage. Son époux ayant été fait Gouverneur de la Principauté de Melfe au Royaume de Naples, Vincentine employa les treize années qu'elle demeura dans ce pays à soulager les pauvres, à faire régner dans sa maison la paix, l'union & la piété. Elle voulut élever ses enfans elle-même, & dès que leur âge le permettoit, elle leur apprenoit les préceptes de la religion, & les formoit de bonne heure à la vertu.

Sa maison étoit une des mieux réglées de Naples. Semblable à la Femme forte de l'Ecriture, elle y offroit un modele toujours présent de sagesse dans les paroles, de douceur dans la conduite, de vigilance dans les moindres choses; & tandis que son époux remplissoit avec honneur les fonctions de sa charge & maintenoit le bon ordre dans son Gouvernement, elle entretenoit dans sa famille l'ordre, l'abondance & la paix; elle étoit persuadée que ce soin important regarde sur-tout la femme, comme celui de bien administrer les affaires du dehors doit être l'emploi de l'homme.

Toujours en action, elle y mettoit les autres. Chacun savoit son ouvrage & le faisoit. Elle avoit l'œil à tout sans embarras, sans inquiétude, & il ne se passoit rien qu'elle ne le sût. Sa bonté s'étendoit sur toute sa famille sans exception, sur ses domestiques même. Elle n'étoit pas seulement leur maîtresse, elle étoit leur mere. Elle avoit soin que rien ne leur manquât & qu'ils ne manquassent à rien : elle croyoit que l'exactitude des domestiques faisoit également & leur éloge & celui des maîtres.

Elle ne se bornoit pas à veiller & à commander. Jamais oisive, elle donnoit dans sa maison l'exemple du travail. Bien différente de ces femmes, qui regardent le travail comme quelque chose de trop au-dessous d'elles ou de trop pénible, elle ne dédaignoit pas de prêter ses mains aux ouvrages de son sexe, & de travailler à l'aiguille ; donnant ainsi des leçons & des exemples aux autres Dames, qui venoient l'admirer & s'instruire à son école.

Quelque rares que soient aujourd'hui de si beaux exemples, on voit néanmoins encore, malgré la corruption des mœurs, de ces femmes vertueuses & vraiment estimables, qui mettent leur bonheur à se passer de ce que le monde appelle les plaisirs. Elles font consister leur gloire à vivre ignorées, convaincues que la femme la plus louable est celle dont on parle le moins. Elles s'applaudissent de leur journée, non lorsqu'elles se sont bien amusées, mais lorsqu'elles ont bien rempli tous leurs devoirs. Renfermées dans ceux de femme & de mere, elles confacrent leurs jours à la pratique des vertus obfcures. Occupées du gouvernement de leur famille, elles regnent fur leur mari par la complaifance, fur leurs enfans par la douceur, fur leurs domeftiques par la bonté. Leur maifon eft la demeure des fentimens religieux, de la piété filiale, de l'amour conjugal, de la tendreffe maternelle, de l'ordre, de la paix intérieure, du doux fommeil & de la fanté. Economes & fédentaires, elles fe plaifent à gouverner leur famille, à en écarter les befoins, & ne goûtent nulle part plus de plaifir que chez elles. Le grand monde & la compagnie des hommes n'ont aucun attrait pour elles : elles favent que d'ordinaire la moindre perte qu'on y fait eft celle du temps, que les difcours y font encore plus pernicieux que les exemples, & que ce qu'on appelle fociété, n'eft fouvent qu'un amas de ridicules & de vices colorés d'un vernis brillant, une fcene mêlée de férieux & de comique, où les paffions font mouvoir, l'intérêt fait agir, & l'envie fait parler, où l'on fe loue fans s'eftimer, où l'on fe déchire de fang-froid, & où il n'y a prefque rien de fincere que la haine & le mépris réciproque. Laiffant aux folles, dont elles font entourées, la coquetterie, la frivolité, les caprices, les jaloufies, toutes ces petites paffions, toutes ces bagatelles qui paroiffent à quelques-unes fi importantes & qui le font fi peu : elles ont un caractere de fageffe & de vertu qui les fait eftimer, de réferve & de dignité qui les fait refpecter, d'indulgence & de sensibilité qui les fait aimer. Ce temps, dont les autres Dames de leur condition ne savent que faire, elles en destinent une partie à essuyer les larmes des infortunés, à visiter les malades, à découvrir & à soulager la vertueuse indigence, que la honte condamne à dévorer ses pleurs en secret.

Ce n'est pas ici un portrait d'imagination que nous venons de tracer, pour servir de modele aux meres de famille & aux jeunes personnes destinées à l'être un jour. Il est peu de villes où il ne se trouve des Dames aussi respectables par leur rang que par leur sagesse, qu'on pouroit y reconnoître & dont la conduite est louée de celles même qui leur ressemblent le moins. Mais pour suivre le conseil du *Sage* (1), & ne parler que de celles, dont les vertus, soutenues constamment jusqu'à la fin de leur carriere, ont, si l'on peut s'exprimer ainsi, été couronnées par les mains de la Mort, telle fut dans le dernier siecle Madame la Présidente *de Boivault*. Née avec tous les avantages qui donnent un rang distingué dans le monde, son esprit, sa figure, & les graces séduisantes répandues sur sa personne, la rendoient l'idole des cercles. Mais à peine eut-elle apperçu les périls auxquels ces avantages extérieurs exposent une jeune personne, qu'elle en fit hommage à celui qui l'en

---

(1) *Ante mortem ne laudes hominem quemquam.* Eccli. 11.

avoit fi libéralement pourvue. Méprifant le ridicule que le monde attache à la dévotion, elle pratiqua hautement la vertu, & la fit aimer. Devenue veuve par la mort de fon mari, qui étoit Préfident au Parlement de Dijon, elle fe livra toute entiere aux bonnes œuvres. Elle étoit la mere des pauvres, l'appui des orphelins, le refuge des malheureux. Tandis qu'elle fe contentoit pour elle-même d'un fimple potage & fouvent d'un morceau de pain, elle nourriffoit de pauvres & vertueufes familles des mets qui couvroient fa table. Elle remplit jufqu'à la mort tous fes jours de bonnes œuvres & de mérites. Elle n'en perdit aucun, parce qu'elle favoit qu'il lui en faudroit rendre compte.

Le temps où il vous faudra le rendre, ce compte redoutable, qui que vous foyez, n'eft pas fort éloigné. On meurt à tous les inftans, à tous les âges, & la plus longue vie eft bien courte. Mais prévenus, dans notre jeuneffe, de ce préjugé fi faux, que cinquante ou foixante ans de vie font une efpèce d'éternité, femblables aux enfans qui regardent une piece d'or comme une fortune inépuifable, nous ne penfons alors qu'à jouir des délices & des agrémens de la vie préfente, fans fonger à celle qui doit fuivre, fans ofer penfer à la mort, dont la trifte & affligeante idée troubleroit nos plaifirs.

Cependant elle arrive au moment que nous l'attendions le moins, elle vient nous furprendre comme un voleur, elle nous dépouille des titres passagers & des richesses fugitives que nous possédions. Mais quand tout disparoît & s'anéantit autour de nous, éclat, dignités, fortune, amis, famille, société; nos œuvres seules ne nous abandonnent pas, elles nous accompagnent dans les régions de l'éternité. Voilà le seul trésor que nous emporterons dans le monde nouveau qui doit nous recevoir en sortant de celui-ci. De quelle importance n'est-il donc pas pour nous de songer à nous les procurer, ces richesses précieuses? Si l'on considéroit bien que chaque moment de cette vie peut nous mériter une éternité de bonheur, pouroit-on se résoudre à le perdre si facilement?

  Nos jours passent rapidement:
   L'heure de notre mort s'avance;
 Et malheureux jouets d'une folle espérance,
Sans prévoir l'avenir, nous perdons le présent.
Jeunes, nous négligeons le seul bien nécessaire;
   Le temps, ce trésor salutaire,
   S'enfuit, échappé de nos mains.
   Au sortir des jeux enfantins,
Les plaisirs, les honneurs, les richesses frivoles
Agitent tour-à-tour nos désirs incertains.
Mais, ô funeste erreur! têtes vaines & folles!
Pendant que nous comptons nos trésors superflus,
La mort vient nous abattre au pied de nos idoles;
  La mort!..... que de momens perdus!

Combien de personnes du grand monde meurent, après avoir passé presque toute leur vie dans une espece de prestige éblouissant & d'enchantement agréable en apparence, qui les a comme endormies & fait oublier leur véritable deſtinée ! Mais ſi elles n'ont à préſenter au tribunal du Dieu de vérité que des illuſions & des ſonges, quel jugement doivent-elles en attendre, & quel ſera leur étonnement à leur réveil !

## XXXIV.

*Sachez à vos devoirs immoler vos plaisirs.*

Avant que de développer cette belle maxime de la Sagesse, il ne sera peut-être pas inutile d'examiner ici une question importante de la morale. On demande quelquefois si l'on peut aimer les plaisirs, les divertissemens; & si l'Evangile, qui prononce anathême contre ceux qui vivent dans la joie & dans les ris, en même temps qu'il canonise ceux qui souffrent & qui pleurent, ne semble pas avoir décidé le contraire.

Nous avouerons, & tout homme qui a de la religion avouera certainement avec nous, que la vie d'un Chrétien sur la terre doit être une vie de mortification & de pénitence. Il faut porter sa croix, renoncer à soi-même, se faire une guerre continuelle, & marcher sans cesse dans cette voie étroite qui seule doit conduire au Ciel. Mais craignons de donner dans le rigorisme d'une morale outrée, d'être plus sages qu'il ne faut. Gardons-nous de représenter la religion comme un tyran dur & cruel, qui ne se plaît qu'à entendre des gémissemens & à voir couler des larmes: une telle idée ne serviroit qu'à inspirer de l'aversion pour elle. Si l'Ecriture nous dit qu'il vaut mieux aller dans une maison de deuil & de tristesse, que dans une maison de feſtins & de divertiſſemens, parce que dans la premiere on apprend quelle ſera la fin de tous les hommes & ce que nous deviendrons nous-mêmes; elle nous dit auſſi que nous pouvons jouer, nous délaſſer & nous récréer, pourvu que nous le faſſions dans l'innocence (1).

 ‟ La ſageſſe, diſoit *Mentor* à ſon éleve, n'a rien d'auſtere ni d'affecté : c'eſt elle qui donne les vrais plaiſirs ; elle ſeule ſait les aſſaiſonner, pour les rendre purs & durables : elle ſait mêler les jeux & les ris avec les occupations graves & ſérieuſes : elle prépare le plaiſir par le travail, & elle délaſſe du travail par le plaiſir. La ſageſſe n'a point de honte de paroître enjouée quand il faut ".

Il eſt donc certain, & il eſt admis dans la morale la plus exacte, que les divertiſſemens honnêtes ne ſont pas incompatibles avec la véritable ſageſſe. Mais ſi nous voulons que nos plaiſirs ſoient dignes d'elle, & qu'elle les approuve, il ne faut pas y placer notre bonheur, ni les goûter pour eux-mêmes. Nous devons les épurer, les anoblir par la pureté de nos motifs, & les réduire dans les bornes du délaſſement ou du remede. Ne les proſcrivons pas tous ſans réſerve, mais auſſi ne les admettons pas tous ſans diſtinction : ne les rejetons pas entiérement, mais ne nous y livrons pas ſans meſure. Dans la morale, c'eſt entre les deux extrémités qu'eſt le chemin de la ſageſſe.

---

(1) *Avocare, & lude, & age conceptiones tuas, & non in deliciis.* Eccli. 32.

Laissons donc les sectateurs d'une Philosophie sombre & mélancolique s'élever contre les plaisirs même les plus conformes à la raison.

> Je ne prends point pour vertu
> Les noirs accès de tristesse
> D'un loup-garou revêtu
> Des habits de la sagesse.
>
> ROUSSEAU.

Philosophes misanthropes, n'enviez pas aux hommes, qui ne sont déjà que trop malheureux, quelques amusemens passagers, qui les aident à supporter les maux de cette triste vie. Eh, quoi ! destinés, comme ils le sont, par la nature à travailler & à souffrir, leur arracherez-vous encore ce qu'elle a bien voulu leur laisser pour adoucir l'amertume des peines, pour rendre plus léger le fardeau des affaires, & délasser des fatigues d'un travail pénible ? Qui est-ce qui n'éprouve jamais, au sein même du repos & au milieu du travail, certains momens de dégoût & d'ennui, qui accableroient l'esprit & le jetteroient dans la langueur, s'il n'appeloit à son secours les délassemens & les distractions ? Ils le tirent de son abattement, ils le réveillent, le raniment, & lui rendent toute son activité.

Mais si quelques plaisirs sont nécessaires, il en est sans doute de dangereux. Il y en a de si flatteurs, qu'il est bien difficile de ne pas s'y livrer avec excès, & de ne leur jamais rien sacrifier de ce qui est dû à la vertu &

au devoir. Il y en a dont le poison est si subtil & si trompeur, qu'on le prend avec avidité, & que, lors même qu'on en éprouve les funestes effets, on insulte à la simplicité de ceux qui les redoutent & les fuient. Il y en a qui par des routes semées de fleurs, conduisent aux plus horribles précipices. Il faut donc savoir les choisir avec sagesse & les goûter avec modération. L'abus des plus innocens même est aussi funeste que l'usage modéré en est gracieux. Déridez la sagesse, à la bonne heure, & égayez la vertu, mais consultez-les toujours dans tous vos divertissemens : les plaisirs les plus agréables sont ceux que le remords n'accompagne jamais.

Préférez les plaisirs doux & tranquilles : on les goûte mieux, quand ils ne sont pas si vifs : d'ailleurs la joie immodérée est courte, les sentimens violens ne durent pas, l'ame ne peut y suffire, & le corps s'en ressent. Les plaisirs bruyans ne seront jamais ceux du Sage. On les cherche pour se désennuyer, & l'on ne s'ennuie jamais tant qu'après les avoir pris. Ils laissent un vide, qu'on croit remplir par de nouveaux plaisirs : mais on s'en dégoûte bientôt comme des premiers. On court de plaisirs en plaisirs, parce qu'on ne peut être rendu un moment à soi-même, sans éprouver un ennui, mille fois plus insupportable que celui qu'on a voulu éviter.

Le malheur est encore que ces grands plaisirs rendent tous les autres insipides ; & l'on devient si à charge à soi-même, qu'on ne peut
plus

plus s'en passer. Ainsi ce qui ne devroit être qu'amusement, se change en passion. Ce qui n'étoit destiné qu'à délasser & à réparer les forces, fatigue, épuise, ruine la santé & abrege les jours : car la vie s'use autant, & souvent plus, dans les plaisirs que dans les travaux. *Démocrite* disoit qu'il étoit parvenu à une extrême vieillesse en ne donnant rien aux plaisirs du corps. Le Sage, qui sait que la nature nous a rendus plus sensibles à la douleur qu'à la joie, renonce aux grands plaisirs, pour éviter les maux qui en sont la suite ordinaire.

Imitez son exemple : vous ne vous repentirez jamais de l'avoir suivi. Ne courez pas inconsidérément après toutes sortes de plaisirs; & ne prenez pas trop souvent ceux même qu'il vous est permis de prendre. Privez-vous-en quelquefois, vous les trouverez plus délicieux : car telle est la triste destinée de l'homme jusque dans les plaisirs même, que plus on les prend, moins on les goûte. Soyez toujours assez maître de vous-même, pour ne pas vous y livrer avec trop d'ardeur. Il vient un temps, où l'on est bien fâché de les avoir sentis avec trop de force & de passion. Les jeunes gens qui se forment des plaisirs l'idée la plus riante, croient qu'ils ne les goûteront jamais assez tôt ni assez souvent. Ils ont dans la suite tout le temps de reconnoître qu'ils se sont trompés.

Ce n'est pas que nous voulions leur défendre les plaisirs de leur âge, & que nous trouvions mauvais qu'ils se divertissent : ils doivent avoir cette aimable gaieté, qui convient si bien à la jeunesse. Mais ce que nous leur recommandons, c'est de ne pas employer la premiere partie de leur vie à rendre l'autre misérable, c'est d'allier toujours la sagesse avec leurs divertissemens. *Il faut*, disoit un ancien Philosophe, *être jeune dans sa vieillesse, & vieux dans sa jeunesse*, être toujours gai & toujours sage. A quelque âge & de quelque état qu'on soit, il faut se prêter aux divertissemens, sans s'y livrer; n'en prendre jamais que de permis, & qui ne puissent nuire ni à soi-même ni aux autres.

*Louis XVI*, n'étant encore que Dauphin, en donna un jour un exemple aussi beau que rare dans un âge & dans un rang, où l'on ne connoît guere d'autre regle de ses plaisirs que de n'en point avoir. Il n'avoit que quatorze ans, & suivoit le Roi à la chasse avec les Princes ses freres. On entend crier tout-à-coup que le cerf étoit aux abois. Les Princes, par cet empressement si naturel à leur âge, veulent être présens à la mort du cerf. Le Cocher, pour servir leur impatience, veut traverser un champ de blé. Le Dauphin qui s'en apperçoit, se précipite à la portiere, & commande au Cocher de prendre un autre chemin. *Ce blé*, dit-il, *ne nous appartient pas, nous ne devons point l'endommager.* On s'écria rempli d'admiration: *Ah! que la France est heureuse d'avoir un Prince si juste!*

Ce que fit dans sa jeunesse, & avant de porter la couronne, *Henri V*, Roi d'Angleterre, est aussi très-beau. Ce Prince s'amusoit avec d'autres jeunes gens de son âge à arrêter les passans, à les voler, & à jouir de la peur qu'il leur faisoit. Un de ses compagnons de débauche fut cité en Justice. Le Prince osa l'y accompagner, & frapper le Magistrat qui venoit de condamner le coupable. Le Juge ordonne, d'un air grave & tranquille, de conduire le Prince en prison. Les assistans frémissoient : on trembloit pour le Juge. Mais le Prince, comme s'il eût été tout-à-coup terrassé par la majesté des lois, avoue son tort, se soumet à la sentence, & se laisse conduire en prison. Lorsqu'il monta sur le trône, il congédia les compagnons de ses plaisirs. Allez, leur dit-il, changez de conduite ; je vais vous en donner l'exemple : le temps m'apprendra quand je pourai vous rendre mon amitié à un titre plus honorable. Quant à présent, voici les amis dont j'ai besoin, ajouta-t-il en montrant les Ministres sages & séveres, qui avoient le plus hautement condamné sa vie licencieuse. Le Juge qui l'avoit fait mettre en prison, n'osoit paroître devant lui. Il le fit venir. Ce seroit à moi, lui dit-il, à redouter votre présence : pour vous, vous avez acquis des droits éternels à mon estime, je vais travailler à mériter la vôtre. Il dit aux Grands, qui vouloient lui rendre hommage avant la cérémonie du couronnement : *Attendez pour me jurer obéissance, que j'aie moi-même juré obéissance aux lois.* Ce Prince, dont les Auteurs Anglois font les plus magnifiques éloges, est célebre dans l'Histoire par les heureux succès qu'il eut contre la France : il en avoit entrepris la conquête sous le regne de Charles VI; & il eût peut-être rempli ce projet, si la mort ne l'avoit enlevé à l'âge de trente-six ans.

C'est sur-tout aux devoirs sacrés & indispensables de notre état, que nous devons immoler nos plaisirs. Exigent-ils, ces devoirs, qu'on leur sacrifie les plaisirs les plus agréables, les plus innocens même : il faut être déterminé à le faire dans toutes les occasions. Telle est la loi de l'honneur & de la conscience.

*Le devoir avant tout, & le plaisir après.*

Tout doit être immolé au devoir : on doit aimer à le remplir, on doit le préférer à tout. Les amusemens les plus honnêtes d'ailleurs, deviennent blâmables, dès qu'ils demandent un temps qu'on doit mieux employer. C'est ce qu'un Musicien osa un jour faire sentir à *Philippe*, Roi de Macédoine. Ce Prince lui faisoit un reproche de ce que l'air qu'il venoit de chanter n'étoit pas selon les regles. *A Dieu ne plaise, Seigneur*, lui répondit ce Musicien, *que vous soyez jamais si habile, que de savoir ces choses-là mieux que moi!*

Tandis que les Anglois ravageoient les Etats de *Charles VII*, Roi de France, ce Prince faisoit exécuter un ballet qu'il avoit imaginé. N'ai-je pas bien trouvé, dit-il à quelques-uns de ses Courtisans, le moyen de me divertir? Eh! oui, Sire, lui répondit un zélé & fidelle Officier, *il faut convenir qu'on ne sauroit perdre une couronne plus gaiement*. Charles VII ne se fâcha point de la liberté de cette réponse, & il en profita pour travailler lui-même au rétablissement de ses affaires.

Le Chevalier *Folard* dans ses *Commentaires sur Polybe*, rapporte un trait encore plus singulier. Il avoit été en 1706 envoyé à Modene, pour aider de ses conseils, en cas de siege, le Gouverneur de cette Place. Je me rends chez lui, dit cet Auteur, mais je choisis mal mon temps. J'avois déjà appris qu'une infinité de Maîtres s'étoient chargés de son éducation. Je le trouvai avec un Rabbin célebre, nommé Baba-à-chai. Dès qu'il me vit, il me dit fort poliment qu'il savoit le sujet de ma venue, & qu'il étoit fort ravi de m'avoir pour collegue. *J'apprends l'Hébreu, comme vous voyez*, ajouta-t-il, *un peu tard à la vérité, mais j'espere en voir le bout & de bien d'autres connoissances.* Je répondis que je le louois d'employer si bien son temps. Il renvoya le Rabbin; mais à peine étoit-il dehors, que voilà un Maître à danser qui entre. *Vous me pardonnerez*, dit-il, *je mets ainsi la matinée à profit: l'après-dînée sera toute pour vous.* Je lui répondis que, s'il le permettoit, je le verrois en mouvement avec plaisir. Je le vis donc danser & bondir avec une légéreté surprenante pour un homme de soixante-huit ans. Je crus en être quitte pour cette folie, mais je me trompois. Le Maître à danser étoit à peine sorti, qu'un Maître de Musique se présenta. Je tombai de ma hauteur, en voyant tout cela. Voilà mon homme qui se met à chanter, ou, pour mieux dire, à croasser;

j'en fus étourdi. Cela finit enfin par un Poëte, qui venoit aussi régulièrement que les autres lui expliquer les plus beaux endroits du Tasse. On peut bien juger qu'il n'avoit aucun temps à perdre. Je fus obligé de le laisser là, & d'avoir recours au Commissaire-ordonnateur, sur qui le bonhomme s'étoit déchargé de toutes les fonctions de Gouverneur, tant ses occupations étoient grandes !

Ce ne sont pas seulement les amusemens honnêtes & permis, ce sont les occupations sérieuses, les travaux même les plus louables, qui cessent de l'être, dès qu'ils nous empêchent de remplir nos devoirs. Mais je ne sais comment il arrive que les occupations étrangeres nous plaisent souvent plus que celles de notre état. M. *Huet*, l'un des plus savans hommes du dernier siecle, ayant été fait Evêque d'Avranches, continuoit à étudier beaucoup. Un Paysan de son Diocese vint plusieurs fois pour lui parler. On lui disoit toujours que Monseigneur étudioit, & qu'il n'étoit pas visible. Le Paysan rebuté dit en murmurant : *Pourquoi ne nous a-t-on pas donné un Evêque qui ait fait ses études ?* Ce Prélat s'appercevant que son amour pour les occupations littéraires l'empêchoit de se livrer, comme il le devoit, à celles de l'épiscopat, abdiqua son Evêché, & il fit bien ; parce qu'il faut remplir les devoirs de son état, ou le quitter.

Si l'étude & l'application même sont condamnables, lorsqu'elles sont incompatibles avec les devoirs que notre état nous impose, que faudra-t-il penser des plaisirs ? & cependant combien n'y en a-t-il pas qui leur sacrifient tous les jours leurs plus essentielles obligations ? Est-on élevé à quelque haut rang, revêtu de quelque charge importante : on devroit se mettre en état de faire honneur à sa dignité, & de justifier son élévation par une conduite active & laborieuse : il faudroit étendre les connoissances dont on a besoin, étudier les choses & les voir par soi-même, afin de prévenir par cette étude le péril d'être surpris. Mais que fait-on ? On ne prend, des places où l'on est monté, que les avantages qu'elles procurent, le plaisir de commander aux autres, le droit d'exiger leurs services, la vaine satisfaction d'attirer leurs hommages, le privilege de les enchaîner à sa suite & de les faire servir de cortege à sa vanité. Les devoirs qu'imposent les postes éminens, entraînent des détails trop étendus & trop pénibles : ce seroit se rendre malheureux, que de s'immoler à des soins si fatigans. Il faudroit pour cela se priver d'une grande partie des plaisirs qu'on aime ; & plutôt que d'en rien perdre, on se décharge de ses obligations sur des secours mercenaires ; on se repose de tout sur des ministres subalternes, dont on favorise souvent, sans le savoir, les pratiques criminelles, dont on sert les passions, dont on autorise les injustices ; & par-là, de combien d'iniquités ne se rend-on pas responsable ? Princes, Grands du monde, Magistrats, hommes en place, quelle vaste matiere à vos réflexions ?

Une femme étant venue pour demander justice à *Philippe*, Roi de Macédoine, fur quelques mauvais traitemens qu'on lui avoit faits, ce Prince renvoya l'examen de fon affaire à un autre jour, parce qu'il alloit fe divertir & qu'il n'avoit pas le temps. *Ceffez donc d'être Roi*, lui dit-elle avec émotion. Philippe frappé de cette leçon, écouta fur le champ ce qu'elle avoit à lui dire, & répondit à fa demande.

Les Princes les plus dignes du trône fentent toute l'étendue des obligations que la dignité fuprême leur impofe, & ils les préferent à leurs plaifirs. Durant tout le féjour que l'Empereur *Jofeph II* fit à Prague, la premiere fois qu'il vint en Boheme, il ne voulut pas aller une feule fois aux fpectacles. *J'ai trop d'affaires*, répondit-il à ceux qui l'y invitoient, *pour perdre mon temps à m'amufer*.

*Aurengzeb*, qui eft mort Empereur du Mogol au commencement de ce fiecle, & l'un des plus grands Princes qui aient gouverné ce riche & vafte Empire, fortoit d'une longue maladie. Un de fes Courtifans le voyant travailler plus que fa foibleffe ne lui permettoit, lui repréfenta combien cet excès de travail étoit dangereux. Aurengzeb lui lança un regard méprifant & indigné, fe tourna vers les autres Courtifans, & leur dit : N'avouez-vous pas qu'il y a des circonftances, où un Roi doit hafarder fa vie & périr les armes à la main, s'il le faut, pour la défenfe de la patrie ? & ce vil flatteur ne veut pas que je confacre mes veilles au bonheur de mes sujets! Croit-il donc que j'ignore que la Divinité ne m'a conduit sur le trône, que pour la félicité de tant de milliers d'hommes qu'elle m'a soumis? Non, non, Aurengzeb n'oubliera jamais les vers de *Sadi*:

> Rois, cessez d'être Rois, ou régnez par vous-mêmes.
> On mérite à ce prix les dignités suprêmes.

Hélas! ajouta-t-il, la grandeur & la prospérité ne nous tendent déjà que trop de pieges. Malheureux que nous sommes! tout nous porte à la mollesse, les femmes par leurs caresses, les plaisirs par leurs attraits. Faudra-t-il encore que de lâches adulateurs élevent leur voix perfide, pour combattre la vertu toujours foible & chancelante des Rois, & les perdre par de funestes conseils?

Un des meilleurs Rois de Naples, nommé *Charles*, rendoit tous les jours la justice à ses sujets, assisté de ses Ministres & de ses Conseillers. Dans la crainte que les Gardes ne fissent pas entrer les pauvres, il avoit fait placer, dans la salle même où il donnoit ses audiences, une sonnette dont le cordon pendoit hors de la premiere enceinte. Il arriva à ce sujet un trait assez plaisant, que l'histoire nous a conservé, & qui ne prouve pas moins la bonté de ce Prince que son amour pour la justice. Un vieux cheval abandonné de son maître, vint se frotter contre le mur, & fit sonner. *Qu'on ouvre*, dit le Roi, *& faites entrer*. Ce n'est que le cheval du Seigneur Capece, dit le Garde en rentrant. Toute l'assemblée éclata de rire. *Vous riez*, dit le Prince, *sachez que l'exacte justice étend ses soins jusque sur les animaux. Qu'on appelle Capece.* Ce Seigneur étant arrivé : *Qu'est-ce que c'est que ce cheval que vous laissez errer*, lui demande le Roi ? Ah ! mon Prince, répond le Cavalier, ç'a été un fier animal dans son temps ; il a fait vingt campagnes sous moi : mais enfin il est hors de service, & je ne suis pas d'avis de le nourrir à pure perte. *Le Roi mon pere*, reprit le Prince, *vous a cependant bien récompensé.* Il est vrai, j'en suis comblé. *Et vous ne daignez pas nourrir ce généreux animal, qui eut tant de part à vos services ? Allez de ce pas lui donner une place dans vos écuries : qu'il soit tenu à l'égal de vos autres animaux domestiques : sans quoi je ne vous tiens plus vous-même pour loyal Chevalier, & je vous retire mes bonnes graces.*

Loin de nous les satires ameres, les censures outrageantes contre ceux que nous devons honorer & que nous respectons. Mais le désir de rendre cet Ouvrage utile à toutes les conditions, ou, si l'on veut, à la jeunesse qui doit remplir un jour les différens états de la société, nous invite à vous adresser aussi la parole, ô vous à qui les Princes ont confié une des plus importantes & des plus redoutables parties de leur puissance. Chargés d'être parmi nous les interpretes de la loi, les organes de l'équité, les arbitres de la fortune, de l'honneur & de la vie des citoyens, vous devez approfondir les affaires portées devant vos tribunaux, étudier les droits, discuter les preuves, éclaircir les nuages que l'artifice & la chicane ont le talent de répandre, & peser mûrement toutes les raisons dans la balance de la Justice.

> Combattez, détruisez l'hydre de la chicane,
> Veillez pour l'orphelin, secourez l'innocent,
> Rendez sur-tout aux foibles une prompte justice :
> Qu'aux yeux de la beauté, qu'a la voix du puissant,
> Le flambeau de Thémis jamais ne s'obscurcisse.
>     Aux devoirs d'un si noble emploi
> Immolez vos plaisirs, immolez-vous vous-même :
> Sachez qu'on ne s'éleve à la gloire suprême
>     Qu'autant qu'on ne vit pas pour soi.

Voilà, Juges de la terre, vos obligations. Mais si vous vous livrez à vos plaisirs, que deviennent ces respectables engagemens ? Pour entrer dans ces discussions aussi désagréables qu'elles sont épineuses, il faudroit retrancher à ces plaisirs qui vous flattent, des momens qu'ils sollicitent en leur faveur ; on seroit obligé d'abréger ce jeu, dont on s'est fait une occupation réguliere & périodique ; il seroit nécessaire de supprimer ces visites superflues, où l'on n'est conduit que par la crainte de s'ennuyer avec soi-même. Mais de pareils sacrifices semblent trop rigoureux : on se les épargne, on ferme les yeux sur ses obligations, on ne compte pas si scrupuleusement avec le devoir ; & si les plaisirs l'exigent, on le leur sacrifie. Content de porter à la suite de son nom un titre honorable, qui tient lieu de mérite & suppose les connoiffances, on fe difpenfe de les acquérir. On eft de l'avis des autres, parce qu'on eft incapable de donner le fien. On prononce au hafard, & l'on porte un arrêt injufte, qui dépouille le maître légitime ou fait gémir l'innocent. Au lieu d'être le protecteur de l'équité contre les entreprifes de l'intérêt, de la mauvaife foi, de la calomnie, on éleve de fes propres mains les trophées de l'injuftice qui triomphe avec infolence, & traîne enchaînés à fon char le bon droit vaincu & l'innocence opprimée. Miniftres infidelles de la juftice, vous êtes à fes yeux plus injuftes & plus criminels que ceux dont vous avez fervi les injuftices & les crimes, parce que vous deviez les réprimer & les punir.

Et vous, chefs de famille, nous vous l'avons déjà dit: une de vos principales obligations, c'eft de procurer à vos enfans une éducation qui les empêche, dans un âge plus avancé, de regretter le temps de leur jeuneffe, une éducation non-feulement polie & conforme à leur état, mais vertueufe & chrétienne. Vous devez de bonne heure éloigner de ces ames pures & innocentes le fouffle empoifonné de la contagion, cultiver avec foin leurs talens naturels, & préparer à la patrie, dans ces jeunes éleves, des fujets capables de la fervir utilement. Mais pouvez-vous les remplir ces obligations, & les rempliffez-vous en effet, lorfque, vous livrant à vos plaifirs, vous leur offrez l'exemple trop perfuafif d'une vie inutile & diffipée; lorfque, pour vous épargner à vous-mêmes les embarras de la vigilance, vous ne leur donnez d'autres surveillans que des domestiques qui en auroient eux-mêmes besoin ?

Ne pouroit-on pas également demander aux meres, si elles remplissent leurs devoirs à l'égard de leurs enfans, lorsqu'au lieu de veiller assidument, comme il seroit nécessaire, sur leurs inclinations naissantes, pour les tourner vers le bien ; au lieu de leur donner de sages leçons, telles que la mere de Salomon en donnoit à son fils, leçons qui dictées par la tendresse & l'amour, passeroient en traits de flamme dans ces jeunes cœurs ; au lieu de se livrer à des soins si doux pour une vraie mere qui veut doublement en mériter le nom, on les voit ne s'occuper que d'elles-mêmes & de leurs plaisirs ?

Que font en effet la plupart de ces femmes du monde, dont nous parlons ? Au sortir d'un sommeil dont la mollesse seule regle la durée, elles pensent à l'ajustement, à la parure, y consument les plus belles heures du jour, &, dans ces toilettes où la vanité préside, tiennent une école quelquefois publique de mondanité & d'indécence. Après avoir paré l'idole de tout ce qu'on croit de plus propre à lui attirer des adorateurs, & l'avoir assez déguisée pour qu'on ne reconnoisse plus dans les traits du visage la main du Créateur, elles se promenent de compagnies en compagnies, d'où elles ne remportent que la vaine satisfaction de s'être montrées & de croire qu'elles ont plu,

Le reste de leurs journées, absorbé par le jeu ou par les spectacles, leur laisse à peine le temps de penser qu'elles ont une maison à conduire, des enfans à élever ; & peut-on même croire qu'elles y pensent ?

Cet oubli de ses devoirs les plus essentiels, si ordinaire parmi les Dames du grand monde, fera le plus juste sujet de leurs craintes à la mort & de leur condamnation au tribunal de Dieu. Que pouront-elles lui répondre, lorsqu'il leur opposera l'exemple non-seulement de plusieurs Dames Chrétiennes & de Princesses même, mais de Dames Païennes, dont la conduite fut bien différente de la leur ? On sait le beau trait de *Cornélie*, fille du grand Scipion. Cette illustre Romaine, d'un mérite aussi distingué que sa naissance, se trouva dans une compagnie de Dames, qui étaloient leurs pierreries & leurs ajustemens. On lui demanda de voir les siens. Elle fit venir ses enfans, qu'elle avoit élevés avec soin pour la gloire de la patrie, & dit en les montrant : *Voilà mes ornemens & ma parure.*

Y a-t-il en effet au monde, s'écrie avec raison le Philosophe de Geneve, un spectacle aussi touchant, aussi respectable, que celui d'une mere de famille entourée de ses enfans, réglant les travaux de ses domestiques, procurant à son mari une vie heureuse, & gouvernant sagement sa maison ! C'est-là qu'elle se montre dans toute la dignité d'une honnête femme : c'est-là qu'elle impose vraiment du respect, & que la beauté partage avec honneur les hommages rendus à la vertu. Une maison dont la maîtresse est absente, est un corps sans ame, qui bientôt tombe en corruption. Une femme hors de sa maison perd son plus grand lustre; & dépouillée de ses vrais ornemens, elle se montre avec indécence. Si elle a un mari, que cherche-t-elle parmi les hommes? Si elle n'en a pas, comment s'expose-t-elle à rebuter par un maintien peu modeste celui qui seroit tenté de le devenir? Quoi qu'elle puisse faire, on sent qu'elle n'est pas à sa place en public. Partout on est persuadé qu'il n'y a point de bonnes mœurs pour les femmes, hors d'une vie retirée & domestique; que les paisibles soins de la famille & du ménage doivent faire leurs plus agréables occupations & leurs plus doux plaisirs, puisque c'est à cela principalement que la nature les a destinées.

Peut-on douter qu'on ne doive sacrifier ses plaisirs à son devoir, puisqu'on doit même, s'il le faut, lui sacrifier son repos, ses biens, sa vie, tout ce qu'on a de plus cher? *Rotrou*, célebre poëte François, connu par ses Pieces dramatiques, étoit revêtu de la premiere Magistrature de la petite ville de Dreux, sa patrie, lorsqu'elle fut affligée d'une maladie épidémique. Pressé par ses amis de Paris de mettre sa vie en sureté, & de quitter un lieu si dangereux, il répondit que sa conscience ne lui permettoit pas de suivre ce conseil, parce qu'il n'y avoit que lui qui pût maintenir le bon ordre dans ces circonstances. » Ce n'est pas, ajoutoit-il en finissant sa lettre, que le péril où je me trouve ne soit fort grand, puisqu'au moment où je vous écris, les cloches sonnent pour la vingt-deuxieme personne qui est morte aujourd'hui. Ce sera pour moi, quand il plaira à Dieu ». Qu'il est beau, qu'il est grand de penser ainsi ! & quel sort plus digne d'envie, que celui d'une personne qui meurt en faisant son devoir !

*Et pour vous rendre heureux modérez vos désirs.*

Voulez-vous vivre heureux : sentez le prix des biens que vous possédez, & sachez en jouir. Mettez des bornes à vos désirs & à vos besoins : plus on désire, plus il manque de choses. Contentez-vous du nécessaire : la modération vaut mieux que tous les trésors de la fortune ; & la possession des richesses ne donne pas le repos, qu'on trouve à n'en point désirer. Quelqu'un disoit un jour à *Ménédeme*, Philosophe Grec : C'est un grand bonheur d'avoir ce qu'on désire. *C'en est un bien plus grand*, répondit-il, *d'être content de ce qu'on a*. On jouit d'une heureuse tranquillité, inconnue à ceux qui sont agités d'une foule de désirs. Ceux-ci en proie à une ambition aveugle ou à une cupidité effrénée, désirent sans cesse & ne sont jamais contens. Jouets éternels d'une trompeuse espérance, ils empoisonnent le bonheur de leurs jours par de vains désirs, qui les dégoûtent de leur état, les empêchent d'en remplir les devoirs & d'en sentir les avantages.

Rien n'est plus étonnant que de voir les hommes courir sans cesse après le bonheur, sans pouvoir jamais l'atteindre. Au lieu de le chercher dans la modération de leurs désirs & dans la jouissance de ce qu'ils ont, ils croient toujours l'appercevoir dans des postes, des richesses ou des plaisirs, qu'ils n'ont pas; & lorsqu'ils les ont obtenus, honteux de ne l'y point trouver & non guéris de leur folie, ils continuent toute leur vie à l'aller chercher dans d'autres objets, & meurent avec la douleur de ne se voir pas plus près du terme, que le jour qu'ils avoient commencé à y tendre.

Ces songes d'un homme éveillé, ces souhaits inquiets, qui nous jouent & nous trompent, sont bien décrits par l'Auteur d'une Ode morale, intitulée *les Désirs*.

L'heureux, s'il en étoit au monde,
Ce seroit l'homme sans désirs :
Dans le sein d'une paix profonde
Il goûteroit de vrais plaisirs.
Mais la cupidité sans cesse,
L'aiguillon à la main, nous presse,
Et nous met tous en mouvement.
En courant nous quittons la source
D'un bonheur qu'au bout de la course
Nous nous promettons vainement.

Pour un souhait que l'on contente
Quand on est chéri des destins,
On en sent éclore cinquante,
Plus irrités & plus mutins.
Le mal s'aigrit par le remede;
On compte tout ce qu'on possede;

Ou pour peu de chose, ou pour rien ;
Et les mortels toujours avides,
Se trouvent toujours les mains vides,
Alors qu'ils regorgent de bien.

Malheureux, qui lâchent la bride
A leurs défirs immodérés,
Qui vont à l'aveugle & sans guide,
De la droite voie égarés ?
Ah ! qu'il feroit bien plus facile
D'empêcher leur foule indocile
D'ouvrir la porte & de sortir,
Que du milieu de la carriere
Les faire tourner en arriere,
Quand on les a laiffé partir !

La raison n'est guere écoutée
Parmi les agitations
D'une multitude emportée
D'impétueuses paffions.
Quand Eole a frappé la grote,
A quoi te sert, triste Pilote,
Et ton génie & ton travail ?
L'effroyable orage qui gronde,
A la violence de l'onde
Fait obéir ton gouvernail.

Adieu, seul charme de la vie,
Sacrifié mal-à-propos ;
Adieu, seul bien digne d'envie,
Repos, souhaitable repos.
En te cherchant, on t'abandonne
Par les mouvemens qu'on se donne
Pour jouir d'un tranquille sort.
On l'a trouvé, dès qu'on s'arrête.
Pour ne plus craindre de tempête,
Que ne se tient-on dans le port ?

Non, un vaisseau battu d'une tempête affreuse, roulant au gré des flots en fureur au milieu des éclairs, n'est pas plus agité qu'un esprit inquiet, qui se livre à tous ses désirs. Celui, au contraire, qui sait les modérer & les tenir sous son empire, ressemble à un vaisseau qui, poussé par les doux zéphirs, vole légérement sur les ondes & arrive heureusement au port.

L'Auteur des vers que nous venons de rapporter, demande trop sans doute en voulant que nous vivions sans désirs. L'inquiétude naturelle de notre esprit, les besoins qui nous tourmentent, & notre propre foiblesse, ne nous permettent guere d'aspirer à cet état de tranquillité parfaite, où l'on ne désireroit plus rien. Ce qu'on doit donc faire, c'est de tâcher de régler si bien son cœur, qu'il ne désire rien trop ardemment ; c'est de s'appliquer à se rendre heureux, moins en remplissant qu'en bornant ses désirs.

Il faut savoir se borner. Il y a plusieurs années que vous dites : *Quand j'aurai fini cette affaire, je serai content.* Vous en avez fini heureusement plusieurs, & vous êtes plus inquiets que jamais. Vous vous flattiez que, lorsque vous auriez obtenu cette place, cette dignité, vous seriez au comble du bonheur. Mais dès que vous l'avez eue, vous en avez désiré une autre plus grande, dont vous vous voyiez plus proche. Le désir augmente, quand on le croit rempli ; & l'on n'est jamais ni heureux ni content.

Tous les hommes cherchent le bonheur, & peu le trouvent, parce que la plupart le mettent dans la possession de ce qu'ils n'ont point ou de ce qui ne peut le donner. Il fuit souvent aussi ceux qui le poursuivent avec trop d'ardeur. Il en est du bonheur en quelque sorte ainsi que de la santé : ceux qui le cherchent trop sont ceux qui le trouvent le moins.

>Modérons nos propres vœux,
>Tâchons à nous mieux connoître ;
>Désires-tu d'être heureux,
>Désire un peu moins de l'être.
>Voici comment j'ai compté,
>Dès ma plus tendre jeunesse :
>La vertu, puis la santé ;
>La gloire, puis la richesse.

CHARLEVAL.

Ainsi pensoit *Charleval* qui, quoique Poëte, avoit beaucoup de religion. Sa complexion étoit si foible & si délicate, que, dès son enfance même, ses héritiers regardoient sa succession comme très-prochaine. Cependant par son bon régime & par sa conduite modérée, il trouva le secret de prolonger sa carriere jusqu'à sa quatre-vingtieme année.

Peres & meres, qui voulez rendre un jour vos enfans heureux : au lieu de leur répéter sans cesse les usages & les maximes du monde, les droits de leur naissance, les avantages des richesses, formez-les sur-tout à la vertu, & apprenez-leur cette précieuse modération dont nous parlons. Ils seront toujours assez polis s'ils sont humains, assez nobles s'ils sont vertueux, assez riches s'ils ont appris à modérer leurs désirs.

Un des plus grands obstacles au bonheur de la plupart des hommes, c'est le désir trop vif des biens de la terre. Plus on a, plus on veut avoir. On est moins content de ce qu'on possede, que jaloux de ce qu'ont les autres, & empressé d'en avoir encore davantage. Mais, dit Salomon, *l'homme qui se hâte de s'enrichir, & qui porte envie aux autres, ne sait pas qu'il se trouvera surpris tout d'un coup par la pauvreté* (1). On perd souvent tout, en voulant trop avoir.

Trois habitans de Balke, grande ville des Tartares, voyageant un jour ensemble, trouverent un trésor. Ils le partagerent, & continuerent leur route, en s'entretenant de l'usage qu'ils feroient de leurs nouvelles richesses. Ils manquerent de vivres, & il fallut envoyer à la ville voisine en chercher. Le plus jeune fut chargé de cette commission, & partit. Il se disoit en chemin : Me voilà riche ; mais je le serois bien davantage, si j'avois été seul quand on a trouvé le trésor : mes compagnons de voyage m'ont enlevé deux parts ; ne pourois-je pas les reprendre ? Cela me seroit facile : je n'aurois qu'à empoisonner les vivres que je vais chercher. A mon retour je dirois que j'ai dî-

---

(1) *Vir qui festinat ditari & aliis invidet, ignorat quòd egestas superveniet ei.* Prov. 28.

né à la ville : mes compagnons mangeroient sans défiance, & ils mourroient. Je n'ai que le tiers du tréfor, & j'aurois le tout. Cependant les deux autres Voyageurs étoient assis à l'ombre, & ils se disoient : Nous avions bien affaire que ce jeune homme vînt s'associer avec nous. Nous avons été obligés de partager le tréfor avec lui : sa part auroit dû nous appartenir, & c'est alors que nous serions riches. Il reviendra bientôt. Nous avons de bons poignards. Le jeune homme revint ; ses compagnons l'assassinerent. Ils mangerent ensuite des vivres empoisonnés ; ils moururent, & le tréfor n'appartint à personne.

Ce qui devroit satisfaire l'avarice, ne fait que l'irriter ; c'est la soif de l'hydropique. L'avare, au milieu de ses tréfors, est toujours malheureux, toujours pauvre, parce qu'il ne sait ni se borner ni jouir. Le sage, au contraire, l'homme modéré, avec peu est toujours riche, toujours noble & libéral, toujours heureux. *Si vous voulez rendre quelqu'un véritablement riche*, disoit un ancien Philosophe, *il ne faut pas ajouter à ses biens, mais seulement retrancher de ses désirs & de ses cupidités.*

  Savoir jouir de ce qu'on a,
  Ne rien souhaiter au-delà,
Ne craindre en ses procès l'argent ni la cabale ;
Un bon livre, un ami : voilà le vrai bonheur,
  La modération du cœur
  Est la pierre philosophale.

REGNIER DESMARETS.

L'Auteur de ces vers l'avoit trouvée, & c'est à elle qu'il dut le bonheur de jouir de toute sa santé & de tout son esprit, au-delà de quatre-vingts ans, comme il le dit lui-même :

  Soumis aux lois, libre du reste,
  Je me suis proposé toujours
  De suivre le tranquille cours
  D'une vie égale & modeste,
  Où m'accommodant à mon sort,
  Ne comptant pour rien de paroître,
  Et de mes désirs rendu maître,
Je vécusse à moi-même, en attendant la mort.
  Maintenant, graces à mon âge,
  Graces à la droite raison,
  Qui ne luit jamais davantage
  Que dans notre arriere-saison,
  Exempt de crainte, exempt d'envie,
  Satisfait d'un modique bien,
  Je commence à mener la vie
  D'un homme qui n'aspire à rien.
  Je ne fais la cour à personne,
De la paix de l'esprit je goûte les plaisirs,
  Et je jouis, dans mon automne,
  De l'indépendance que donne
  Le retranchement des désirs.

L'homme heureux n'est pas celui qui n'a besoin de rien, mais celui qui peut vivre sans ce qu'il n'a pas, & que la privation de ce qui lui manque n'affecte point. Un Solitaire avoit mis sur la porte de sa solitude :

  Dans un lieu, du bruit retiré,
  Où, pour peu qu'on soit modéré,
  On peut trouver que tout abonde,

Sans amour, sans ambition,
Exempt de toute paſſion,
Je jouis d'une paix profonde ;
Et pour m'aſſurer le ſeul bien
Que l'on doit eſtimer au monde,
Tout ce que je n'ai pas je le compte pour rien.

Il eſt plus facile de réprimer un premier déſir, que de ſatisfaire tous ceux qui viennent enſuite, comme le diſoit le Prince *de Conti*. Il ſe refuſoit aux goûts les plus innocens, à la curioſité même des peintures où ſes infirmités auroient pu trouver un délaſſement. Il répondoit aux inſtances que lui faiſoit là-deſſus la Princeſſe ſon épouſe, qu'en ſe livrant à un goût on s'accoutume à ſe livrer à tous; & qu'il faut ſavoir ou ne pas tout déſirer, ou ſe paſſer ſouvent de ce qu'on déſire.

Ce retranchement, ou plutôt cette modération de déſirs, eſt en effet le ſeul moyen de nous rendre heureux. Nous ne prétendons pas néanmoins qu'elle puiſſe nous procurer une félicité pleine & inaltérable. Ce bien n'eſt réſervé que pour l'autre vie ; & la religion ſeule eſt chargée de nous conduire dans la route du bonheur qu'elle nous prépare au-delà du temps. Cette vie-ci eſt une vie de tentations & de combats, de peines & de traverſes, d'afflictions & de chagrins. La conſtitution de notre corps, la foibleſſe de notre nature, l'activité des élémens, la variété des ſaiſons, les différentes ſortes d'eſprits, de caractères & d'humeurs des perſonnes avec leſquelles

quelles nous sommes obligés de vivre, le choc des passions & des intérêts, toutes ces choses nous empêcheront toujours d'être ici bas parfaitement heureux. Dieu l'a ainsi voulu, afin que nous ne nous attachions pas trop à la terre, & que nous portions nos vœux vers celui qui seul peut les remplir. Mais il est vrai aussi que, si quelque chose est capable de diminuer le nombre & la violence des maux que nous avons à souffrir dans notre exil, c'est cette modération de désirs, que nous recommandons. C'est elle qui peut nous rendre heureux autant qu'on peut l'être sur la terre, sans que le bonheur présent ruine les espérances de l'avenir. Elle est comme les heureuses prémices & le garant de la félicité qui nous est destinée dans le Ciel, puisque rien n'est plus conforme à l'esprit de la religion, que de mettre des bornes à ses désirs, de n'avoir aucune attache au monde ni à tous les biens du monde, dont la figure passe & s'évanouit comme l'ombre.

Lorsqu'on vint apporter le bâton de Maréchal de France à M. *de Castelnau*, six heures avant sa mort, il répondit : *Cela est beau en ce monde, mais je vais dans un pays où cela ne me servira guere.* Nous devons penser de même. La grandeur, la gloire, les richesses, les honneurs distingués, rien de plus beau ni de plus flatteur en ce monde : mais en l'autre tout cela sera compté pour rien, & ne servira même souvent qu'à rendre plus malheureux, parce qu'il aura rendu plus criminel. Que deviendront toutes ces choses frivoles, qui paroissent successivement sur la scene du monde, & après lesquelles nous courons avec tant d'ardeur ? que deviendront-elles, quand le monde lui-même aura disparu ? Il n'en restera plus aucun vestige : tout ira s'enfoncer & se perdre dans les espaces immenses de l'éternité. La vertu, qui pouroit bien plus sûrement nous conduire à la vraie félicité, que tous ces faux biens ; la vertu que nous négligeons, survivra seule à la ruine de l'univers, & ne périra point.

*Salomon*, qu'aucun Prince n'égalera jamais ni pour la vaste étendue des connoissances, ni pour la multitude des richesses, & qui avoit accordé à son cœur tous les plaisirs qu'il pouvoit désirer, avouoit néanmoins lui-même qu'il n'avoit trouvé dans toutes ces choses que vanité, & qu'il n'y avoit de vrai bien & de vrai bonheur que pour celui qui cherchoit à servir Dieu & à lui plaire. C'est ce que fait bien sentir une fiction ingénieuse, attribuée à Mademoiselle *Bernard*, qui s'est rendue célebre par son esprit & par son talent pour la poésie.

L'Imagination, amante du Bonheur,
Sans cesse le désire & sans cesse l'appelle ;
Mais sur elle il exerce une extrême rigueur,
Et, fait pour ses désirs, il est peu fait pour elle.
Dans la tendre jeunesse elle alla le chercher
Jusque dans l'*Amoureux Empire* ;
Mais lorsque du Bonheur elle crut approcher,
  Le Soupçon, le jaloux Martyre,
  La Délicatesse encor pire,

Soudain à ses transports le vinrent arracher.
Dans un âge plus mûr, du même objet charmée,
  Au palais de l'*Ambition*
Elle crut satisfaire encor sa passion;
Mais elle n'y trouva qu'une ombre, une fumée,
Fantôme du Bonheur & pure illusion.
Enfin dans le pays qu'habite la *Richesse*,
  Séjour agréable & charmant,
Elle va demander son fugitif amant.
Elle y vit l'Abondance, elle y vit la Mollesse
  Avec le Plaisir enchanteur;
  Il n'y manquoit que le Bonheur.
La voilà donc encor qui cherche & se promene.
Lasse des grands chemins, elle trouve à l'écart
Un sentier peu battu qu'on découvroit à peine.
  Une beauté simple & sans art,
Du lieu presque désert étoit la souveraine.
C'étoit la *Piété*. Là notre amante en pleurs
  Lui raconta son aventure.
*Il ne tiendra qu'à vous de finir vos malheurs,*
*Vous verrez le Bonheur, c'est moi qui vous l'assure;*
Lui dit la fille sainte: *il faut, pour l'attirer,*
*Demeurer avec moi, s'il se peut, sans l'attendre,*
*Sans le chercher, au moins sans trop le désirer.*
*Il arrive aussi-tôt qu'on cesse d'y prétendre,*
*Ou que dans sa recherche on sait se modérer.*
L'Imagination à l'avis sut se rendre,
  Le Bonheur vint sans différer.

## XXXV.

*Ne demandez à Dieu ni grandeur, ni richesse.*

C'EST-là, il est vrai, ce qui fait l'objet des désirs & des vœux empressés de la plupart des hommes ; mais ils ne désireroient guere avec tant d'ardeur, s'ils connoissoient parfaitement ce qu'ils désirent. *Tu demandes aux Dieux ce qui te semble bon*, disoit Diogene, *& ils t'exauceroient peut-être, s'ils n'avoient pitié de ton imbécillité.* Qu'est-ce après tout, devons-nous nous dire à nous-mêmes, que cette grandeur qui m'enchante, que ces honneurs qui me transportent, que cette poignée d'or qui m'éblouit ? Ne suffit-il pas de les examiner attentivement & dans le silence des passions, pour en être bientôt détrompé ? Essayons de le faire ; & avant que d'aspirer aux honneurs ou aux richesses, méditons un peu sur leur vanité.

Rien de plus brillant que les grandes dignités & les emplois honorables : on se voit élevé au-dessus des autres hommes, on commande à ses semblables, on reçoit leurs respects & leurs hommages. Mais perçons cette enveloppe éclatante : nous serons surpris de trouver que ces dignités & ces emplois ne sont le plus souvent que de grands fardeaux & de vraies servitudes, ou, pour se servir de l'expression d'un ancien Philosophe, *d'honorables tortures* (1).

_____
(1) *A! speciosa tormenta alligatus sub ingenti titulo.* Senec.

On a très-bien comparé ceux qui occupent les plus hauts rangs, à ces corps célestes, qui ont beaucoup d'éclat, & n'ont point de repos.

La charge la plus belle, en charges est féconde ;
Et les astres commis au réglement du Monde,
Pour le mettre en repos n'en éprouvent jamais.

MALLEVILLE.

Un Seigneur disoit à *Henri IV*, que le bonheur d'être Roi passoit pour si indubitable, que lorsqu'on vouloit exprimer qu'un homme étoit heureux, on disoit ordinairement : *Il est heureux comme un Roi*. C'est, répondit ce grand Prince, qu'on ignore tout le poids d'une couronne qui est portée dignement.

*Ornement plus riche & plus noble que tu n'es heureux*, disoit Antigonus en considérant sa couronne, *si l'on savoit combien de soins, combien de périls & de miseres t'accompagnent, lorsque tu serois par terre, on ne daigneroit pas seulement te ramasser.*

Ne croyons donc pas, avec le vulgaire imbécille, que les plus élevés des hommes soient les plus heureux. Le bonheur est rarement assis sur le trône, comme l'avoua un jour *Théodose le Jeune*. Ce Prince s'étant éloigné de ses gens dans une chasse, arriva fort fatigué à une cabane. C'étoit la cellule d'un Anachorete. Le Solitaire le prit pour un Officier de la Cour, & le reçut avec honnêteté. Ils firent la priere & s'assirent. L'Empereur jetant les yeux de toutes parts, ne vit dans la cellule qu'une corbeille où étoit un morceau de pain, & un vase plein d'eau. Son hôte l'invite à prendre quelque chose : le Prince l'accepte. Après ce repas frugal, s'étant fait connoître pour ce qu'il étoit, le Solitaire se jette à ses pieds. Mais l'Empereur le releva, en lui disant : *Que vous êtes heureux, mon Pere, de vivre loin des affaires du siecle ! Le vrai bonheur n'habite pas sous la pourpre. Je n'ai jamais trouvé de plus grand plaisir, qu'à manger votre pain & boire votre eau.*

L'Empereur *Charles-Quint* fit le même aveu. Lorsqu'il se dépouilla de ses Etats en faveur de Philippe II son fils, dans une assemblée composée des plus grands Seigneurs de ses Royaumes, il lui dit : *Mon fils, je vous charge d'un fardeau bien pesant. Je vous mets sur la tête une couronne, dont les fleurons sont entrelacés d'épines bien piquantes : elle n'a qu'un faux brillant. Je n'ai pas goûté dans la royauté une seule heure de repos : je n'y ai eu aucun plaisir qui n'ait été empoisonné.*

L'homme s'ennuie au milieu de sa gloire, de ses titres & de ses envieux. Ces honneurs qui auroient dû, ce semble, satisfaire son cœur, n'y portent que le dégoût & l'inquiétude. La fortune peut nous rendre plus puissans, mais non pas plus heureux. " Que ne puis-je, dit Madame *de Maintenon*, dans une de ses *Lettres*, vous peindre l'ennui qui dévore les Grands, & la peine qu'ils ont à remplir leurs journées ! Ne voyez-vous pas que je meurs de tristesse, dans une fortune qu'on auroit eu peine à imaginer ? Je suis parvenue à la plus haute faveur, & je vous proteste que cet état me laisse un vide affreux ». Quoi de plus capable de détromper du bonheur prétendu des grandeurs humaines, qu'un tel aveu, fait par une personne que la Duchesse de Chaulnes appeloit *la plus heureuse des femmes* ! Et cette pensée de *Mainard* n'est-elle pas aussi vraie qu'elle est ingénieuse ?

> Toutes les pompeuses maisons
> Des Princes les plus adorables,
> Ne sont que de belles prisons,
> Pleines d'illustres misérables.

Madame *de Pompadour*, qui étoit parvenue, comme on sait, à la plus haute faveur, dit aussi dans ses *Lettres* (1) : » Je m'apperçois de plus en plus que la condition des Rois & des Grands est bien triste. Qu'il faut payer cher la pompe, la gloire, & les magnifiques bagatelles, que le peuple ignorant a la bêtise d'envier ! Pour moi, je vous avouerai que je n'ai pas eu six momens agréables, depuis que je suis ici. Tout le monde tâche de me plaire, & presque tout le monde me déplaît. Les plus brillantes conversations me donnent la migraine. Je bâille au milieu des fêtes, & j'éprouve sans cesse qu'il n'y a point de bonheur dans la vanité ».

N'ambitionnez donc pas les distinctions & les honneurs : c'est y mettre un trop grand

---

(1) Quoiqu'elles ne soient pas d'elle, mais de M. Crébillon le fils, elles n'expriment ici qu'un sentiment aussi vrai qu'il est ordinaire.

prix que de les rechercher avec empreſſement. Lorſque les emplois, accordés par la Providence divine pour vous donner lieu d'exercer les talens qu'elle vous a confiés, viennent s'offrir à vous, recevez-les avec reconnoiſſance, & rempliſſez-les avec honneur. Mais ſi l'on vous parle de les aller chercher, répondez avec autant de modeſtie que de grandeur d'ame, que les moindres dignités, quand elles ſont offertes comme la récompenſe du mérite, ſont dignes d'être acceptées & doivent l'être ; mais que les plus grandes ſont trop peu de choſe pour être briguées, & que c'eſt ceſſer de mériter les honneurs que de demander ceux qu'on mérite.

Il eſt vrai que la plupart des Grands, plus occupés d'eux-mêmes que des autres, ou aſſiégés par des ſolliciteurs qui leur arrachent les graces, ne penſent guere à prévenir & à placer le mérite modeſte qui ne demande rien :

Sans ceſſe l'importun demande, ſollicite,
On le trouve par-tout, & l'on n'entend que lui.
C'eſt ainſi qu'on obtient les faveurs aujourd'hui,
Et l'on va rarement au-devant du mérite.

RICHER.

Mais il n'eſt pas moins vrai auſſi, qu'il vaut mieux ne pas obtenir les places dont on eſt digne, que d'avoir celles qu'on ne mérite pas. L'éclat des grands poſtes, qui rejaillit ſur ceux qui les occupent, n'éclaire que leur honte, s'ils ſont incapables de les remplir. La fortune, ainsi que le soleil, fait briller les insectes, mais elle ne les rend pas moins vils. Un sot dans l'élévation, est comme un homme placé sur une éminence, du haut de laquelle tout le monde lui paroît petit, & d'où il paroît petit à tout le monde. A quelque haut rang qu'il soit, on méprise celui qui est vraiment digne de mépris; & on le méprise avec d'autant plus de plaisir qu'il est plus élevé.

Les dignités ne conviennent bien qu'à celui qui est déjà grand par lui-même. Mais un tel homme ne s'empressera pas d'aller, comme tant d'autres, offrir son encens à l'idole de la grandeur. Il en connoît trop la vanité. Il sait qu'il ne faut qu'un instant pour la faire disparoître, & que bien certainement la mort, ce ministre de la Majesté & de la Justice divine destiné pour confondre l'orgueil humain, la brisera & la réduira en poudre.

Il laisse donc aux autres briguer les grandes places, aimer à se revêtir de charges & d'honneurs pour se distinguer de leurs égaux & s'élever au-dessus d'eux. Il aime mieux triompher de lui-même que de ses concurrens, & vaincre son ambition que ses rivaux. Il a les beaux sentimens exprimés dans ces vers sublimes:

> Loin de nous, vains désirs de ces pompes suprêmes:
> Il faut nous élever, mais c'est contre nous-mêmes,
> Et triompher du vice à nos pieds abattu.
> Ne cherchons qu'en nous seuls des conquêtes nouvelles,
> Et croyons qu'il n'est point de palmes éternelles,
> Que celles qu'on reçoit des mains de la vertu.

MALLEVILLE.

Ce n'est pas qu'il faille méprifer les honneurs & les emplois diftingués : on doit tâcher même de s'en rendre digne. Mais le Sage fe confole, s'il ne les a pas, lorfque, pour y monter, il lui faudroit fuivre ces fentiers obfcurs & tortueux, par lefquels l'ambition conduit fi fouvent aux grands poftes, & qui ne furent jamais le chemin de la vertu. *Oui,* dit-il quelquefois, *je renonce fans regret à toutes les dignités, fi pour y parvenir je dois, comme tant d'autres, fouler aux pieds honneur, probité, fentimens, & fur ces ruines élever l'édifice de ma grandeur.* Combien de ferpens, à force de ramper, arrivent enfin à la cime d'un arbre, qui n'étoit fait que pour fervir de retraite aux oifeaux du ciel !

Lorfque la fortune nous néglige, pour élever aux premieres places des hommes méprifables & fans mérite, ce n'eft pas nous qui fommes le plus à plaindre; & c'eft peut-être moins une injure qu'elle nous fait, qu'un bon office qu'elle nous rend. Le changement de fortune change d'ordinaire les mœurs: en quittant fon ancien état, on y laiffe fa vertu & fon mérite; & l'on ne ceffe fouvent de paroître digne des emplois honorables, que lorfqu'on les a obtenus.

Il y a dans la vie de *Timur-Lench*, c'eft-à-dire, Timur le Boiteux, plus connu fous le nom de Tamerlan, un trait qui montre bien ce que ce fameux conquérant penfoit des honneurs & des dignités qui paroiffent les plus dignes d'envie. Après avoir défait & pris Bajazet, Empereur des Turcs, il le fit venir en sa présence. S'étant apperçu qu'il étoit borgne, il se mit à rire. Bajazet indigné, lui dit fiérement : Ne te ris point, Timur, de ma fortune : apprends que c'est Dieu qui est le distributeur des Royaumes & des Empires, & qu'il peut demain t'en arriver autant qu'il m'en arrive aujourd'hui. Je sais, lui répondit Timur, que Dieu est le dispensateur des Couronnes. Je ne ris point de ton malheur, à Dieu ne plaise : mais la pensée qui m'est venue en te regardant, c'est qu'il faut que ces Sceptres & ces Couronnes soient bien peu de chose devant Dieu, puisqu'il les distribue à des gens aussi mal-faits que nous deux, à un borgne tel que tu es, & à un boiteux comme moi.

Ne pouroit-on pas dire la même chose des richesses, à voir la maniere dont le plus souvent elles sont distribuées ? Les plus heureux ou les plus habiles, quelquefois les plus méchans & les plus indignes les attrapent. Les honnêtes gens n'ont souvent que de belles espérances : ils restent dans l'indigence & dans l'obscurité, tandis que d'autres, qui auroient dû n'en sortir jamais, s'élevent & laissent bien loin derriere eux la vertu indignée. Ainsi l'écume des mers s'éleve sur leur surface, tandis que les perles restent au fond. Un Financier qui avoit amassé de grands biens aux dépens de l'Etat, disoit à un Sage. Il faut, je crois, bien de la force d'esprit pour mépriser les richesses. *Vous vous trompez*, lui répondit le Philosophe, *il suffit de regarder entre les mains de qui elles passent.*

Peu de bien avec l'innocence & la probité, vaut mieux que des tonnes d'or amassées par les mains de l'injustice. Le grand *Turenne* étant dans le Comté de la Mark en Allemagne, on lui proposa de lui faire gagner, par le moyen des contributions, cent mille écus, sans que la Cour en eût aucune connoissance. Il répondit en riant: *Après avoir eu beaucoup de ces occasions sans en avoir profité, je ne suis pas d'humeur de changer de conduite à mon âge.* On ne trouva dans ses coffres à sa mort que cinq cents écus.

A quoi servent les richesses, quand on est dévoré de remords, ou que le trépas vient enfin les ravir à son injuste possesseur? Qui ne sait d'ailleurs que le bien mal acquis se dissipe vîte, qu'il profite rarement, & passe encore plus rarement à la troisieme génération? Et puis combien n'en coûte-t-il pas, lorsqu'il faut, par la restitution, réparer ses injustices! Il est plus aisé de ne point prendre le bien d'autrui, que de le rendre. Ce que nous possédons semble en quelque sorte s'être identifié avec nous; & au moment même qu'on va en être entiérement dépouillé, on se résoud encore avec peine à en faire le sacrifice. Un fameux Usurier se voyant près de mourir, fit enfin appeler un Confesseur. Celui-ci ayant trouvé que tout son bien étoit acquis par la voie injuste de l'usure, lui dit qu'il falloit absolument tout restituer. *Mais que deviendront mes enfans*, dit le malade? *Le salut de votre ame*, répondit le Confesseur, doit vous être plus cher que la fortune de votre famille. *Je ne puis me résoudre à ce que vous exigez*, reprit le moribond au désespoir, *& j'en courrai les risques*. Il se retourne vers la muraille de son lit, & meurt.

Il n'est pas défendu, sans doute, de désirer de devenir riche, si on le peut ; mais il ne faut pas le souhaiter trop ardemment. Le désir de faire fortune est souvent un grand écueil pour la vertu. *Celui*, dit l'Esprit-Saint, *qui se hâte de s'enrichir, ne sera pas innocent. L'or*, ajoute-t-il, *en a précipité plusieurs dans le malheur, & son éclat a causé leur perte. L'or est un sujet de chute à ceux qui lui sacrifient : malheur à ceux qui le recherchent avec ardeur ! il fera périr tous les insensés* (1). Un Philosophe ayant perdu tout son bien dans une société qui l'avoit trompé : *Je me repose*, dit-il, *sur l'argent que j'ai perdu, du soin de me venger de la mauvaise foi de mes associés*. Cratès, qui pourtant auroit pu en faire un meilleur usage, jeta tout son argent dans la mer. *J'aime mieux*, dit-il, *te faire périr que de périr par toi*.

Il est plus facile de se passer des richesses que d'en bien jouir. On dit communément, & tout le monde se le persuade, que si l'on étoit riche, on feroit un bon usage de ses richesses. Mais est-ce donc une chose si aisée ? Est-il si facile qu'on le pense, de résister continuellement à ses passions, lorsqu'on a tant

---

(1) *Qui festinat ditari, non erit innocens.* Prov. 28. *Væ illis qui sectantur illud, & omnis imprudens deperiet in illo.* Eccli. 31.

de moyens & d'occasions de les satisfaire ? Et ne faut-il pas bien de la sagesse pour ne faire jamais de son opulence qu'un usage permis & légitime ? L'emploi que la plupart des riches font de leurs trésors, devroit consoler de ne les avoir pas.

Les richesses sont des biens sans doute, mais, par l'usage qu'on en fait, elles deviennent souvent plus nuisibles à l'homme que ce qu'il appelle des maux. On abuse de ces richesses, qui donnent le pouvoir de faire bien des choses qu'il est bon de ne pouvoir faire. Au lieu de les employer à secourir les malheureux, à consoler l'affligé, à récompenser le mérite & la vertu ; combien n'y en a-t-il pas qui s'en servent pour opprimer le pauvre, pour étaler un luxe orgueilleux & insultant, pour nourrir une sensuelle délicatesse, & pour satisfaire toutes leurs passions ! Il me semble les voir, ces passions, se rassembler en foule autour du riche, crier avec importunité & s'agiter avec fureur, ou le presser plus puissamment encore par leurs attraits, parce qu'elles lui voient entre les mains de quoi les appaiser. Comment résistera-t-il à tant d'ennemis ? Que poura sa foible vertu, quand tous ses sens flattés se ligueront contre elle, & qu'il lui faudra lutter sans cesse contre ses plus doux penchans ?

Mais je veux qu'il en triomphe : trouvera-t-il dans ces biens tout le bonheur qu'il en attend ? Tourmenté par l'inquiétude ou par la satiété même de ses désirs, fatigué par les embarras de son état, dévoré par l'ennui, combien de fois ne portera-t-il pas envie aux plaisirs innocens & à l'heureuse tranquillité des conditions moins riches & moins éclatantes! *Henri IV*, du faîte des grandeurs, qui l'embarrassoient pourtant moins qu'un autre, faisoit l'éloge de la médiocrité. Il trouvoit heureux le Gentilhomme qui, avec dix mille livres de rente & moins encore, savoit vivre loin de la Cour.

Une fortune médiocre suffit à nos véritables besoins : le reste n'est qu'ostentation & vanité. Il faut du bien sans doute, mais à quoi sert le superflu ? On est riche avec peu de bien, quand on sait se passer des choses inutiles. Archélaüs, Roi de Macédoine, ayant offert de grandes richesses à *Socrate*, s'il vouloit venir à sa Cour, ce Philosophe lui répondit: *La mesure de farine se vend peu de chose à Athenes, & l'eau n'y coûte rien.*

Quand on a le nécessaire, c'est une folie de souhaiter de grands biens. Si l'on est plus riche, on dépense à proportion de ce qu'on a, & les fantaisies augmentent comme la facilité de les satisfaire. Combien de choses qu'on désire avec ardeur, parce qu'on les croit nécessaires, & qui pourtant ne le sont pas ! Le trait si connu de *Diogene*, quoique sans doute porté trop loin, ne le prouve peut-être que mieux par sa singularité même. Ce Philosophe, qui n'avoit pour tout bien qu'un tonneau, une besace, une écuelle & une tasse, ayant apperçu un jeune homme qui buvoit dans le creux de sa main, jeta sa tasse comme une chose peu nécessaire. Vous savez qu'Alexandre vint un jour le voir, & le pressa de lui demander ce qu'il voudroit. Mais ce Philosophe qui se chauffoit alors aux rayons du soleil dans son tonneau, rejetant les offres de ce Prince, le pria seulement de ne pas lui ôter par son ombre la chaleur du soleil.

Ce détachement des biens & des honneurs, qu'Alexandre admira, & qui lui fit dire que s'il n'étoit pas Alexandre il voudroit être Diogene, n'étoit dans cet homme singulier, ainsi que dans la plupart des anciens Philosophes, qu'un orgueil plus raffiné, qui lui faisoit, comme le lui a reproché Platon, fouler aux pieds le faste par un autre faste. Ce n'est guere que dans les sectateurs de la Religion Chrétienne que peut être sincere & véritable le mépris de ces biens, qui sont si chers au cœur de l'homme. Pour quelques exemples, admirés parce qu'ils étoient rares, que vante la Philosophie Païenne, & que la Philosophie de nos jours a mieux aimé louer qu'imiter, combien d'autres, en plus grand nombre & plus parfaits, le Christianisme n'offre-t-il pas!

On a vu dans tous les siecles & dans le nôtre même, des personnes distinguées dans le monde par leur rang & par leur naissance, renoncer à l'agrément d'une fortune au moins suffisante, à la certitude d'un avenir encore plus flatteur, pour embrasser la pauvreté évangélique. Ils ont quitté avec joie des biens fugitifs & passagers, pour s'assurer des biens éternels & infinis, promis sur-tout à ceux qui auront fait à Dieu un généreux sacrifice des richesses & des espérances de la terre.

Parmi une infinité d'exemples que nous pourions citer, nous rapporterons celui du pieux Prêtre *Bernard*. Né à Dijon en 1588, d'une famille distinguée, il se livra d'abord aux plaisirs & aux amusemens du monde : mais enfin touché de Dieu, il se dévoua tout entier au soulagement des pauvres, & leur donna tout son bien. Il refusa constamment les Bénéfices que la Cour lui offrit. Un jour le Cardinal de Richelieu lui dit qu'il vouloit absolument qu'il lui demandât quelque chose, & le laissa seul pour y penser. Le Cardinal étant revenu une demi-heure après : *Monseigneur*, lui dit le Prêtre Bernard, *après avoir bien rêvé, j'ai trouvé enfin une grace à vous demander. Lorsque je vais conduire les patiens à la potence, pour les assister à la mort, les planches de la charrette sur laquelle on nous mene sont si mauvaises que nous courons risque à chaque instant de tomber à terre.* Le Cardinal rit beaucoup de cette demande, & ordonna aussi-tôt qu'on mît la charrette en bon état.

Ce saint homme, qui n'avoit rien à demander pour lui-même, parce qu'il étoit détaché de tout, demandoit souvent au contraire pour les malheureux. Ayant un jour présenté un placet à une personne en place qui étoit très-vive, cette personne entra en colere, & dit mille injures contre celui pour lequel M. Bernard s'intéressoit : celui-ci insistant toujours, le Seigneur irrité lui donna un soufflet. Sur le champ M. Bernard se jeta à ses genoux, & lui dit, en lui présentant l'autre joue: *Monseigneur, donnez-moi encore un bon soufflet sur celle-ci, & accordez-moi ma demande.* Le Seigneur confus de son emportement, & plein d'admiration pour la vertu du Prêtre Bernard, lui accorda tout ce qu'il voulut.

La fortune n'est jamais petite, quand on a peu de besoins & de désirs.

 Du bien! j'en aurois moins, que j'en aurois assez.
 A qui vit sans désirs, en faut-il davantage?
REGNIER DESMARETS.

Heureux celui qui, comme ce Poëte, sait mépriser l'inutile & jouir du nécessaire! Content avec un bien médiocre, il voit du port, à l'abri de la tempête, tous les naufrages qui se font sur la mer orageuse de la fortune. Grands postes, biens immenses, les hommes vous désireroient-ils si passionnément, si l'éclat, dont vous brillez, ne les empêchoit d'appercevoir les écueils semés autour de vous?

 Le bien de la fortune est un bien périssable:
 Quand on bâtit sur elle, on bâtit sur le sable.
 Plus on est élevé, plus on court de dangers.
 Les grands pins sont en butte aux coups de la tempête;
 Et la rage des vents brise plutôt le faîte
Des maisons de nos Rois que des toits des bergers.
 O bienheureux celui, qui peut de sa mémoire
Effacer pour jamais ce vain espoir de gloire,
 Dont l'inutile soin traverse nos plaisirs:
 Et qui, loin retiré de la foule importune,
 Vivant dans sa maison content de sa fortune,
 A, selon son pouvoir, mesuré ses désirs!
RAGAN.

Vous voyez bien des gens qui ont beaucoup plus de richesses & d'honneurs que vous n'en souhaitez pour vivre heureux, & qui ne le sont pourtant pas; pourquoi espéreriez-vous de l'être plus qu'eux ? Celui qui n'a pas assez de ce qu'il possede, est aussi pauvre que celui qui ne possede rien. Peu, au contraire, est beaucoup à celui qui se contente de ce qu'il a. Ainsi l'ont pensé les Païens même. *Phocion*, célebre Athénien, avoit dissuadé Alexandre de faire la guerre aux Grecs, parce que c'étoit sa patrie, & lui avoit conseillé de tourner plutôt ses armes contre les Perses. Alexandre, après ses conquêtes, lui envoya, par reconnoissance, un présent de cent talens (1). Phocion demanda à ceux qui les lui apportoient, pourquoi Alexandre vouloit faire à lui seul une si grande libéralité. C'est, répondirent-ils, parce que vous êtes le seul dans Athenes qu'il ait reconnu pour homme de bien. *Si Alexandre*, reprit Phocion, *m'a connu tel dans la médiocrité de ma fortune, qu'il me laisse dans cette médiocrité, & qu'il me permette de rester homme de bien.* En disant cela, il s'occupoit à tirer lui-même de l'eau d'un puits, & sa femme faisoit du pain. Il persista toujours dans la suite à refuser avec la même fermeté les présens d'Alexandre, quelque instance que ce Prince lui fît. Il refusa également les grandes sommes qu'Antipater, un des successeurs d'Alexandre, lui fit aussi offrir; & comme

(1) Le talent Attique valoit trois mille livres de France.

on lui représentoit que, s'il n'en vouloit point pour lui, il devoit du moins les accepter pour ses enfans : *Si mes enfans sont sages,* répondit-il, *ils auront assez de ce qui me suffit à moi-même ; & s'ils ne le sont pas, ils en auront trop.*

*Heureux,* dit le Sage, *celui qui n'a point couru après l'or ! Qui est cet homme ? & nous le louerons* (1). Le mépris de ce métal si recherché, si dangereux & si souvent funeste à l'innocence, est un des plus sûrs remparts de la vertu. Il est difficile de corrompre celui qui n'est point avide de richesses, qui a peu de besoins, & qui sait se contenter de ce qu'il a. La Cour d'Angleterre avoit intérêt d'attirer un Seigneur Anglois dans son parti. M. Walpole va le trouver. Je viens, lui dit-il, de la part du Roi vous assurer de sa protection, vous témoigner le regret qu'il a de n'avoir encore rien fait pour vous, & vous offrir un emploi plus digne de votre mérite. *Milord,* lui répliqua ce Seigneur, *avant de répondre à vos offres, permettez-moi de faire apporter mon souper devant vous.* On lui sert au même instant un hachis, fait du reste d'un gigot dont il avoit dîné. Se tournant alors vers M. Walpole : *Milord,* ajouta-t-il, *pensez-vous qu'un homme qui se contente d'un pareil repas, soit un homme que la Cour puisse aisément gagner ! Dites au Roi ce que vous avez vu : c'est la seule réponse que j'ai à lui faire.*

Que ces exemples de désintéressement &

---

(1)... *Quis est hic ? & laudabimus eum.* Eccli. 31.

de modération font rares ! & combien peu font à l'épreuve de cet aimant puissant & enchanteur, qui fait tout attirer, tout vaincre & tout obtenir ! Le Maréchal *de la Ferté* étant arrivé à Metz, les Juifs vinrent pour le saluer & lui demander sa protection. On alla l'avertir qu'ils étoient dans l'antichambre. *Je ne veux pas voir ces marauds-là*, répondit-il, *ce sont eux qui ont fait mourir mon Maître.* On leur dit que le Maréchal ne pouvoit pas leur parler. Nous en sommes fâchés, reprirent-ils, nous aurions désiré extrêmement de lui offrir nos respects avec un petit présent de quatre mille pistoles. On se hâta d'aller porter leur réponse au Maréchal, qui dit aussi-tôt : *Faites les entrer, ces pauvres diables : ils ne le connoissoient pas, quand ils l'ont crucifié.*

Telle est la foiblesse des hommes qu'ils se laissent presque tous éblouir à l'éclat de l'or, comme s'il pouvoit les rendre plus heureux. Cependant il suffiroit d'examiner sans prévention la vie des riches, pour apprendre à mépriser ce que nous adorons. Les richesses, qui devroient nous procurer l'aisance & le contentement, ne font d'ordinaire qu'ajouter quelque chose à nos soins & à nos peines. Craint-on de s'en servir, & ne s'occupe-t-on qu'à les accumuler : c'est la vie honteuse & misérable de l'avare, qui se refuse à lui-même le nécessaire, qui se tourmente nuit & jour pour amasser des trésors dont il ne jouira jamais, pour entasser des richesses qui feront encore après sa mort son supplice & la joie de ses héritiers. Tel étoit ce fameux avare Anglois, nommé *Cuttler*, dont parle Pope. Cet homme très-riche & encore plus avaricieux, voyageoit ordinairement à cheval & seul, pour éviter toute dépense. Le soir en arrivant à l'auberge, il feignoit d'être indisposé, afin qu'on ne lui servît point à souper. Il ordonnoit au valet d'écurie d'apporter dans sa chambre un peu de paille pour mettre dans ses bottes. Il faisoit bassiner son lit & se couchoit. Lorsque le domestique s'étoit retiré, il se relevoit, & avec la paille de ses bottes & la chandelle qu'on lui avoit laissée, il faisoit un petit feu, où il grilloit un hareng qu'il tiroit de sa poche. Il avoit toujours la précaution de se munir d'un morceau de pain, & de se faire apporter une bouteille d'eau. Il soupoit ainsi seul & à peu de frais. C'est ce même Cuttler, qui croyant donner un excellent avis au prodigue Villiers, Duc de Buckingham, lui disoit : Que ne vivez-vous comme moi ? *Vivre comme vous, Chevalier Cuttler,* répondit Villiers ! *j'en serai toujours le maître, quand je n'aurai plus rien.*

L'avare est un riche honteux qui ne s'occupe qu'à faire sentinelle nuit & jour auprès de son trésor : il se cache & cache son or : il vit seul ; c'est un homme détaché de la société civile, c'est un criminel isolé. Il meurt presque toujours misérablement, & sa mort en cela ressemble à sa vie.

Veut-on, au contraire, faire usage de ses grandes richesses & les dépenser avec éclat :

on se jette dans le plus dur & le plus pénible esclavage : on n'a plus un moment à soi : le repos s'enfuit avec la liberté. On est obligé de recevoir chez soi, à sa table même, une infinité de personnes que la splendeur & l'abondance attirent. Il faut se contraindre & se gêner sans cesse, ne pas faire ce qu'on voudroit, & faire souvent ce qu'on ne voudroit pas, dissimuler ses vrais sentimens, en affecter d'autres, voir des personnes dont la présence est à charge, dont la vue même est odieuse, faire politesse à des gens qu'on n'aime point, & à qui on refuseroit l'entrée de sa maison, si la bienséance ne forçoit pas de les admettre.

Dans combien d'occasions cette bienséance du monde, dont les riches sont les plus esclaves, n'exige-t-elle pas d'eux qu'ils s'ennuient avec décence, qu'ils s'incommodent même & nuisent à leur santé, pour se faire honneur ? Plus ils ont du bien, plus il leur faut avoir de liaisons & de rapports avec mille personnes, dont ils ont besoin ou qui ont besoin d'eux. Il faut, moins pour le service que pour le faste, avoir une multitude de domestiques, qui sont, comme les riches le disent eux-mêmes, la croix des maîtres & la ruine des maisons.

Que de peines & d'inquiétudes ne donnent pas les grands biens ! Que de momens d'humeur & de tristesse obscurcissent les plus beaux jours du riche ! Que de regrets sur-tout & de frayeurs n'a-t-il pas à la mort ! On a bien peu d'années à posséder les plus immenses richesses.

Quelque considérables qu'elles soient, il faudra bientôt les quitter; & plus le sacrifice est grand, plus il coûte. Ce font comme autant de liens, qui attachent à la vie. *O mort*, s'écrie avec ce Roi infidelle de l'Ecriture, le riche mondain, près du tombeau où il va être dépouillé de tout, *ô mort, que tu es amere! & qu'il est douloureux de se séparer de ce qu'on aime!* Plus la vie a été douce & agréable, plus on se la voit arracher avec regret. Et peut-on même dire pour l'ordinaire qu'elle ait été douce & agréable? Victime de ses intempérances & de ses excès, en proie aux douleurs & aux maladies, le riche souvent ne goûte aucun plaisir. La joie pure & douce fuit loin de son cœur. Les meilleurs mets de sa table sont moins pour lui que pour les autres. On se divertit, on se réjouit chez lui, tandis qu'il souffre & qu'il se plaint. Telle est la triste condition de bien des riches. A moins que l'homme opulent ne vive comme les personnes d'un état médiocre, ses richesses, loin de lui être avantageuses, ne font qu'abréger ses jours & le rendre malheureux.

Aussi le plus sage des Rois, convaincu de la vanité des grandes richesses, & les mettant bien au-dessous de l'heureuse médiocrité, ne demandoit à Dieu que celle-ci : Seigneur, lui disoit-il, ne me donnez ni la mendicité ni les richesses : donnez-moi seulement ce qui m'est nécessaire pour vivre, de peur qu'étant dans l'abondance je ne sois tenté de vous renoncer & de dire : *Qui est le Seigneur?* ou que pressé par l'indigence je ne dérobe le bien d'autrui (1).

Il penſoit avec raiſon que, ſi la grande pauvreté eſt quelquefois dangereuſe, la multitude des richeſſes ne l'eſt pas moins. L'indigence porte aux murmures & aux blaſphêmes, engage à devenir le vil miniſtre ou l'eſclave des paſſions des riches. L'opulence conduit à l'impiété, à l'oubli de Dieu & de ſes devoirs. La pauvreté, lorſqu'elle n'eſt pas ſoutenue & anoblie par la religion, rend vil & malheureux: les richeſſes enflent le cœur & le corrompent. L'état le plus ſûr, le plus honorable & le plus doux, eſt donc de vivre, quand on le peut, entre l'abondance & l'indigence, & le plus loin qu'il eſt poſſible de ces deux extrémités. C'eſt entre l'une & l'autre qu'habite le bonheur avec la ſageſſe.

Mais c'eſt-là une de ces vérités, qu'on aura bien de la peine à perſuader aux hommes. Ceux même qui paroiſſent les plus convaincus que le bonheur de cette vie ne conſiſte pas à poſſéder de grands biens, ſe laiſſent prendre les premiers aux charmes de la fortune, quand elle vient ſe préſenter à eux. *Amyot*, qui fut Précepteur de Charles IX Roi de France, étoit né ſi pauvre, qu'il fut élevé dans un hôpital. Les bienfaits de ſon Prince lui donnerent de quoi vivre gracieuſement. Il fut pourvu de l'Evêché d'Auxerre, dont le revenu alloit à plus de trente mille livres, & d'une riche Abbaye. Un jour qu'il

_____

(1) *Mendicitatem & divitias ne dederis mihi, &c.* Prov. 30.

demandoit encore à Charles IX un Bénéfice considérable, le Roi lui dit : Hé quoi! mon maître, vous difiez que, fi vous aviez mille écus de rente, vous feriez content ; je crois que vous les avez & au-delà. *Sire*, répondit Amyot, *l'appétit vient en mangeant.*

*Pierre du Vair*, Evêque de Vence, avoit bien plus de défintéreffement. Son Evêché étoit le plus petit de la Provence & ne valoit guere plus de fix mille livres. On lui en offrit de plus confidérables, mais il les refufa toujours, difant *qu'il ne croyoit pas qu'il lui fût permis en confcience de répudier fon époufe, parce qu'elle étoit pauvre, pour en prendre une plus riche.* Nous avons vu dans ce fiecle renouveler ce bel exemple par de vertueux Evêques de l'Eglife de France, que l'éclat d'une plus grande fortune n'a pu éblouir ni tenter.

Si vous avez du bien, ne travaillez pas à en amaffer beaucoup plus : en devenant plus riche, vous ne deviendrez pas plus heureux. Ayez de l'ordre dans vos affaires, de l'économie dans votre maifon, une jufte proportion entre vos revenus & votre dépenfe ; & vous aurez toujours affez de bien pour vivre tranquillement & avec honneur. Si votre fortune eft au-deffous de votre condition & de votre état, tâchez, s'il fe peut, de l'augmenter, mais avec modération. Contentez-vous d'acquérir un honnête néceffaire : car, encore une fois, il faut tâcher de l'avoir, & la réponfe d'un Philofophe à Denis le Tyran eft très-jufte. Ce Prince lui difoit que le Sage n'avoit befoin de rien. *Oui*, répondit-il, *quand il a ce qu'il lui faut.*

Ayez assez de bien pour vous acquitter envers vous-même, envers votre famille & vos domestiques, des devoirs indispensables de la justice & de la sagesse chrétienne ; mais n'en ayez jamais assez pour satisfaire à l'ambition & à vos autres passions. Que cette impuissance glorieuse soit un des exemples & un des héritages que vous transmettiez à vos enfans. Vous devez songer à leur procurer pour l'avenir une fortune honnête selon leur état : mais ce devoir, dont nous ne prétendons pas vous dispenser, & qui sert si souvent de prétexte à la cupidité, à l'avarice, remplissez-le avec sagesse. Ne travaillez pas à élever vos enfans beaucoup au-dessus de votre condition, ou à les rendre fort riches : plus on laisse de bien à ses héritiers, moins on est regretté d'eux. Si vous devez un jour leur laisser des richesses, laissez-leur encore plus de vertus & de bons exemples. Si vous ne pouvez leur en amasser beaucoup, dites-leur cette consolante maxime du Sage : *Peu de bien avec la crainte du Seigneur, vaut mieux que des trésors accompagnés de trouble & d'inquiétude.* Répétez-leur souvent ces belles paroles du vertueux Tobie : *Ne craignez point, mon fils : nous vivons dans la pauvreté ; mais nous aurons beaucoup de bien, si nous craignons Dieu, si nous nous éloignons de tout péché, & si nous faisons de bonnes œuvres.*

Celui qui a peu est aussi riche que celui qui a beaucoup, s'il sait également en faire un bon usage, comme un Curé le dit un jour à son Evêque, qui lui demandoit ce que valoit sa Cure : *Autant que votre Evêché, Monseigneur: le paradis ou l'enfer, selon l'usage que nous aurons fait de nos revenus.*

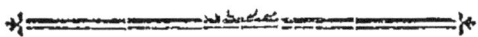

*Mais pour vous gouverner demandez la sagesse.*

LA bonne conduite est le plus nécessaire de tous les biens, & le plus précieux de tous les trésors : elle procure les autres biens ou les conserve, & y supplée quand on ne les a pas. Mais elle n'est donnée qu'à ceux qui ont reçu en partage la sagesse ; & cette sagesse est elle-même un don de Dieu, qui ne l'accorde qu'à ceux qui la lui demandent. Adressez-vous donc à lui pour l'avoir, & faites-lui souvent la même priere que lui fit *Salomon*.

Dieu lui ayant offert, lorsqu'il monta sur le trône, tout ce qu'il plairoit à son cœur de désirer, il fit le choix le plus judicieux qu'on puisse jamais faire. Bien différent des autres hommes, qui dans leurs prieres demandent tout à Dieu, excepté la sagesse, ce fut l'unique chose qu'il lui demanda. Puisque vous voulez que je regne, lui dit-il, donnez-moi ce qui m'est nécessaire pour régner avec justice & avec équité, un esprit droit, un discernement juste, & sur-tout ce cœur docile qui est en même temps le principe & un des premiers fruits de la sagesse. C'est la sagesse seule, qui peut faire les vrais Rois & les grands Princes.

C'eſt elle, Seigneur, qui conçut avec vous le deſſein de former le monde, & qui en fit le chef-d'œuvre de votre puiſſance : c'eſt par elle encore que vous le gouvernez depuis tant de ſiecles, avec ce bel ordre qu'on ne peut conſidérer ſans admiration, & qui porte ſi viſiblement les traits divins de votre Providence. Envoyez-la-moi donc auſſi, pour m'éclairer durant cette vie mortelle, pour diriger mes pas incertains au milieu des ténebres & des précipices qui m'environnent ; pour m'inſtruire de tout ce que je dois faire afin d'être agréable à vos yeux.

Salomon eut le bonheur d'obtenir ce qu'il demandoit. Dieu lui accorda la ſageſſe, & avec elle tous les autres biens qu'il ne demandoit pas. C'eſt auſſi ce qui vous arrivera, ſi vous êtes aſſez heureux pour obtenir la ſageſſe. Elle vous procurera tout ce qui vous eſt néceſſaire pour paſſer heureuſement cette vie, & vous tiendra lieu de tout le reſte. Que peut-il manquer à celui qui eſt ſage, pour être heureux autant qu'il eſt permis de l'être ſur la terre ? N'a-t-il pas cette tranquillité d'ame, qui eſt, ſelon l'expreſſion de l'Ecriture, comme un feſtin continuel, cette paix de la conſcience & cette modération de déſirs, qui ſont les plus doux fruits de la vertú ? Voilà ce qui le rend le plus heureux des hommes. Tout ce que la fortune peut donner, ne vaut pas ce qu'il poſſede, puiſqu'il a la ſageſſe ; & que ſont tous les biens du monde au prix d'elle ? *Que ſervent à l'inſenſé tous ſes tréſors,* ſuivant la belle pensée de Salomon, *puisqu'il ne peut en acheter la sagesse* (1).

Mais ce bien précieux, c'est, après Dieu, aux parens à le procurer à leurs enfans par une vertueuse éducation; & c'est aux enfans à le mériter par une grande docilité. Il y a tout à espérer de celui qui est docile, & qui reçoit avec attention les sages leçons qu'on lui donne. Aussi cette qualité si nécessaire, qui est en même temps le principe & le fruit d'une bonne éducation, le Dauphin, fils de Louis XV, avoit eu soin de l'inspirer de bonne heure à ses enfans; & son fils aîné le Duc *de Bourgogne*, jeune Prince de beaucoup d'esprit & d'une grande espérance, en donna un jour un bel exemple. Il avoit contredit son Gouverneur, & dans la vivacité de la dispute il s'échappa jusqu'à lui dire: *Nous verrons qui de nous deux aura raison*. Mais faisant aussi-tôt réflexion que cette saillie étoit contraire à la déférence & à la docilité qu'il lui devoit, il ajouta sur le champ: *Ce sera vous sans doute, parce que vous êtes plus raisonnable que moi*.

Cette estimable docilité est un des meilleurs moyens d'acquérir la sagesse & toutes les vertus. En ouvrant l'oreille aux bonnes instructions, elle les fait descendre jusque dans le cœur, pour y répandre des germes féconds. *Mon fils*, dit l'Ecclésiastique, *aimez dès votre premiere jeunesse à être instruit, & vous acquerrez une*

─────────────

(1) *Quid prodest stulto habere divitias, cum sapientiam emere non possit?* Prov. 17.

*sagesse que vous conserverez jusqu'à la vieillesse. Approchez-vous de la sagesse de tout votre cœur. Cherchez-la avec soin, & elle vous sera découverte ? & quand vous l'aurez une fois embrassée, ne la quittez point: car vous y trouverez à la fin votre repos, & elle se changera pour vous en un sujet de joie* (1).

Les lumieres de la raison ont découvert aux Païens même cette excellente vérité : & l'on nous a conservé à ce sujet une belle fiction morale de *Crantor*, Philosophe Platonicien. Il disoit que les Divinités qui président à la richesse, à la volupté, à la santé & à la vertu, se présenterent un jour à tous les Grecs rassemblés aux Jeux Olympiques, afin qu'ils leur marquassent leur rang, suivant le degré de leur influence sur le bonheur de l'homme. La *Richesse* étala sa magnificence, & commençoit à éblouir les yeux de ses Juges, quand la *Volupté* représenta que l'unique mérite des richesses étoit de conduire au plaisir. La *Santé* dit que sans elle les plus grands plaisirs sont amers, & que la douleur prend bientôt la place de la joie. Mais la *Vertu* termina la dispute, & fit convenir tous les Grecs que la richesse, le plaisir & la santé ne durent pas long-temps sans elle, ou deviennent des maux pour qui ne sait pas en user avec sagesse. Le premier rang lui fut donc adjugé, le second à la Santé, le troisieme au Plaisir, & le quatrieme à la Richesse.

En effet, la sagesse seule, à parler exacte-

---

(1) .... *In novissimis enim invenies requiem in eâ, & convertetur tibi in oblectationem.* Eccli. 6.

ment, mérite le titre de bien; puisqu'elle seule peut faire le bonheur de l'homme dans cette vie, & plus sûrement encore dans l'autre. Elle apprend à faire un noble & digne usage des richesses, ou à s'en passer sans regret quand on ne les a pas. Elle éloigne de nous les sources les plus ordinaires de nos peines, le regret du passé, le chagrin du présent, l'inquiétude sur l'avenir, en renfermant nos désirs dans l'étendue de ce qui est à notre portée, & en plaçant notre bonheur non dans une possession d'objets qui promettent une félicité qu'ils ne donnent jamais, mais dans l'accomplissement de nos devoirs. Elle écarte même de nous jusqu'aux douleurs, qui le plus souvent ne sont que les fruits de l'intempérance & des excès. Les plaisirs de l'esprit & du cœur que donne toujours une conduite vertueuse, & qui renaissent sans cesse dans une conscience pure & tranquille, marchent à sa suite & l'accompagnent jusque dans l'adversité.

Heureux donc mille fois l'homme qui a trouvé la sagesse! C'est à son école qu'il apprendra à connoître, à remplir tous les devoirs de l'honnête homme, & à mettre en pratique les excellentes maximes que nous venons d'expliquer. Toute sa conduite en sera le tableau fidelle. Essayons, en finissant, de rassembler tous les traits de ce tableau; & afin de réunir comme sous un point de vue tout ce que nous avons dit, traçons ici le portrait du Sage. Plus ce portrait sera beau, plus il fera naître le désir de lui ressembler.

# PORTRAIT
## DE L'HONNÊTE HOMME ET DU SAGE.

En portant nos regards sur toute la terre, pourions-nous y découvrir quelque chose de plus grand, de plus beau, de plus admirable que le parfait honnête homme, le vrai Sage, tel que nous aimons à nous le représenter?

Convaincu par le témoignage éclatant de l'univers, de l'existence d'un Etre Suprême, dont tout publie la gloire, dont tout annonce la puissance & la grandeur, il est pénétré profondément de la crainte du Seigneur, qui est le principe de la véritable sagesse; il redoute ses châtimens terribles, réservés aux infracteurs de la loi; & craint plus ce qui lui déplaît, que tous les maux du monde.

Parle-t-il de Dieu, de la religion & des choses saintes: c'est toujours avec respect. Il repousse avec force les traits satiriques des impies, ou les méprise. Sa piété est dans son cœur encore plus que sur les levres: mais comme il n'affecte point de la montrer, il ne cherche pas non plus à la cacher. Il se fait honneur de servir le Maître des Rois, bien plus qu'on ne se fait gloire de servir les Princes & les Grands de la terre. Il ne rougit ni d'être dévot ni de le paroître, quand même, ainsi que *Tobie*, il feroit presque seul à payer au Seigneur le tribut de ses hommages. Comme on voit un rocher s'élever au milieu des ondes d'un fleuve rapide & présenter un front toujours inébranlable à leur violence, le Sage verroit de toutes parts autour de lui les hommes emportés par le torrent de la corruption, sans s'y laisser entraîner.

Ami de la vérité, aucun intérêt ne peut engager l'honnête homme à la trahir ; & il porte gravées dans son cœur ces belles paroles, qu'un Prince répétoit souvent à son fils : *Plutôt mourir que de mentir.* Il laisse aux ames vulgaires les ruses & les artifices : la droiture regle toutes ses démarches, & la vérité ses paroles. Il est aussi fidelle à tenir que prudent à promettre ; & il n'a jamais recours, pour éluder ses engagemens, à de mauvaises finesses, indignes de sa bonne foi.

Toujours prêt à obliger quand il le peut, plein de douceur dans le caractere, affable envers les plus petits, complaisant sans basseffe, il gagne tous les cœurs. Persuadé que les manieres polies donnent de l'éclat aux grandes qualités, & rendent le mérite agréable, il est poli, mais sans gêne & sans affectation. Vous ne verrez jamais en lui ces inégalités d'humeur, qui rendent odieux & insupportable. Il a toujours ce front serein, cet air doux & tranquille, cette aimable gaieté, compagne de l'innocence & de la paix du cœur. Comme *Socrate*, il ne change jamais de visage &

d'humeur, soit qu'il sorte de chez lui ou qu'il y rentre. Pour le bonheur de la société & pour le sien, il travaille sans cesse à se rendre maître de lui-même, à vaincre l'humeur, & à prévenir les emportemens de la colere, au-devant de laquelle, disoit un ancien Philosophe, il faut courir comme au-devant du feu, parce qu'elle s'allume & s'enflamme aussi-tôt, si on ne l'arrête.

Plus compatissant qu'intéressé, il ne dépouille point cruellement le pauvre qui lui doit : il aimeroit mieux éprouver les plus grands malheurs, que de faire un malheureux. Jamais il ne fait attendre à l'artisan le prix de son travail, & il croit qu'il est plus grand & plus noble de payer ses dettes que d'en avoir.

Instruit de tous ses devoirs & attentif à s'en bien acquitter, l'honnête homme remplit fidellement ceux de pere, d'époux & de maître, sans dureté odieuse & sans méprisable foiblesse. Ses domestiques en petit nombre s'estiment heureux de le servir, parce qu'ils sont ses enfans plutôt que ses serviteurs. L'ancienneté de leurs services prouve la bonté, & mérite les récompenses de celui qui les commande. Il n'a avec eux ni hauteur ni familiarité, afin de les traiter comme des hommes & comme des inférieurs.

Il a pour ceux qui lui ont donné la vie le plus grand respect ; leur vieillesse même ne les lui rend que plus chers & plus dignes de tous ses soins. Il regarde avec horreur ces enfans dénaturés, qui, parvenus à quelque emploi au-dessus de leur premiere condition, ou devenus riches, rougissent de leurs parens & les méconnoissent. Il ne craint que de ne pas respecter, de ne pas honorer assez les auteurs de ses jours. Sous quelque extérieur qu'il les voie, leur personne lui est toujours vénérable.

Il est plus sensible au bien qu'il reçoit, qu'au mal qu'on lui a fait ; & il tâche dans toutes les occasions de donner des marques même publiques de sa reconnoissance. Il rend, lorsqu'il le peut, beaucoup plus qu'il n'a reçu ; & s'il se hâte de s'acquitter, ce n'est pas pour se décharger plus vîte d'un fardeau qui lui pese, c'est pour satisfaire aux mouvemens empressés de son cœur.

Généreux, humain & bienfaisant, il aime à faire tout ce qui peut lui mériter la reconnoissance des autres, sans l'avoir en vue ni la désirer. Son heureux caractere qui le porte à faire du bien à tous, autant qu'il lui est possible, le rend la noble Image de la Divinité sur la terre.

Son plus grand plaisir est de donner, même avant qu'on lui demande. Bien différent de ces odieux & insensés bienfaicteurs, qui perdent tout le mérite des graces qu'ils font, par la façon dure ou chagrine dont ils accordent ; le Sage donne un nouveau prix à ses bienfaits, par l'air affable & par les manieres gracieuses dont il les accompagne.

Comme il n'oblige ni par vanité ni par intérêt, l'injustice & l'ingratitude ne lui arrachent pas le moindre reproche. Sa générofité ne lui paroît jamais plus pure, que lorfqu'il a fait du bien à un ingrat.

Il eſt bienfaiſant, mais ſans chercher à le paroître. L'oſtentation n'a point de part à ſes bienfaits ; il ne ſe vante d'aucun, & il n'en fait aucun pour s'en vanter. Il ne donne à l'éclat que ce qu'il ne peut refuſer à l'exemple. Sa main gauche ignore en quelque ſorte les dons de ſa main droite. Il reſſemble à ces grands fleuves, qui ſe retirent en ſilence des terres ſur leſquelles ils ont porté la fertilité & la richeſſe.

Il aime à rendre ſervice, en prêtant avec les précautions que preſcrit la prudence : mais il oublie en quelque ſorte cette vertu, ſi la néceſſité eſt preſſante. Il croit devoir faire aux autres dans leur beſoin, ce qu'il voudroit raiſonnablement qu'on lui fît à lui-même. Noble & généreux dans les ſervices qu'il rend, il ne l'eſt pas moins à reconnoître tout ce qu'on a fait pour lui : il récompenſe toujours dignement & à proportion de ſon pouvoir les ſervices, le mérite & la vertu.

Envie, paſſion baſſe & honteuſe, fuis loin de lui. La nobleſſe de ſon ame, l'élévation de ſes ſentimens, la droiture de ſon eſprit, lui font regarder avec plaiſir les talens, les ſuccès ou la fortune des autres. Il parle bien même de ſes rivaux ; & loin de chercher à obſcurcir l'éclat qui les environne, il eſt le premier à leur rendre juſtice. Il ne ſe permet d'autre sentiment que le désir de faire mieux que ceux qui font bien.

Rien ne pese tant que le secret d'autrui sur les levres de l'insensé. Le Sage qui donne en garde à la prudence & à la discrétion les secrets qu'on lui confie, n'a aucune peine à les retenir. Inviolable dépositaire de ce que l'amitié a versé dans son sein, de ce que l'imprudence ou la liberté de la conversation a laissé sortir du cœur, il le renferme dans le sien : jamais il ne lui échappe la moindre parole, qui puisse même le faire soupçonner.

S'il est prudent & réservé dans ses paroles, il ne l'est pas moins dans ses manieres. Il n'est ni contraint ni trop libre, mais il aimeroit encore mieux être trop timide que trop hardi : il seroit assuré de déplaire beaucoup moins.

Il n'est ni tranchant ni décisif, parce que c'est le partage du fat & de l'ignorant. Quelles que puissent être les apparences, il ne prononce, sur-tout en ce qui concerne l'honneur du prochain, qu'après avoir tout bien pesé : il sait combien les jugemens précipités sont injustes. Il ne condamne aucune personne sans l'avoir entendue, s'il se peut, elle-même, & il imite *Alexandre-le-Grand*, qui entendant plaider une cause, s'appuya sur son oreille, comme s'il eût voulu la boucher : *Je garde*, dit il, *cette oreille pour l'autre Partie*.

L'honnête homme s'applique à connoître & à étudier la religion, parce que c'est le premier & le plus essentiel de ses devoirs, la plus nécessaire & la plus importante de toutes les connoissances. Mais soumis aux vrais principes sans être esclave des préjugés, il sait également se servir & se défier de sa raison. Plus sage & plus philosophe que la plupart de ceux qui en prennent le nom, il ne croit pas que la vraie philosophie consiste à penser librement sur la religion, à rejeter ce que sa raison ne peut comprendre, mais à soumettre les foibles lumieres de sa raison à l'autorité infaillible de celui qui ne peut nous tromper.

Ce qui l'affermit encore plus dans cette religion divine, c'est qu'aucune autre n'a une morale plus pure, n'inspire une probité plus parfaite, & n'offre de plus puissans motifs pour être véritablement honnête homme. Aussi fait-il de ses préceptes la regle de sa conduite & de ses actions.

Apôtres insensés de l'irréligion, vous essayerez en vain de lui faire goûter vos pernicieuses maximes. Eh! comment pouroient-elles lui plaire? son cœur est exempt de ces funestes passions, du sein desquelles s'elevent d'ordinaire les nuages qui obscurcissent dans nous la clarté dont brille la religion.

Il n'est pas moins éloigné de prêter l'oreille aux discours artificieux des Sectaires & des Novateurs. Voudroit-il s'exposer follement à être condamné au tribunal du souverain Juge, pour avoir préféré opiniâtrément les opinions de ces maîtres particuliers, aussi sujets à l'erreur que lui-même, aux décisions infaillibles de l'Eglife Catholique, garanties par les promeſſes de ſon divin Auteur?

Formé à l'école de l'humanité, il cherche à faire ſon bonheur, en contribuant à celui des autres. Si la grandeur & la fortune ont quelque choſe qui puiſſe tenter un cœur auſſi noble que le ſien, c'eſt le pouvoir de faire des heureux. Quel uſage plus doux, quel emploi plus avantageux & plus honorable pouroit-il faire de ſon pouvoir ou de ſes tréſors, que d'en acheter des cœurs?

Auſſi n'eſt-il jamais plus content, que lorſqu'il a fait part aux indigens des biens que la Providence lui a donnés pour eux comme pour lui. La pauvreté vertueuſe & digne d'un meilleur ſort, la vieilleſſe infirme, l'enfance deſtituée de tout ſecours, l'indigence qui n'oſe faire connoître ſa miſere, ont les premiers droits à ſes bienfaits, ſans que les autres miſérables en ſoient abſolument exclus. Il honore dans tous les malheureux l'humanité ſouffrante, & il s'empreſſe à les ſoulager ſelon l'étendue de ſon pouvoir & de leurs beſoins. En leur tendant une main ſecourable, il ne leur montre pas, comme tant de riches ſuperbes, un viſage dur & ſévere, qui humilie & qui indigne. Ses refus même ſont plus charitables qu'une charité ſi mépriſante; & ſa pitié qui paroît touchée de leurs maux, les conſole preſque autant que ſa libéralité qui les ſoulage. Il regarde comme un vrai gain pour lui tout ce qu'il peut lui donner de ſes richeſſes, & il ſe croit trop heureux de pouvoir acheter le ciel au prix de quelques biens fragiles & périssables.

Il est jaloux de son honneur, & sensible à l'estime des autres hommes, lorsque la gloire de Dieu & l'utilité du prochain le demandent, ou qu'elle lui est nécessaire pour lui-même. Il aime alors à conserver sa réputation pure & entiere ; parce que celui qui la néglige, viole la loi de l'Esprit-Saint, scandalise les hommes, & se rend digne de tout le mépris qu'il affecte de dédaigner. Mais éclairé sur la nature & les principes du vrai honneur, il ne le fait pas consister à repousser avec fureur une légere insulte, à se couvrir du sang de son ennemi, à être cruel & inhumain. Il sacrifie, s'il le faut, à son salut le faux honneur du monde, & il s'applique à lui-même la belle réponse que fit le Pape *Benoît XII*, à un Ambassadeur qui lui demandoit quelque chose d'injuste : *Si j'avois deux ames, dit-il, je pourois en risquer une pour Sa Majesté ; mais n'en ayant qu'une, je ne veux point la perdre.*

Il est une suprême dignité que le Sage estime le plus, quoique par elle-même elle ne donne aucun rang ; c'est la qualité d'honnête homme. Droit, sincere, équitable, il ne cherche ni à tromper ni à surprendre personne. Il sacrifie à la vertu en secret comme en public. Sa probité ne se dément dans aucun cas, parce qu'elle a pour fondement la religion, dont les solides motifs sont toujours les mêmes ; pour juge & pour témoin, celui à qui rien n'échappe; pour regle, la confcience, qui eft toujours droite, quand on la confulte de bonne foi & qu'on ne l'affervît pas au gré de l'intérêt.

Il ne fe livre point à ces reffentimens indignes d'une grande ame : il met fa gloire à furmonter les mouvemens impétueux de la vengeance & à fe vaincre lui-même. Il pardonne, non en Philofophe, qui croit que la vengeance coûte fouvent plus qu'elle ne vaut, ou que le mépris le venge mieux; mais en Chrétien, qui connoît tout le prix & tout le mérite attachés au pardon des injures. Il ne fait pas femblant d'appercevoir les manquemens impolis ou injurieux qu'on affecte d'avoir pour lui, ni de fentir les traits fins ou groffiers dont on cherche à le piquer; & il n'en eft que plus eftimé de ceux qui font témoins de fa modération. Il laiffe dire aux autres toutes les fottifes qu'ils veulent, mais il n'en dit point, perfuadé que les infultes & les outrages retombent fur leur auteur & ne déshonorent que lui feul.

Il force fes ennemis, lorfqu'il lui arrive malgré lui d'en avoir, à l'aimer, en ne fe vengeant d'eux que par des bienfaits : c'eft la feule vengeance qui lui plaife, parce qu'elle eft auffi douce que glorieufe. Le bien qu'il leur rend pour le mal, eft un bien qu'il fe fait à lui-même : il gagne par-là leur amitié, ou du moins l'eftime des hommes & les récompenfes du Ciel.

Le Sage ne parle pas beaucoup, parce que

les grands parleurs ne font admirés que des fots. Il fait dans la converfation parler & écouter à fon tour : il écoute même plus qu'il ne parle. Quoiqu'il tâche de ne pas donner dans les extrêmes, il aime cependant encore mieux qu'on ait à lui reprocher de parler trop peu, qu'à le blâmer de parler trop. Il évite les difputes, qui ne font point néceffaires, parce que la charité y perd plus fouvent que la vérité n'y gagne.

Inftruit par fon expérience & par celle des autres, que c'eft fur-tout en parlant qu'on fait le plus de fautes, il penfe beaucoup à tout ce qu'il dit ; & il prend garde de ne rien dire qui puiffe offenfer Dieu ou les hommes, nuire à lui-même ou aux autres. Comme il pefe tout ce qu'il va dire dans la balance de la difcrétion, il n'a jamais befoin de cette excufe fi ordinaire & fi peu pardonnable : *Je n'y avois pas penfé.* Il poffede l'heureux talent de fe rendre aimable par fes paroles (1). Il fait fi bien que dans fa converfation on goûte le plaifir d'être content de lui & de n'être pas mécontent de foi-même. Il fait dans la converfation s'accommoder à tous les efprits & à tous les caracteres, autant que la décence & la fageffe le lui permettent. Loin de fatisfaire fon amour-propre aux dépens des autres, il fait valoir ce qu'ils difent, & il leur prête fouvent de fon efprit pour faire briller tout le leur. Il a toujours un air prévenant & gra-

---

(1) *Sapiens in verbis feipfum amabilem facit.* Eccli. 20.

cieux : il n'a dans la bouche que des paroles obligeantes, parce qu'il ne connoît point de meilleur secret pour se faire aimer de tout le monde.

Ce qui ne contribue pas moins à rendre sa société aimable, & à le faire estimer, c'est que doué d'un bon esprit, il juge favorablement des autres, excuse leurs foiblesses, & n'empoisonne pas leurs vertus. Il ne les croit pas aisément vicieux, parce qu'il ne l'est pas lui-même.

Il n'a pas néanmoins en toutes sortes de personnes une confiance imprudente.

Il a soin de renfermer en lui-même ce qu'il lui importe de tenir caché, & il ne dit que ce qu'il veut bien qu'on sache. Il n'est pas moins fidelle à son secret qu'à celui d'autrui, parce qu'il connoît tous les dangers de l'indiscrétion.

Comme il ne cherche point à se mêler & à s'intriguer dans les affaires des autres, il ne leur fait pas aisément part des siennes. Il leur cache le secret de ses intérêts, sans avoir cet air mystérieux qui offense, ou fait souvent découvrir ce qu'on veut cacher. Il a le visage ouvert, les levres & le cœur fermé.

Quelque noble ou quelque riche qu'il soit, le Sage n'en est pas plus fier ni plus vain; parce que la fierté est une preuve qu'on n'est pas ce qu'on veut paroître, & que le mérite n'a rien qui lui ressemble moins que l'orgueil. Il sait, quand il le faut, soutenir les droits de son rang & conserver sa dignité, mais sans hauteur & fans orgueil. Jamais on ne l'entend vanter fa naiffance ou fes richeffes : il fe montre fupérieur à ces avantages, en les oubliant.

Il ne fe loue pas même de fes talens & de fes qualités, & jamais il ne lui vient dans l'efprit qu'il a du mérite : il eft le feul qui n'en fache rien & qui n'en parle pas.

La réputation la plus brillante & les fuccès les plus heureux ne lui font rien perdre de fa modeftie : on diroit qu'il les ignore. Quelque haut que foit le point du globe où il monte, la vanité ne vient pas s'y placer avec lui. On applaudit à fon bonheur, parce qu'il ne l'aveugle point. Il conferve au milieu des bienfaits de la fortune la fimplicité de mœurs, la douceur & l'affabilité de caractere, qu'elle a coutume d'ôter.

Lui arrive-t-il quelque revers fubit, quelque grand fujet d'affliction, une perte même irréparable : il trouve dans fa vertu & dans fa religion des remedes aux maux les plus fâcheux, & des forces contre les malheurs les plus accablans. On voit en lui ce Sage dont parle *Senéque*, qui aux prifes avec la fortune dont il triomphe par fon courage, eft le fpectacle le plus digne de l'admiration des hommes. Ce n'eft pas qu'il ait l'infenfibilité ridicule du faux Sage du Paganifme, qui auroit vu l'univers s'écrouler fur lui fans en être étonné. Les triftes révolutions & les vives douleurs l'ébranlent, mais elles ne l'abattent point. Il peut être affligé, mais non pas troublé. Supérieur à tous les événemens en s'y soumettant, on le trouve toujours résigné à ce que la Providence divine ordonne ou permet qu'il lui arrive. L'injustice même des hommes à son égard ne le surprend point, parce qu'il s'y est de bonne heure attendu & préparé. Il ne cherche pas dans ses malheurs à être plaint des autres, & il ne les fatigue point du récit de ses douleurs ou de ses peines, parce qu'il est difficile de se plaindre long-temps sans ennuyer, & qu'il y a souvent plus de honte que de ressource à inspirer de la compassion. C'est dans le sein de Dieu & dans sa religion qu'il trouve la consolation la plus solide & la plus douce.

Il n'a pas l'injustice d'affliger ceux qui l'approchent, parce qu'il est affligé lui-même; & s'il ne peut s'empêcher de sentir ses maux, il évite toujours de les faire sentir aux autres.

Il supporte patiemment les humeurs & les défauts des personnes avec lesquelles il est obligé de vivre, & il tâche d'avoir besoin, le moins qu'il peut, d'une pareille indulgence. Il travaille continuellement à ôter en lui ce qui peut avec raison leur déplaire, & à se plier, dans tout ce qu'il peut, à leur humeur. Rien ne lui paroît plus ridicule que de prétendre amener tout le monde à son caractere, & de ne vouloir s'accommoder à celui de personne.

Les maux & les afflictions, dont le Sage n'est pas exempt, le rendent compatissant à ceux des autres. Les malheureux, & sur-tout ses amis & ses parens, trouvent toujours de la confolation dans la bonté de fon cœur, des reffources dans fa bienfaifance, & un appui dans fon crédit : il tâche de faire le plus de bien qu'il peut, par lui-même ou par d'autres; & autant qu'il lui eft poffible, il ne fait jamais aucun mal à perfonne. Grands & Riches inhumains, il ne fe fervira point comme vous de fon pouvoir & de fes richeffes pour dépouiller la veuve & l'orphelin, opprimer les foibles & écrafer les malheureux ; il défireroit, au contraire, d'être affez riche & affez puiffant pour les protéger, les fecourir & les foulager tous.

Attentif à remarquer fes propres fautes, & à n'y pas retomber, il s'occupe plus à fe corriger qu'à corriger autrui ; & lorfqu'il eft obligé de reprendre ou de punir, il le fait avec douceur & avec bonté. Les défauts des hommes, qu'il regarde comme de triftes apanages de l'humanité, lui infpirent plus de compaffion & de pitié que d'aigreur & de dureté. Et en effet, peut-on defcendre au fond de fon cœur, fans y retrouver le principe de toutes les foibleffes qu'on blâme fi facilement dans les autres ? Auffi fon zele à l'égard de ceux qu'il doit reprendre, n'eft-il ni brufque ni amer ; & il ne leur fait jamais aucune de ces réprimandes dures & piquantes, qui ne fervent le plus fouvent qu'à aigrir les coupables & à faire hair. Il emploie la fermeté quand il le faut, jamais la colere ni l'emportement, parce que celui qui fe met en colere punit fur foi les fautes des autres & ne les corrige pas.

Le Sage loue volontiers, mais il ne prodigue point ses éloges, afin de mieux louer. Il croit devoir au mérite & à la vertu seule le juste tribut de ses louanges, qui sont aussi pures que son cœur. Il rougiroit également de donner & de recevoir des éloges non mérités.

La supériorité, que donnent sur les autres hommes la grandeur & les richesses, ou l'esprit & les connoissances, ne l'enorgueillit point. Comme il ne s'en estime pas plus, parce qu'il est mieux partagé de la nature ou de la fortune, il ne regarde pas d'un œil plus méprisant ceux qui en ont été moins favorisés que lui : il ne méprise que le vice. Quoiqu'il cherche à se faire aimer & estimer, sur-tout des personnes estimables, en donnant des marques d'estime & de considération à tous ceux qui en sont dignes ; il évite avec encore plus de soin de se faire haïr, en ne témoignant du mépris à qui que ce soit ; parce que la haine que produit toujours le mépris, est la plus irréconciliable, & que les ennemis nuisent souvent plus que les amis ne servent.

La plaisanterie & le badinage ne le choquent pas, parce qu'il a l'esprit bien fait : il prend tout en bonne part, & il ne se fait pas des peines mal-à-propos, en donnant une fausse interprétation aux procédés & aux discours qui pouroient le regarder, mais qui peut-être ne le regardent point. Les railleries même offensantes, il les dissimule prudemment ou les repousse avec adresse.

Le Sage fuit les liaisons dangereuses qui
pouroient

pouroient corrompre son cœur ou gâter son esprit. Plus la compagnie de certaines gens sans mœurs & sans religion paroît agréable, plus il la redoute. Eh! qui sait mieux que lui, qu'on s'accoutume à aimer & à prendre les sentimens des personnes qu'on aime; & que le plaisir qu'on trouve avec elles, fait peu-à-peu estimer ce qu'elles ont même de méprisable? Il craindroit bien plus de se corrompre par leur commerce, qu'il n'espéreroit de les porter à la vertu par le sien; comme les fruits gâtés communiquent plutôt leur corruption aux fruits sains mêlés avec eux, que ceux-ci ne la leur font perdre.

C'est par le même principe, ou plutôt par la crainte de l'ennui & de l'impatience, qu'il fuit encore l'entretien des fats & des pédans. Car la fatuité & le pédantisme lui paroissent trop ridicules dans les autres, pour ne pas se préserver de ces défauts, opposés d'ailleurs à son caractere simple & modeste.

Judicieux & prudent dans le choix de ses amis, il cherche moins à en avoir beaucoup qu'à en avoir de bons. Il regarde l'amitié comme un sentiment trop respectable & trop précieux, pour être prodiguée, & il croit avec raison qu'on a très-peu d'amitié, quand on a beaucoup d'amis. Il n'en veut point qui ne soient vraiment dignes d'être aimés. Il ne leur donne son amitié & sa confiance qu'après les avoir long-temps éprouvés, parce que c'est pour long-temps; difficile à prendre des amis, plus difficile encore à les quitter. Le vice seul le trouve inexorable, parce que l'amitié avec les méchans nuit autant qu'elle déshonore.

Persuadé que pour être estimé il faut voir des gens estimables, il recherche le commerce & la compagnie des plus honnêtes gens ; mais il préfere presque toujours la société de ses égaux à celle des personnes qui sont trop au-dessous ou trop au-dessus de lui : l'une dégrade & déshonore, on est esclave ou méprisé dans l'autre.

L'honnête homme ne dit jamais rien qui puisse nuire à la réputation de personne. Pouroit-il ignorer que les médisances qu'on se permet quelquefois si légèrement sans en prévoir les suites, font souvent des plaies profondes ? & ne sait-il pas aussi que c'est par la méchanceté ou par l'imprudence de sa langue, qu'on se fait les plus grands ennemis ? Il dit avec plaisir tout le bien qu'il sait des autres, & tait le mal, lorsqu'il n'a pas de justes raisons de le faire connoître. Croit-il devoir parler des vices & des défauts : il s'abstient de nommer les personnes, à moins qu'elles n'aient publiquement renoncé à leur honneur & à leur réputation. Il aime à dire du bien de ses ennemis même, & ce qui est peut-être plus encore, il aime à en entendre dire. Non-seulement il ne dit jamais aucun mal de personne, mais il ne permet pas qu'on le fasse en sa présence : aussi mérite-t-il que personne n'en dise jamais de lui.

Trop noble dans ses sentimens, pour avoir la bassesse & la lâcheté de déchirer qui que ce soit en son absence, il se permet encore moins de railler ceux qui sont présens. Il badine quelquefois pour égayer la conversation, mais sans blesser : on rit avec lui, mais personne ne pleure. Il ne ressemble pas à ces esprits caustiques & amoureux de leurs pensées, qui aiment mieux perdre un ami qu'un bon mot ; & il croit que c'est avoir beaucoup d'esprit, que de ne pas faire usage quelquefois de tout son esprit.

Il est bien différent de l'insensé qui ne veut ni demander des conseils ni souffrir qu'on lui en donne : il est trop convaincu qu'en bien des choses la foible humanité marche comme à tâtons entre la lumiere & les ténebres, pour entreprendre jamais rien d'important, sans s'être entretenu de son affaire avec des personnes discretes & judicieuses. Il prend conseil de ses amis, pour n'être pas la dupe de sa propre prudence. Mais il a grand soin de discerner l'ami, du flatteur : il pese, il juge les conseils qu'on lui donne ; persuadé que si l'on est toujours sage en écoutant les conseils des autres, on ne l'est pas toujours en les suivant. Il consulte plus volontiers qu'il ne conseille, parce qu'il vaut presque toujours mieux recevoir un conseil que de le donner.

C'est sur-tout à l'égard des procès, qu'il croit devoir prendre l'avis des personnes habiles. Il ne s'y engage pas aisément, parce qu'il est plus aisé de les commencer que de les finir ; & sans paroître les craindre, il fait tout ce qui dépend de lui pour n'en avoir jamais.

Il ne va point, par des rapports inconsidérés, troubler le repos des familles & désunir des amis. Son plus grand plaisir, au contraire, est de procurer aux hommes le plus précieux de tous les biens, la paix & la concorde.

Sans être défiant & soupçonneux, il ne croit pas devoir se fier à tout le monde, & sur-tout aux personnes qu'il ne connoît point. Il a toujours une réserve prudente avec ses amis même, jusqu'à ce qu'il se soit assuré par une longue épreuve, qu'ils sont dignes de toute sa confiance. Il ménage, autant qu'il le peut, l'amitié de tous les hommes, & ne se confie presque à aucun ; parce qu'il y en a peu qui aient la volonté & le pouvoir de nous servir, & que tous peuvent nous rendre de mauvais offices.

Il se défie encore plus de lui-même & de son propre cœur, qui n'est que trop disposé à le trahir & à se laisser vaincre par des objets séduisans. Il craint les traits redoutables de l'amour, & il fuit afin de triompher plus sûrement. Il n'est pas assez téméraire pour se flatter de pouvoir remporter, par ses propres forces, la plus difficile de toutes les victoires; il implore sur-tout les secours du Ciel, qui lui sont nécessaires contre un ennemi si souvent vainqueur de notre raison, lorsqu'elle est abandonnée à sa propre foiblesse. Après le triste sort du plus sage des Rois, & celui de tant d'autres qui ont vu toute leur sagesse échouer contre cet écueil, pouroit-il ne pas redouter pour lui-même ?

La paſſion du vin lui paroît également à craindre, parce qu'elle a preſque toujours la volupté pour compagne, & que plus ſouvent encore on l'emporte avec ſoi dans le tombeau qu'elle creuſe ſous les pieds chancelans de l'inſenſé qui la ſuit. Il prend du vin pour égayer ſa raiſon, mais jamais aſſez pour la perdre. Il rougiroit d'un état où il ne ſeroit plus diſtingué de la bête que par de plus grands excès d'emportement & de fureur, ou de l'enfant que par plus d'extravagances & de folies.

Il joue quelquefois, mais plus par complaiſance que par goût. Il n'eſt pas aſſez inſenſé pour ſacrifier à la paſſion du jeu ſon temps, ſes biens, ſa vertu. Il s'interdit ſévérement tous les jeux de haſard, parce qu'on ne peut les jouer ſans crime ou ſans regrets.

Modéré dans ſon travail, dans ſon ſommeil & dans ſes repas, il y prend de nouvelles forces & une ſanté vigoureuſe, que l'excès altere & fait perdre. Il évite ſur-tout l'excès de la table, parce que l'uſage immodéré des alimens même les plus ſains les change en poiſons. Le plaiſir que l'Auteur de la nature y a ſagement attaché, il le goûte, non par ſenſualité, mais comme un attrait néceſſaire. Il éleve, pour ainſi dire, ſes ſens & les épure. Obligé de les ſatisfaire pour ſe nourrir, il ne ſe nourrit pas pour les flatter, mais pour réparer ſes forces & ſe mettre en état de remplir ses devoirs. La dignité de ses motifs en donne à son action (1).

Joue-t-il quelquefois, car la vertu n'est pas ennemie des plaisirs réglés & innocens; c'est sans passion, & avec une noble tranquillité: malgré les changemens du jeu, son visage ne change point; le gain & la perte le trouvent toujours le même. Il évite au jeu l'opiniâtreté à soutenir ses droits; & il aime mieux quelquefois céder à son rival, que d'avoir tort en voulant toujours avoir raison.

Jeune, il hait la dissipation, qui le priveroit d'un bien nécessaire aux commodités & aux douceurs d'une longue vie: vieux, il ne cherche pas à thésauriser, croyant que la nécessité est peu à craindre, quand il reste peu de temps à vivre; & dans tous les temps de sa vie, il tâche de se tenir toujours également éloigné de la folle prodigalité & de l'infame avarice; parce que la vertu finit où l'excès commence.

Il connoît trop le prix du temps, pour n'en être pas sagement avare, & pour n'en pas mettre tous les momens à profit: il n'en donne aucun à l'inutilité ou à la frivolité. On le trouve toujours dans quelque occupation, parce que le plus pénible fardeau est celui

---

(1) Quelques Auteurs, entre lesquels on peut mettre M. *de Claville*, nouveaux Disciples d'Epicure, disent ou font entendre qu'on peut goûter les plaisirs de la bouche & les autres, pour eux-mêmes. Mais cette proposition, déjà condamnée par la raison, l'a été encore par l'Eglise. Les plaisirs même permis ne doivent être pris que pour une fin honnête & digne de l'homme.

de n'avoir rien à faire, & qu'on est bien à plaindre quand on ne sait s'appliquer à rien de solide. Aussi l'ennui, non moins affligeant que le chagrin, & qui porte son poison jusque sur le trône, n'ose s'approcher du Sage, qui, remplissant d'une suite d'occupations utiles & vertueuses le cours de sa vie, en forme une chaîne de vrais plaisirs.

Sa sagesse n'est ni sombre ni farouche, mais aimable & gaie. Ce n'est point cette gaieté bruyante, qui ressemble plus à la folie qu'à la joie, mais une gaieté douce & tranquille, qui laisse à l'esprit la liberté de sentir son bonheur. Ses plaisirs ont même cet avantage, qu'ils sont plus purs: ils ne traînent à leur suite ni peines, ni regrets, ni dégoûts. Il ne les prend jamais que comme un délassement ou un remede accordé par la nature à notre foiblesse, & il ne se les permet qu'après avoir rempli les devoirs de son état. Attaché invariablement à ses devoirs, il n'est jamais si content que quand il les a remplis. Il doit la tranquillité de son ame au témoignage intérieur d'une conscience pure; & il goûte le plus parfait de tous les contentemens, celui de n'avoir rien à se reprocher. Lui échappe-t-il quelquefois, car il est homme, un peu d'oubli ou de négligence dans ce que la loi sévere du devoir exigeoit de lui: il ne se pardonne point ce que tant d'autres se pardonnent si souvent, & il tâche, s'il le peut, de le réparer aussi-tôt.

Toujours content de l'Auteur de la nature,

& le béniffant également, quelle que foit fa fortune, il a cette modération de défirs, qui eft le partage de l'homme vertueux & la fource la plus pure du bonheur que nous pouvons goûter fur la terre. Il eftime le plus grand des biens, celui de ne rien rechercher avec ardeur & de favoir fe borner. Cette riche modération le délivre d'une foule de befoins, auxquels la cupidité affujettit les autres. Témoin de toutes les néceffités fuperflues que la plupart des hommes fe font faites, il s'écrie avec le Philofophe : *Que de chofes dont je n'ai pas befoin !* Heureux de ce qu'il poffede, il ne changeroit pas fa précieufe médiocrité contre tout le fafte impofant de l'opulence.

L'éclat de la grandeur & des richeffes n'éblouit point les yeux du Sage, lui qui a fu apprécier les chofes humaines & s'éclairer fur leur vanité. Exempt d'ambition & content de fon obfcurité, il ne va point, pour en fortir, ramper à la porte des grands, & chercher des mépris qu'il ne veut rendre à perfonne. Il n'afpire point de lui-même aux dignités : il n'y parvient qu'autant qu'il y eft placé par la naiffance, conduit par les talens ou appelé par l'autorité. Il fuit les grandeurs bien plutôt qu'il ne les recherche; & il redoute plus les écueils qu'on y trouve, qu'il n'eft flatté des avantages qui les accompagnent.

Il ne défire pas non plus d'acquérir beaucoup de richeffes, parce que c'eft fouvent acquérir beaucoup de peines. Elles inquietent dans leur recherche, ne fatisfont point dans leur pofsession, & désesperent dans leur perte. Eh! pourquoi les désireroit-il? N'a-t-il pas en lui-même ce qu'elles promettent & ne donnent point? Ce n'est pas pourtant qu'il dédaigne les richesses, qui sont quelquefois un bien & peuvent toujours le devenir : il ne croit pas que la vraie sagesse consiste à les mépriser, & encore moins à le dire, mais à n'en pas faire dépendre son bonheur. Elles ne lui paroissent estimables & précieuses, que par l'usage qu'on en fait.

Ainsi pense le Sage. Il juge trop bien de toutes les choses de la terre, pour y placer son bonheur. Il sent que Dieu a fait son ame trop grande, trop inépuisable en désirs, pour qu'un autre objet que l'Etre infini puisse la remplir ; & cette immensité qu'embrassent ses désirs, lui est un sûr garant que les seuls biens fragiles & passagers ne sont pas le terme de sa destinée. Elevant ainsi ses pensées & ses sentimens jusqu'au trône de Dieu même, il le prie de lui envoyer quelques rayons de cette suprême Sagesse qui gouverne l'univers, afin qu'il puisse se conduire avec prudence au milieu des écueils & des ténèbres de cette vie, & arriver heureusement au port. Il tâche, par la réunion de toutes les vertus, & en ne se nourrissant que de bonnes actions, de se rendre digne de la félicité immortelle qui l'attend.

Tel est le parfait honnête homme & le vrai Sage. Heureux ceux qui le prennent pour modele! Si l'on n'ose espérer de lui ressembler jamais parfaitement, on doit du moins aspirer à en approcher le plus qu'il est possible. C'est être déjà bien sage que de travailler à le devenir.

# MÉMOIRE
## SUR
## LA MENDICITÉ.

*Si quis non vult operari, nec manducet.*
II. THESSAL. 10.
Si quelqu'un ne veut point travailler, qu'il ne mange point.

## AVERTISSEMENT.

CE Mémoire a été composé pour une Académie, & par le zele du bien public. Le même motif engage à le faire imprimer à la fin de ce Volume. Il ne doit pas d'ailleurs paroître déplacé dans un Ouvrage, dont plusieurs Maximes tendent à inspirer la bienfaisance & l'inclination à secourir les indigens. On y trouvera un moyen aussi simple & facile, que juste & raisonnable, de soulager la plus nombreuse partie des malheureux, & d'assurer le bonheur de tous les vrais pauvres. Un sujet si conforme aux vœux de l'humanité, pouroit-il ne pas intéresser tous les cœurs humains & sensibles? Il convient à tous les pays qu'infecte le chancre contagieux de la Mendicité; & combien n'y en a-t-il pas!

# MÉMOIRE
## SUR
## LA MENDICITÉ,

*Qui a concouru au prix de l'Académie des Sciences, Arts & Belles-Lettres de Châlons-sur-Marne, & qui a obtenu l'accessit. Le sujet proposé étoit d'indiquer les moyens de détruire la mendicité, en rendant les mendians utiles à l'Etat, sans les rendre malheureux.*

---

DE tous les sujets qui ont été depuis long-temps donnés par les différentes Académies de l'Europe, il en est peu qui m'aient paru plus beaux, plus utiles, plus intéressans que celui que vous avez choisi, Messieurs, pour en faire cette année l'objet du triomphe littéraire dans votre Académie. Quel avantage inestimable ne procurera-t-on pas à la société, si par des moyens sûrs & faciles, on peut parvenir à la décharger d'une multitude avide d'infectes rampans qui, ne paroiffant nés que pour dévorer les fruits de la terre, fe multiplient tous les jours de plus en plus, malgré tous les efforts qu'on fait pour s'en délivrer ! Quelle fource de richeffes pour le Royaume, fi, en employant à des travaux utiles tant de fainéans valides, on peut les faire fervir à enrichir un Etat qu'ils appauvriffoient, & reftituer à la Patrie des hommes dont l'oifiveté, l'horreur du travail lui déroboient des bras deftinés à la fervir ! Quel bien infini pour les mœurs, pour la police, fi l'on peut abolir la mendicité, cet état funefte de fainéantife, quelquefois encore plus rempli de vices que de miferes, plus chargé de crimes que d'opprobre, & où, après avoir perdu toute honte, on perd fouvent toute vertu !

Que je m'eftimerois heureux, fi je pouvois contribuer à une réforme fi avantageufe, qui fait depuis long-temps l'objet des vœux de tous les bons citoyens ! Animé par l'intérêt du bien public encore plus que par l'amour de la gloire, je vais dans ce Mémoire expofer mes idées, joindre mes penfées, mes réflexions à celles que d'autres ont faites avant moi, propofer quelques nouvelles vues pour éclaircir, rectifier, perfectionner, & réduire à une pratique plus facile les moyens qui s'emploient déjà avec fuccès dans quelques pays voifins de la France.

L'expérience eft la pierre-de-touche de tous les fyftèmes. Tel plan qui paroiffoit folide, mis à l'épreuve ne s'eft trouvé que creux.

C'est donc d'après l'expérience sur-tout que je vais parler. A la lumiere de son flambeau, je ferai voir d'abord l'inutilité ou l'insuffisance des divers moyens employés en France dans les différens temps pour abolir la mendicité. Je ferai connoître ensuite celui de tous les moyens qui paroît le plus propre à délivrer entiérement & pour toujours, la société de ce mal si ancien & si répandu, en rendant les mendians utiles à l'Etat, sans les rendre malheureux.

Je dirai peu de chose de neuf. Je préfere à la gloire d'être inventeur celle d'être utile. J'aime mieux exposer sans art un plan avantageux & éprouvé, que de créer de brillantes chimeres, qui s'évanouiroient aux rayons purs & réfléchis de l'expérience.

## PREMIERE PARTIE.

*Insuffisance des moyens employés en France jusqu'à présent, pour détruire la mendicité.*

Si la mendicité devient quelquefois nécessaire, pour empêcher les indigens de périr, elle est sujette à des inconvéniens si fâcheux, à des abus si grands, si multipliés, si reconnus, que l'Etat doit, s'il est possible, chercher à l'abolir, en pourvoyant d'ailleurs à la subsistance de tous les pauvres. Aussi la plupart des Gouvernemens se sont-ils souvent occupés, comme ils le font encore aujourd'hui, de cette partie importante de l'administration. Combien depuis deux siecles, pour ne pas remonter plus haut, combien d'ordonnances, de déclarations, d'arrêts ont été portés dans la France seule au sujet des mendians ! Tous ces réglemens font voir avec quel soin on s'est appliqué depuis long-temps à corriger le mal de la mendicité. Pourquoi donc, malgré tant de lois, ce mal s'est-il perpétué, s'est-il accru même au point où il est aujourd'hui ? c'est que ces lois ne donnoient que des moyens insuffisans, dont l'effet fut peu durable. C'étoient de ces remedes palliatifs, qui n'arrêtent le mal que pour un temps, & lui laissent ensuite reprendre son cours. Non, quelque justes que puissent être les motifs des lois qu'on portera contre la mendicité, & quelque vigoureuse qu'en soit l'exécution, on ne réussira jamais à la proscrire, tandis qu'on n'aura pas fait précéder un remede efficace à un mal si général & si invétéré.

On crut l'avoir trouvé, ce remede, dans l'établissement des *Hôpitaux-Généraux*. On se hâta d'élever dans plusieurs villes des édifices immenses, destinés à recevoir un grand nombre de malheureux. On y rassembla beaucoup de pauvres valides & invalides. On y établit des manufactures : on y fabriqua ; & pour avoir le débit, on vendit à bon compte. Le plan étoit beau, le projet magnifique, & l'exécution paroissoit devoir favoriser l'entreprise. Mais a-t-elle été aussi avantageuse à l'Etat qu'on l'espéroit ? ne lui a-t-elle pas même été plutôt nuisible ? On a fait par-là tomber les fabricans particuliers, & l'on a ruiné plusieurs familles qui supportoient les charges de la Ville & de l'Etat.

C'est ce qu'on n'avoit pas prévu, lorsque l'on commença en France ces grands asiles de la misere. Louis XIV, qui imprimoit à toutes ses entreprises un air de grandeur & de majesté donna la premiere idée de ces magnifiques Hôtels-Dieu, qui ont été construits dans plusieurs villes du Royaume, à l'imitation de celui de la Capitale. Tel est l'ascendant qu'obtiennent sur l'esprit des autres hommes les génies d'un ordre supérieur, nés pour donner le ton à leur siecle : ils les entraînent, ils les maîtrisent & les forcent en quelque sorte à recevoir sans examen toutes leurs idées particulieres, qui deviennent celles de la nation. Ce n'eſt qu'après une certaine révolution d'années, que l'illuſion ſe diſſipe, & qu'on a le courage de revenir de la prévention qui avoit ſéduit tous les eſprits. Ainſi commence-t-on aujourd'hui à ouvrir les yeux ſur les inconvéniens & ſur le luxe déplacé de ces ſuperbes bâtimens, deſtinés à renfermer la pauvreté & l'infortune. On commence à reconnoître qu'il ſeroit plus humain & même plus noble d'employer au ſecours des malheureux les ſommes que la charité publique leur conſacre, que de parer de dehors brillans l'aſile des infirmités & de l'indigence. Pour élever ces ſomptueux édifices, qui peuvent devenir en un moment la proie des flammes (1), il a fallu charger les villes & les provinces d'impôts conſidérables; on a pris preſque toutes les fondations faites en faveur des indigens, & les pauvres ont ainſi perdu pour toujours une de leurs principales reſſources.

Mais je veux que ces grands Hôpitaux n'aient fait aucun tort aux pauvres; étoient-ils un moyen propre à détruire la mendicité, qu'on prétendoit abolir? Quelque vaſtes, quelque riches qu'ils fuſſent, ont-ils jamais pu contenir tous les pauvres même de la ville, à plus forte raiſon tous les pauvres de la province? n'en reſtoit-il pas toujours un grand

---

(1) Perſonne n'ignore ce qui eſt arrivé, il y a peu d'années, à l'Hôpital-Général de Paris, & ſur la fin de l'année derniere à celui de Breſt, qui a été entiérement conſumé; la perte a été immenſe.

nombre qui ne pouvant y être admis, ou qui, tombant dans la misere lorsque l'Hôpital se trouvoit rempli, n'ont eu d'autre ressource que de recourir à la mendicité, pour ne pas périr de faim ? Aussi ces établissemens dispendieux n'ont-ils nulle part empêché qu'on ne mendiât comme auparavant.

D'ailleurs, quel air impur ne respire-t-on pas nécessairement dans ces refuges dévoués à la misere & aux maladies ! On sent dans la plupart, en y entrant, une infection, que produit presque toujours & malgré tous les soins, une pareille multitude rassemblée. Encore si on les avoit mis à l'extrémité des villes ; les malades y jouiroient du moins d'un air plus pur, plus facile à renouveler ; & les autres citoyens seroient moins exposés à participer à la contagion d'un air aussi mal-sain que celui qui sort d'un Hôpital. Mais on les place souvent dans le centre même de la ville, afin qu'on se souvienne mieux des malheureux qui y sont renfermés ; & l'on n'a que trop lieu d'y penser, par l'infection qui se répand dans tout le voisinage, & qui corrompt l'air des quartiers de la ville les plus beaux & les plus habités.

Les grands Hôpitaux, placés comme ils le sont d'ordinaire, ont donc encore un double inconvénient : ils nuisent à la santé des personnes saines, & retardent la guérison ou accélerent la mort des malades. Aussi la plupart des pauvres eux-mêmes ont-ils une aversion naturelle pour ces tristes demeures. Ils n'y vont qu'à regret & à la derniere extrémité. Ils se regardent comme de malheureuses victimes destinées à une mort prochaine, ou comme de misérables forçats qui, sans être criminels, sont condamnés à une prison perpétuelle & à un travail d'autant plus désagréable, qu'il est involontaire & forcé. Et quel ouvrage peut-on attendre de pareils esclaves, enchaînés au travail, & qui ne sont point excités à bien faire par les puissans aiguillons de l'intérêt ou de l'honneur ! Tôt ou tard la mauvaise main-d'œuvre fait tomber les ouvrages dans le discrédit ; ou les mutineries, les complots, les cabales si fréquentes parmi une multitude de gens corrompus, de mauvais sujets ramassés de toutes parts, font crouler à leur tour ces dispendieuses manufactures ; & elles ont enfin la destinée de ces grandes rivieres qui, après avoir absorbé tous les ruisseaux, finissent par se perdre elles-mêmes.

Les Hôpitaux ne sont pas seulement un moyen insuffisant & préjudiciable d'abolir la mendicité ; c'est encore souvent un moyen injuste & inhumain. Qu'on y renferme, pour les forcer au travail ces gueux valides, ces mendians oisifs & paresseux qui craignent encore plus le travail que la misere ( 1 ) ; & qu'on fasse servir ces édifices aux autres usages utiles, indiqués dans la seconde Partie de ce

---

( 1 ) On fait la réponse que fit un de ces mendians à une personne qui lui disoit qu'étant fort & vigoureux, il devroit travailler : *Ah! Monsieur, si vous saviez combien je suis paresseux !*

Mémoire, il n'y aura rien en cela que de juste & de louable. Mais combien de pauvres ne ressemblent pas à ceux dont nous venons de parler ! Combien n'y en a-t-il pas que le seul manque de travail, les accidens imprévus, les maladies, la perte prématurée des parens qui nourrissoient une famille nombreuse, la caducité de l'âge, ont réduit à la plus grande misere ! N'est-il pas en quelque sorte injuste & cruel de dévouer à l'ennui & au dégoût, qui regnent dans les Hôpitaux, ces victimes involontaires de l'indigence, en leur refusant toute autre ressource ; & d'y sacrifier leur liberté, le plus doux de tous les biens, à la dure nécessité d'avoir du pain ? Si l'on peut leur en procurer autrement, ne doit-on pas le faire, plutôt que d'avoir recours à un moyen, qui ne remédie à la misere qu'en continuant à rendre malheureux ?

Les Hôpitaux sont donc en général un remede, souvent plus pernicieux que le mal dont on vouloit se délivrer ; un établissement aussi peu utile au public, que nuisible aux particuliers ; un moyen aussi dur de nourrir les pauvres, qu'incapable de les nourrir tous.

C'est ce qu'on a reconnu presque par-tout, mais un peu tard ; & l'on s'est enfin apperçu que c'étoit une nouvelle charge qu'on venoit de s'imposer, sans presque diminuer le poids de l'ancienne. Que dis-je ? malgré les Hôpitaux construits dans une partie de la France, le nombre des mendians s'étoit accru à un tel point, que le Roi fut obligé de défendre de mendier, fous peine d'être *enlevé & mené aux Ifles*.

Ce nouveau moyen de détruire la mendicité fut d'abord exécuté dans toute fa rigueur. On enleva des villes, des villages, des grands chemins, tous ceux qu'on trouva mendier. On en affembla une multitude immenfe dans les citadelles & dans les campagnes. Mais la plupart expofés à toutes les injures de l'air, ou entaffés les uns fur les autres comme de vils troupeaux, périrent en attendant le jour du tranfport. Le refte fut conduit au lieu de l'embarquement, & de là aux Ifles. Le moyen étoit dur & violent : mais on crut qu'aux grands maux il falloit de grands remedes. Cependant comme tout ce qui fe fait avec violence, ne fauroit durer, & que ce moyen étoit en quelque forte contraire à l'humanité & à la douceur du gouvernement François, il n'eut que l'effet du moment, & peu-à-peu la mendicité recommença.

Je fais qu'on a depuis renouvelé encore la défenfe de mendier. Mais la répétition des mêmes lois n'en prouve-t-elle pas l'inobfervation, & l'inobfervation l'infuffifance? Ne faut-il pas, comme je l'ai déjà dit, que partout on ait cru qu'il étoit impoffible de faire exécuter celles-ci, & qu'il y avoit même une efpece d'inhumanité à empêcher les pauvres de mendier publiquement, tandis qu'on ne pourvoyoit pas d'ailleurs à leur fubfiftance par un moyen plus doux & plus efficace? C'eft cet heureux moyen d'abolir la mendi-

SUR LA MENDICITÉ. 383

cité, sans rendre les mendians malheureux, qu'on cherche en France depuis si long-temps, & qui vous a paru, Messieurs, assez important pour mériter l'attention de votre illustre Académie, comme il mérite certainement celle du Public & de l'Etat.

Puisqu'il doit faire l'objet principal de ce Mémoire, & qu'il exige par son importance d'être développé avec quelque étendue, je passe sous silence les autres moyens également inutiles, insuffisans ou peu durables, qu'on a employés en différens temps ou en divers lieux pour abolir la mendicité ; & je vais vous exposer le plan, qui m'a paru le plus propre à détruire entiérement, & pour toujours, un des plus anciens & des plus grands fléaux de la société. Dans l'esquisse que je vais tracer, on ne doit ni attendre ni demander les grands traits & les ornemens de l'éloquence. L'ordre, la clarté, la méthode est le seul art qui soit ici nécessaire.

## SECONDE PARTIE.

*Moyens propres à détruire la mendicité, en rendant les mendians utiles à l'Etat, sans les rendre malheureux.*

JE l'ai déjà insinué, & je le répete, parce qu'il est essentiel : la raison, la religion, l'humanité défendent de proscrire absolument la mendicité publique, qu'on n'ait pris les moyens suffisans pour sustenter tous les pauvres, & préparé des ressources à ceux qui pouront le devenir. Tout autre moyen sera injuste ou cruel, peu solide ou peu efficace, & ne tarira point la source de la mendicité. Si l'on veut extirper le mal & l'arrêter dans ses progrès, il faut le couper dans sa racine. Les Magistrats d'une grande ville, qui avoient fait la défense de mendier, sans prendre cette précaution nécessaire, furent bientôt contraints de rendre la liberté à cet égard, parce qu'on trouva des pauvres qu'une disette absolue alloit faire descendre dans le tombeau, ou qu'elle y avoit même déjà précipités (1).

Car il faut l'avouer : si plusieurs d'entre eux embrassent par goût l'état de mendiant ; si cette profession, toute honteuse, toute

___

(1) Je tiens ce fait d'un Ecclésiastique respectable, qui demeuroit alors à Liege, ville riche & où les aumônes sont abondantes : aussi ne voit-on nulle part un plus grand nombre de mendians.

avilissante qu'elle est, a ses charmes & ses douceurs pour des ames viles, qui préferent à un travail assidu & pénible leurs courses oisives & vagabondes ; combien n'y en a-t-il pas qui en sentent toute la honte, & qui ne se déterminent à exposer en public leurs haillons & leur misere, que parce qu'ils se voient dans l'impuissance de fournir autrement à leur entretien ou à celui de leur famille ! L'impérieuse & cruelle indigence les force à sortir avec la troupe nombreuse de leurs enfans, pour chercher leur nourriture de porte en porte : semblables en quelque sorte à ces animaux sauvages, qui, pressés par la faim, sortent de leurs retraites & se répandent dans les lieux habités.

Si vous interdisez la mendicité publique, sans y pourvoir d'ailleurs, que deviendront tant de vieillards décrépits, qui n'ont plus ni de forces pour travailler, ni de proches pour les nourrir ? Que deviendront tant de pauvres Manœuvres, à qui le travail manque surtout durant l'hiver, ou qui sont forcés de manquer au travail par une chute qui les rend impotens, par une langueur qui leur ôte les forces, par une longue maladie qui les ruine ? Que deviendra cette femme restée veuve avec cinq ou six enfans encore trop jeunes pour travailler, & dont le pere ouvrier ou artisan nourrissoit sa famille par son travail ? Que deviendront de jeunes orphelins, qui viennent de perdre leurs parens, & qui ont à peine hérité, permettez-moi cette expression, de quoi se faire une beface? Si vous l'ôtez à tous ces indigens, ôtez-leur en même temps la vie, ou nourriffez-les.

Vous en convenez. Mais comment les nourrir tous, me direz-vous? Par un moyen très-simple, que la raison suggere & que l'équité commande. *Que chaque Communauté soit obligée de nourrir ses pauvres.* Ce moyen si jufte, si naturel, un ancien Concile de France l'avoit autrefois prescrit, & Henri III a depuis ordonné la même chose (1).

C'est parce qu'on a oublié ou négligé ce sage réglement, que la mendicité publique s'eft toujours rétablie malgré toutes les défenses, & s'eft perpétuée jufqu'à préfent. Qu'on le remette en vigueur, & la mendicité fera détruite. Pourquoi une nation voisine, aussi célebre par la sageffe de son gouvernement que par l'étendue de son commerce, aussi attentive à profiter de ses moindres reffources que des grandes richeffes des peuples étrangers, eft-elle parvenue à faire difparoître enfin de chez elle la mendicité? C'est qu'on a établi dans toute la Hollande, & conftamment obfervé cette regle fage. Chaque religion ou fecte a foin de fes pauvres. On choifit quelqu'un pour recueillir & diftribuer les aumônes. Dans les lieux où l'aumône générale ne fuffit pas, on met une taxe modique fur les Citoyens. Avec ces fecours on fuftente tous les pauvres invalides, on foulage les infirmes, on procure

---

(1) *Quæque civitas, tuos pauperes alito*, dit le fecond Concile de Tours, tenu dans le fixieme fiecle.

du travail aux autres. Il y a des hôpitaux, mais seulement pour les malades; il y a des maisons de force, mais pour renfermer les sujets dangereux ou incorrigibles; & c'est tout ce qu'il faut.

Ce plan si bien conçu, si heureusement exécuté depuis un grand nombre d'années par ces sages Républicains, avec le plus grand avantage pour tous les pauvres & pour le public, on l'a depuis quelque temps établi avec le même succès dans plusieurs villes de Flandres & d'Allemagne, & dans une partie de la Suisse. Cet établissement y a été la source de beaucoup de fabriques, dont les ouvrages se répandent dans toute l'Europe. Qu'il me soit permis de rapporter ici ce qu'en dit un témoin digne de foi.

Par-tout cet établissement a produit d'heureux effets : il a diminué le nombre des pauvres, & prévenu la mendicité. Par-tout il a ranimé l'industrie, & réprimé la paresse. Partout il a fait connoître les véritables pauvres, & leur a procuré des secours proportionnés à leurs besoins [I]. «*

Ce n'est donc pas ici un de ces projets, nés sous la plume d'un spéculatif systémateur, & qu'il a su revêtir de toutes les apparences du vrai, mais qui ne peuvent soutenir la redoutable épreuve de l'expérience. C'est l'expérience constante de plusieurs villes & de

---

* Voyez à la fin du Mémoire le *Supplément.* On y trouvera expliquées & développées plusieurs idées qui n'ont pu entrer ici ou y être présentées que rapidement.

plusieurs années, qui rend à celui-ci le témoignage le plus authentique.

Le voilà, Messieurs, ce moyen que vous demandez, celui de détruire la mendicité, en rendant les mendians utiles à l'État, sans les rendre malheureux. Le voilà confirmé par la plus heureuse expérience. Or ce qui se pratique chez nos voisins avec le plus bel ordre & le plus grand avantage, seroit-il impossible parmi nous ? Non, sans doute. Faisons donc connoître plus en détail cette excellente police ; & comme dans ces différens pays elle differe en quelques points, choisissons dans chacun ce qu'il y a de meilleur, de plus facile à exécuter, & en même temps de plus propre à parvenir au double but qu'on doit se proposer ; c'est-à-dire, de pourvoir aux besoins de tous les pauvres qui sont incapables de travailler, & en réprimant la fainéantise des autres, de faire servir au bien de l'État des membres, dont le moindre mal étoit de lui être inutiles.

Il ne faudra pas pour cela des édifices vastes & dispendieux : j'en ai fait voir les inconvéniens. Dans ce nouveau système, tous les pauvres valides & capables de travailler restent chez eux. Les *malades* même qui peuvent y être soignés ou qui l'aiment mieux, y demeurent aussi. Si dans la ville il y a un Hôpital, il ne sera que pour les malades qui voudront y être transférés. On les y recevra tous, & si la fondation ou les revenus de l'Hôpital ne suffisent pas, la bourse des pauvres y suppléera. Dans les lieux où il n'y a point d'Hôpital, dans les cas où l'Hôpital ne poura contenir tous les malades, on les placera chez des personnes qui, étant pauvres elles-mêmes, ou n'ayant pas alors de travail, feront payées de l'aumône générale pour en avoir foin. Les parens qui voudront s'en charger, auront la préférence. Mais il y aura quelqu'un qui veillera à ce que tous ces malades foient bien foignés. On ira tous les jours à l'Hôpital ou dans quelque autre maifon défignée, chercher pour ces malades le bouillon & les autres chofes néceffaires.

On établira auffi dans les principales villes de chaque province, une *Maifon de force*. Elle fervira à renfermer, non-feulement les mendians obftinés, qui feront contraints d'y renoncer à leur trop doux état de fainéantife, & d'y prendre l'habitude utile du travail; mais auffi tous les fujets dangereux ou incorrigibles, tous les criminels qui auront mérité d'être bannis. On fait que les fentences qui condamnent au banniffement, font aujourd'hui pour la plupart fort mal exécutées. Les bannis ne tardent pas à rentrer dans le pays, où ils menent une vie errante. La peine du banniffement ne fait pour l'ordinaire que les enhardir à de plus grands excès, qui les conduifent prefque toujours enfin au dernier fupplice. Il eft vrai que l'ordre & la tranquillité publique demandent qu'on retranche de la fociété ceux qui la troublent. Mais il faut pour cela, fi l'on peut, avoir recours à des moyens plus falutaires & plus efficaces. L'un des meilleurs ne seroit-il pas celui que je propose ? On y renfermeroit les coupables, pour les corriger, s'il est possible, avant que de les rendre à la société ; ou afin de les en séparer pour toujours, s'ils sont absolument incorrigibles. Combien de nouveaux crimes, de désordres & d'attentats n'éviteroit-on pas par ce moyen !

Cet établissement ne coûtera pas beaucoup. Il ne faut pas des bâtimens magnifiques pour y retirer des gueux, des fainéans, de mauvais sujets, des perturbateurs du repos public. Il ne faut que des especes de prisons. Une maison capable de contenir trente à quarante personnes, suffira pour l'ordinaire ; parce que les causes qui obligeront d'y renfermer deviendront très-rares, comme on le voit dans les lieux où cette loi est en usage ; & que d'ailleurs ceux qui auront donné des marques d'un véritable changement, seront renvoyés chez eux. S'il y a dans la ville un Hôpital de quelque étendue, on poura en réserver une partie à cet usage. On mettra un concierge capable d'y tenir le bon ordre, & de distribuer à ses prisonniers le travail & la correction. On ne sauroit croire quel avantage en retireroit la police & les bonnes mœurs, si ceux qui sont chargés de les maintenir, veulent appuyer cet établissement de toute leur autorité.

Pour achever d'extirper entiérement la fainéantise & avec elle la mendicité, on aura soin que tous les *enfans des pauvres* apprennent un métier. On engagera les principaux artisans de la ville à prendre quelques-uns de ces enfans. On engagera pareillement des femmes charitables à se charger des filles, pour leur apprendre les ouvrages de leur sexe; & s'il faut payer quelque chose de la bourse des pauvres, elle ne pouroit être mieux employée. On ne sauroit accoutumer de trop bonne heure les enfans au travail. En leur procurant un métier qui leur donnera de quoi vivre, l'Etat y gagnera des citoyens utiles, des hommes laborieux, qui feront dans la suite sa principale force, & augmenteront sa richesse.

Pour exciter en eux cette louable émulation, qui, en développant le génie, en faisant éclore les talens, enrichit les arts, on poura toutes les semaines ou tous les mois donner des prix aux garçons & aux filles, qui auront excellé dans l'espece de travail qui est la plus utile au pays, ou qui auront montré plus d'assiduité & d'ardeur à travailler. Ces prix seront du linge un peu plus propre, des vêtemens ou d'autres choses, qu'il faudroit toujours leur fournir, mais qui leur feront mille fois plus de plaisir, parce qu'ils les auront obtenues à titre d'honneur & de récompense.

Dans la vue d'engager & d'animer au travail les *parens* eux-mêmes, on pouroit, ce semble, leur laisser toutes les semaines, pour leurs douceurs & pour quelques autres choses moins nécessaires à la vie, le produit du travail d'un jour de la semaine ou de ce qu'ils feroient au-delà d'une certaine tâche qu'on leur auroit assignée. Ce sont des citoyens &

des amis malheureux, à qui on donne du travail, & non des forçats ou des esclaves qu'on punit.

Il est juste encore de pourvoir à la conservation & à l'entretien de ces *enfans malheureux*, que la misere ou le libertinage expose & abandonne aux soins publics : tristes victimes plus à plaindre & plus infortunées que les animaux même ! La maniere dont cela se fait dans une ville de Flandres, est aussi simple que facile [ II ]. On met ces enfans en nourrice aux dépens de la bourse des pauvres. On les place ensuite chez quelque honnête femme pauvre, à qui l'on sait ce qu'on doit donner par semaine ou par mois pour en avoir soin. Le maître des pauvres du quartier veille à ce qu'ils ne soient pas négligés. Il en rend compte, ainsi que de tous les pauvres de son quartier, aux Directeurs de l'administration, qui ne manquent pas de s'en imformer le jour du Bureau.

Il est aisé de voir que tous ces établissemens dont je viens de parler, ne feront pas d'une grande dépense, & que pour l'ordinaire l'aumône générale de chaque Communauté y suffira. Le produit de cette aumône ou bourse des pauvres, dont j'ai déja parlé plusieurs fois, & qu'il est à propos de faire connoître plus particuliérement, doit servir aussi à nourrir tous les pauvres invalides qui sont hors d'état de gagner leur vie par le travail, & doit suppléer à ce que le travail des autres ne poura leur fournir.

*L'aumône générale* sera composée des revenus attachés à l'Hôpital ou aux différens Hôpitaux de la ville ; de toutes les fondations & donations faites ou à faire pour les pauvres ; des revenus de toutes les autres fondations dont la destination n'existe plus ou n'est plus bonne aujourd'hui ; & enfin du produit des quêtes, qui se feront dans toute la ville en faveur des pauvres, au moins une fois le mois. Dans quelques endroits on fait la quête toutes les semaines : ce qui est peut-être plus avantageux pour les pauvres, & plus commode pour le commun des citoyens [III].

Ce font ordinairement les personnes les plus distinguées par leurs emplois, par leurs richesses ou leur naissance, qui se font un honneur d'aller recueillir les aumônes des autres citoyens, parce qu'ils le font avec plus de fruit & de désintéressement. Les quêtes se rapportent au Bureau, qui est pour l'ordinaire à l'Hôpital. Ce *Bureau*, qui est chargé de toute l'administration des biens des pauvres est composé des Directeurs de l'Hôpital, & des personnes les plus qualifiées de la ville, dont le zele pour le bien public est universellement reconnu, & qui se font un plaisir d'être les peres & les tuteurs des pauvres : titre plus beau & plus glorieux aux yeux de l'humanité, que tous ceux dont la vanité & l'ambition aiment à se décorer.

Dès que ces Messieurs auront été choisis & nommés par les Magistrats, ils s'assembleront pour partager la ville en plusieurs petits quartiers, selon le nombre des pauvres. Chaque *quartier* ne doit être ordinairement que de douze ou quinze pauvres familles au plus, afin que le maître de quartier puisse mieux les connoître & veiller sur elles.

Ils mettront donc à la tête de chaque quartier un *Maître des pauvres* (1). Son emploi sera de découvrir les véritables pauvres de son quartier ; de connoître leurs besoins, leurs ressources ; de voir l'usage qu'ils font des aumônes qu'on leur distribue ; d'examiner s'ils ont trop ou trop peu, s'ils travaillent ou non, & d'en rendre compte toutes les semaines au Bureau. On lui associera deux *sous-maîtres*, pour l'aider dans ses fonctions & pour suppléer à son défaut [IV]. Tous les trois dresseront ensemble une liste de tous les pauvres de leur quartier. Ce sera un petit registre, où sera mis par ordre leur nom, leur profession, le nombre de leurs enfans ; ce qu'il faut à chaque famille pour l'habillement, la nourriture, le logement, le chauffage ; & ce qu'elle gagne ou peut gagner par jour ou par semaine. Ils donneront une copie de cette liste aux Directeurs, qui régleront ensemble ce qu'il faudra donner à chaque pauvre famille par jour ou par semaine sur l'aumône générale.

Dans quelques endroits, le Maître des pauvres porte toutes les semaines aux famil-

---

(1) On pourra l'appeler *Maître* ou *Commissaire de quartier*, ou bien *Administrateur des pauvres*, ou lui donner tel autre nom qu'on jugera plus à propos.

les de son quartier l'argent qui leur a été assigné sur la liste. Dans d'autres villes, comme à Ruremonde, chaque famille pauvre va chercher elle même à l'Hôpital le pain qu'il lui faut : on y fournit aussi le linge & les habillemens nécessaires, qu'on a fait faire par les pauvres qui n'avoient point d'ouvrage. Mais au reste, qu'on distribue de l'argent aux pauvres, ou qu'on leur fournisse ce dont ils ont besoin, cela revient au même, pourvu qu'ils soient également soulagés. On poura choisir de ces deux manieres celle qu'on jugera la meilleure ou la plus convenable, en observant que dans une grande ville il faudroit établir plusieurs de ces maisons ou Hôpitaux, si l'on vouloit que les pauvres y allassent chercher ce qui leur est nécessaire. Une seule auroit peine à suffire à un si grand détail ; & d'ailleurs ces divers Bureaux formeront comme autant de petites villes, qu'il sera plus facile de bien administrer.

Toutes ces choses étant réglées, on fera publier de nouveau les ordonnances émanées de l'autorité royale au sujet des mendians & vagabonds. On portera la défense de mendier publiquement, & de donner l'aumône aux mendians. Les sergens de ville seront chargés de tenir la main à l'exécution. Ils saisiront & meneront à la maison de force tous ceux qu'ils trouveront mendier, pour y être punis [V].

Avec ces précautions, il sera impossible & inutile que les mendians vagabonds viennent à leur ordinaire se joindre aux pauvres du lieu ; & à moins qu'ils ne consentent à travailler & à se bien comporter comme eux, il faudra nécessairement que ceux qui y sont déjà, se retirent, parce qu'ils ne seront point sur la liste des pauvres, & que personne ne poura plus leur donner. Il ne se fera plus même dans aucun endroit de la ville des distributions publiques d'aumônes. L'équivalent sera donné pour l'aumône générale aux quêteurs des pauvres. Ils tâcheront aussi d'engager insensiblement les personnes riches à régler ce qu'elles veulent donner en aumônes par mois ou par an ; & je suis persuadé que la plupart y consentiront volontiers. Obligés par les lois de la religion & de l'humanité à faire l'aumône selon leurs biens, ils la feront d'une maniere infiniment plus commode, plus méritoire & plus satisfaisante. Tranquilles sur la distribution & sur l'usage de leurs charités, ils n'auront plus à craindre qu'elles servent à la fainéantise, au libertinage, à la débauche, comme il arrivoit souvent, lorsqu'elles étoient faites au hasard, ou arrachées par l'importunité des mendians. Ce seront de véritables bienfaits, au lieu que les aumônes malfaites ne méritent pas d'en porter le nom.

Rien, comme on voit, de plus simple, de plus aisé à mettre en pratique, que le plan que je viens de tracer. Mais quelque utile que soit un tel établissement, bien des personnes ne manqueront pas d'y trouver des difficultés, car on en forme sur tout, & les projets les plus avantageux au bien public rencontrent presque toujours des contradicteurs qui, par prévention, par ignorance, ou par intérêt, s'y opposent. C'est ce qui fait souvent échouer les établissemens les plus utiles, lorsqu'ils ne sont pas soutenus par des hommes de tête, dont le génie s'eleve au-dessus des obstacles, & les méprise ou les surmonte.

A toutes les objections qu'on pouroit faire, la meilleure & la plus décisive réponse, c'est sans doute l'expérience. Que ce projet soit praticable, on ne peut en disconvenir, puisqu'il a lieu & se soutient dans plusieurs villes avec la plus grande satisfaction des habitans, qui en sentent de plus en plus tous les avantages. Cependant la plupart des habitans d'une de ces villes le regarderent d'abord comme impraticable (1). Ils y trouvoient des embarras & des difficultés sans nombre, & l'on peut dire que cet établissement y a éprouvé à sa naissance toutes les contradictions que les bons projets ont coutume d'essuyer. Si la chose enfin a réussi ; si elle y a pris aujourd'hui une consistance solide, on le doit au zele des Magistrats, & sur-tout à l'activité & à la fermeté du Chef de cette ville. Les grandes difficultés s'évanouirent bientôt : insensiblement les avantages se succéderent ; & l'on fut à la fin surpris de trouver si facile ce qui au premier coup d'œil avoit paru presque impossible.

Répondons néanmoins à quelques objec-

---

(1) Les habitans d'Ath, ville du Hainaut Autrichien.

tions les plus fpécieufes, qui pouroient naître dans l'efprit des perfonnes même les mieux intentionnées & les plus zélées pour le bien public. Plus on défire ardemment, plus on craint pour le fuccès; & les vains fantômes quelquefois n'effraient pas moins que les objets réels (1).

*Vous voulez*, dira-t-on, *que chaque Communauté nourriffe fes pauvres : mais ce réglement peut tout au plus s'obferver dans les lieux où il y a beaucoup de perfonnes riches, comme en Hollande.* Le fuccès de cet établiffement ne dépend point de la richeffe de l'endroit. Si la Hollande eft très-riche, le pays d'Yverdun eft très-pauvre. Ruremonde, où il n'y a point de commerce, n'eft certainement pas riche. Cependant on eft parvenu à y abolir la mendicité par le moyen d'une aumône générale. On peut donc par le même moyen l'empêcher par-tout. Dans quelle ville, dans quel village les pauvres meurent-ils de faim ? Ils vivent par-tout de l'aumône, quoique fouvent faite fans difcernement ou à de prétendus pauvres. La moitié de ces charités, que la plupart des riches font aux mendians importuns, fuffiroit, fi elle étoit diftribuée par des perfonnes fages & prudentes, pour nourrir, non plus des fainéans indignes de tout fecours, mais de vrais indigens dignes d'être aidés. D'ailleurs fur trente perfonnes en état de donner quelque chofe, il n'y a fouvent qu'un

---

(1) Les objections fuivantes ont réellement été faites à Ath & ailleurs ; & l'on y a répondu à-peu-près comme nous le faifons ici.

pauvre à entretenir; & il est impossible que trente personnes puissent se déranger, en fournissant à l'entretien de ce pauvre, à proportion de leurs moyens. On poura donc faire exécuter ce réglement à la campagne même & dans tous les villages où il y a de la police (1). Mais quand il ne pouroit avoir lieu que dans les villes, ce seroit toujours un grand bien, parce que c'est dans les villes surtout qu'on a le plus à souffrir des mendians, qui s'y multiplient & s'y rassemblent davantage.

*Je conviens*, ajoutera-t-on, *que ce projet est excellent pour les petites villes: mais il est presque impossible de l'exécuter dans les grandes, où le nombre des pauvres est trop considérable.* Si les pauvres sont en plus grand nombre dans les grandes villes, les fondations & les aumônes y sont aussi en proportion. Ces biens & ces aumônes y suffisent, non-seulement aux vrais pauvres, mais à une multitude de fainéans, d'autant plus difficiles à distinguer des autres, que la ville est plus grande & le nombre des pauvres plus considérable. Cet établissement seroit donc plus nécessaire encore dans les grandes villes. Plus elles ont à souffrir des mendians, plus elles sont intéressées à s'en délivrer, s'il est possible. Et pourquoi ne le seroit-il pas? Il ne s'agira que de multiplier les quartiers, & de former plusieurs Bureaux.

---

(1) Une personne m'a dit que dans un gros village de Flandres, un Curé zélé avoit établi cet ordre, aidé seulement de deux des premiers du lieu; & ils étoient heureusement parvenus à y abolir entiérement la mendicité.

Si la ville est grande & a beaucoup d'indigens, il s'y trouve en même temps beaucoup de personnes pour faire l'aumône & pour avoir soin des pauvres.

Il y a en Hollande plusieurs villes très-peuplées & très-considérables. Cependant on n'y mendie point, & tous les pauvres sont secourus. C'est que cette République, qui, malgré la diversité des sectes qui la divisent & des membres qui la composent, a su mettre dans sa police le même ordre que dans son négoce, a établi à cet égard une sage discipline. On a soin de la maintenir, parce qu'on la regarde comme essentielle au bon ordre & à la tranquillité publique. Les crimes en effet sont très-rares en Hollande, parce qu'on n'y nourrit pas aux dépens des vrais pauvres la fainéantise, qui nourrit tous les vices. Ce réglement n'y est pas moins avantageux au progrès des fabriques, des arts & des métiers, parce que tout le monde travaille; & c'est peut être à cet établissement, que cette république florissante doit une partie de ses richesses & de l'étendue de son commerce. Combien de matelots forts & robustes ne lui fournit-il pas! & combien d'entre eux n'auroient jamais pris cet état, si la douce profession de mendiant y étoit permise, & aussi lucrative qu'ailleurs!

Ne doutons pas que l'abolition de la mendicité, entre autres avantages, ne procurât aussi en France aux régimens provinciaux bien plus de soldats, & dans la suite un plus grand nombre d'hommes mieux constitués, que ne le font d'ordinaire aujourd'hui les enfans des mendians. On les voit la plupart contrefaits ou estropiés, parce que leurs parens, occupés à mendier, les abandonnent ou les négligent. Ce qui n'arriveroit pas dans le plan que je propose. Les pauvres resteroient chez eux, & y éleveroient leurs enfans dans l'habitude du travail, qui les rendroit forts & vigoureux, & les mettroit en état de servir le Prince & la Patrie. On ne seroit pas obligé, comme on doit le faire dans un Hôpital--Général, de séparer des personnes que Dieu a jointes ensemble, & d'anéantir un des principaux effets d'un Sacrement qui n'est pas moins respectable parmi les pauvres que chez les riches.

*Mais*, dira-t-on encore, *comment occuper tous les mendians valides, & les obliger au travail ? la plupart n'ont point appris de métier.* Dès qu'une fois on leur aura interdit le métier honteux de mendier, ils seront obligés la plupart d'en apprendre un autre, qui sera plus honorable pour eux & plus avantageux à la société. Chacun choisira celui pour lequel il se trouvera le plus propre, ou qui sera le plus conforme à son goût. Il faudra sans doute dans les commencemens en aider plusieurs de la bourse des pauvres, en attendant qu'ils se soient mis en état de gagner leur vie par le travail : mais bientôt ils le feront. Les manufactures, les arts, les métiers, l'agriculture, les terrains incultes réclament en plusieurs endroits les bras oisifs. Ceux qui ne voudroient ou ne sauroient apprendre aucun métier, ne pouroient-ils pas être employés utilement aux travaux publics, à l'entretien des chemins, à faire une partie de ces corvées si onéreuses & si préjudiciables aux habitans de la campagne?

Je ne fais qu'indiquer ici les principaux moyens de procurer du travail aux mendians valides. Chaque pays a ses ressources & ses travaux. Ceux qui sont chargés de l'administration publique les connoissent, & avec du zele ils trouveront facilement à occuper tous leurs pauvres. Je dois leur laisser ce soin, persuadé qu'ils sentiront eux-mêmes tout l'avantage que le pays en doit retirer. L'Etat est comme une grande famille, dont le Prince est le pere. Si tous ses enfans gagnent, l'Etat s'enrichit. Si un grand nombre ne gagne rien, & doit tirer sa subsistance de ceux qui travaillent, l'Etat devient pauvre & languit. Ainsi voit-on peu de fruits sur ces arbres, dont les branches parasites & gourmandes attirent à elles ce suc précieux, qui ne devoit couler que dans les branches fertiles.

Il est donc de l'intérêt général, qu'on procure à tous les membres de l'Etat des moyens de travailler, parce qu'on procurera ainsi à tous des moyens honnêtes de subsister, sans être à charge aux autres. Ce travail utile, en préservant les pauvres des vices dont l'oisiveté est la source, fournira du moins à une partie de leur subsistance, & sera toujours par conséquent un profit pour l'Etat, qui les nourrissoit également à rien faire.

Quand on ne pouroit abfolument procurer du travail à tous les mendians valides, le plan que je propofe n'en feroit pas moins utile. L'Aumône générale bien adminiftrée, feroit encore plus que fuffifante à leur entretien; puifque dans l'état d'oifiveté qu'ils profeffent, ils vivent tous de l'aumône, & que plufieurs y trouvent même de quoi nourrir l'ivrognerie & la débauche.

Mais ne craignons pas que les pauvres qui voudront travailler foient fouvent dans le cas de refter oififs, pour peu qu'on ait foin de leur ménager les reffources que peut fournir chaque canton à ceux qui veulent travailler. Dans les lieux où la mendicité a été profcrite, on a prefque toujours trouvé de quoi occuper & faire travailler tous les pauvres; & ils s'y font la plupart offerts & prêtés de bonne grace. Ce fut, comme nous l'apprend un témoin oculaire, un fpectacle bien fatisfaifant, le lendemain que la defenfe de mendier eut été publiée à Ath, de voir des pauvres, qui fe difoient auparavant infirmes ou eftropiés, devenus tout d'un coup ouvriers valides, aller fe préfenter au travail. On vit les filles de ces pauvres s'offrir pour apprendre à filer, tricoter, faire de la dentelle. On vit les garçons courir chez les maîtres de différens métiers, pour y être reçus apprentis. Ils furent tous placés en peu de temps, ou occupés à travailler chez eux ; & à la feconde vifite générale qu'on fit fix mois après, on n'en trouva que quatre ou cinq qui ne travailloient point.

On vit même des vieillards octogénaires, des mendians jubilaires, les uns faire des filets, d'autres tricoter, ou tourner le rouet pour mettre plusieurs fils ensemble, en un mot s'occuper presque tous à faire quelque petit travail proportionné à leurs forces & à leur capacité. La fainéantise redevint ce qu'elle devroit toujours être, un sujet de honte; & l'occupation, le seul titre légitime à la nourriture [VI].

Tel est l'avantage que cette ville a retiré d'abord de cet utile établissement. Elle y gagne tout le travail que font aujourd'hui ces pauvres & qu'ils ne faisoient pas. Les pauvres eux-mêmes n'en sont devenus que plus heureux. Ils sont charmés d'être assurés d'avoir toute leur vie de quoi subsister selon leur état, d'être soulagés dans leurs maladies, & de n'être plus exposés à tous les mauvais temps pour chercher leur pain de porte en porte. Comme ils avoient quelquefois d'abondantes, quelquefois d'insuffisantes aumônes; tantôt ils mangeoient avec excès, tantôt ils n'avoient pas de quoi se nourrir: ce qui ne pouvoit manquer de leur causer des maladies, dont la plupart étoient les victimes. Aussi a-t-on remarqué à Ath, que sur cent pauvres qui mouroient auparavant dans une année, il n'en meurt pas dix aujourd'hui.

Combien un tel établissement n'est-il donc pas avantageux à l'Etat, & digne de l'humanité. On conserve la vie des hommes : on épargne à ses freres la honte de se mettre aux pied de leurs semblables: on pourvoit aux besoins de tous les indigens: aucun n'est oublié ou négligé. Une ville paroît n'être plus qu'une même & grande famille, dont tous les membres concourent au bien commun.

Représentez-vous cette quantité d'hommes fainéans, devenus ouvriers utiles. Non-seulement ils travailleront à vos fabriques & les augmenteront, mais avec eux on en établira de nouvelles, parce que la main-d'œuvre sera plus multipliée & coûtera moins, dès que tout le monde travaillera. D'une multitude d'ouvriers nouveaux naîtra donc une nouvelle source de richesses.

Les mœurs même y gagneront. En enlevant à la fainéantise ces nombreux troupeaux de mendians, dont la plupart croupissoient dès l'enfance dans une oisiveté infecte & corrompue, combien de vices & de désordres le travail assidu n'extirpera-t-il pas ? Les pauvres, qui ne viendront plus dans nos temples pour y troubler & y importuner la piété, mais pour y recevoir les instructions de leurs Pasteurs, seront mieux instruits, & plus en état d'instruire à leur tour leurs enfans; au lieu que la plupart de ceux-ci, auparavant sans principes & sans éducation, renchérissoient souvent sur les vices de ceux qui leur avoient donné l'être. Ne craignons pas non plus que les pauvres consument aussi facilement en débauches l'argent qu'ils auront reçu pour prix de leur travail. Ce qu'on acquiert sans peine, se dissipe vîte: mais ce qu'on amasse difficilement, se dépense de même.

Les habitans d'Ath, témoins des heureux effets, que le nouveau réglement produisoit dans leur Ville, en furent si enchantés, qu'ils consentirent tous à se cotiser volontairement par semaine ou par mois. Ces aumônes ont suffi aux besoins des pauvres, & cependant la plupart des citoyens ont remarqué avec surprise, qu'elles n'alloient pas à la moitié de ce que leur coûtoient autrefois les aumônes faites aux mendians, parce qu'elles sont dispensées avec plus d'ordre & d'économie [VII].

Dans chacune des principales auberges de la Ville, on a mis un tronc pour y recevoir les aumônes des étrangers, qui se font un plaisir de contribuer à un si utile établissement. On peut en placer également dans les Eglises : mais il n'est ni nécessaire ni peut-être même à propos d'y mettre les quêtes pour les pauvres. Outre que ces sollicitations bruyantes interrompent l'Office divin & troublent l'attention des assistans, elles deviendront inutiles, dans le système de l'aumône générale : les personnes charitables donneront chez elles toute l'aumône qu'elles ont envie de faire. D'ailleurs ces quêtes même pourroient nuire. Plusieurs, pour se dispenser de donner aux quêteurs de la Ville, prétexteroient qu'ils ont donné aux quêteurs d'Eglise. Les premiers une fois rebutés & découragés, les affaires des pauvres iroient bientôt en décadence ; & l'on seroit contraint de laisser renaître la mendicité, qu'on auroit eu tant de peine à détruire.

Il faut donc prévenir ce mal par toutes fortes de moyens; & il m'en reste encore un dernier à propofer. S'il arrivoit des temps d'une mifere extrême, des calamités publiques, de ces jours malheureux, où les riches ont coutume de diminuer leurs aumônes, au lieu qu'ils devroient alors les augmenter; ou bien fi un grand nombre de citoyens aifés, n'ayant plus fous les yeux les pauvres ni leur mifere, n'en étant plus importunés, n'entendant plus leurs cris & leurs plaintes, venoient à en être moins touchés & à retrancher leurs aumônes; en un mot, s'il arrivoit, de quelque maniere que ce fût, que l'aumône générale & volontaire ne pût fuffire à l'entretien de tous les indigens, il faudroit alors que la Communauté y suppléât.

Puifque le fuperflu des riches eft dû aux pauvres, & qu'en le leur donnant ils ne font que payer une dette, qu'acquitter une de leurs plus juftes & de leurs plus indifpenfables obligations; une impofition fur le fuperflu feroit fans doute le moyen le plus propre & le moins onéreux au peuple, pour fuppleer en cas d'infuffifance. Mais comme il feroit fouvent affez difficile de déterminer le fuperflu, & que plufieurs n'en conviendroient pas, car il y a des perfonnes qui n'ont jamais affez; le moyen le plus fimple & le plus facile, lorfque la Communauté n'aura pas de biens qu'elle puiffe appliquer à cet ufage, feroit peut-être dans ces cas extraordinaires, de mettre, avec la permiffion & l'autorité du Souverain, un léger *impôt* fur tous les citoyens. Je dis fur tous les citoyens sans exception : lorsque les pauvres sont dans une grande nécessité, la loi divine & la loi naturelle n'exemptent de l'aumône que ceux qui ne peuvent absolument la faire. Cette taxe pouroit se lever avec la taille, & même à proportion de la taille réelle ou personnelle. Je ne doute pas que les privilégiés ne soient les premiers à donner l'exemple, & ne veuillent être à la tête d'un impôt si honorable. Peut-être que dans ces momens de crise, le Roi lui-même, instruit & touché des grands avantages que procure à l'Etat un si bel établissement, se prêtera volontiers à le soutenir, en y consacrant quelques portions des revenus de l'Etat ou de l'Eglise. Les pauvres ne sont-ils pas aussi ses enfans?

Il faut d'une nécessité indispensable, que les indigens soient nourris & secourus : il faut, à quelque prix que ce soit, délivrer la société du fléau funeste de la mendicité. Fallût-il pour un si grand bien tolérer une taxe, cette taxe devroit être désirée de tout bon citoyen. Mais elle n'aura lieu tout au plus que dans quelques cas rares & momentanés. Les aumônes libres des personnes bienfaisantes, & une bonne administration de ces aumônes, jointes au travail des pauvres même, suffiront d'ordinaire pour les nourrir, comme elles ont suffi jusqu'à présent dans plusieurs villes, où l'aumône générale est établie. On y voit des personnes riches & charitables qui, convaincues que l'aumône bien faite, oin d'appauvrir, est souvent une nouvelle

source

source de bénédictions & de richesses, donnent tous les ans pour les pauvres le dixieme de leurs revenus, d'autres le quinzieme ; & ils ne font peut-être en cela que satisfaire à l'obligation où sont tous les hommes de faire l'aumône selon leurs facultés. Mais quand toutes les personnes capables de contribuer, ne se cotiseroient qu'à une somme modique, cela suffiroit presque toujours pour soulager & entretenir tous les indigens. Il seroit bien plus beau, plus noble, plus généreux de se taxer ainsi soi-même. Aussi ne proposons-nous l'autre moyen qu'à regret, & comme la derniere ressource dans les cas extrêmes, où le salut du peuple devient la premiere loi [VIII].

Loin de redouter cette imposition dans les temps même les plus fâcheux, les personnes qui ont de l'humanité la désireront, persuadées que dans tous les temps la Communauté doit nourrir ses pauvres, soit qu'ils mendient ou qu'ils ne mendient pas. Les seuls riches avares & inhumains la craindront ; & en effet elle ne tombera que sur eux ; au lieu qu'elle déchargera les autres qui par charité & par compassion donnoient au-delà de leurs moyens. N'est-il donc pas juste que tous contribuent à la nécessité publique, dans les circonstances où les personnes charitables se trouvent si surchargées, qu'elles ne peuvent suffire à soulager tous les malheureux ? Et quel inconvénient y a-t-il en ce cas à régler, par la loi du Prince, des cotisations & des taxes, que des ames dures & des cœurs impitoyables ont rendues néceſſaires?

Mais faiſons plus d'honneur aux riches; & à la gloire d'un ſiecle où les perſonnes de diſtinction, ſur les traces des Souverains, s'empreſſent à donner tous les jours des marques éclatantes de bienfaiſance & d'humanité, penſons aſſez bien du plus grand nombre, pour eſpérer qu'ils ſe prêteront avec zele à contribuer de leurs biens à l'établiſſement le plus avantageux peut-être qu'on puiſſe faire pour la ſociété. Etabliſſement le plus propre, oſons le dire, le ſeul propre à détruire la mendicité, ſans rendre les mendians malheureux; puiſque de tous les moyens qu'on a employés juſqu'à préſent, c'eſt le ſeul qui ait parfaitement réuſſi, & qui ſe ſoit le plus conſtamment ſoutenu. Je parle d'après l'expérience, qui dépoſe unanimement en faveur de ce ſyſtême; & s'il en falloit encore des exemples après tous ceux que j'ai déjà rapportés, celui de la ville de Courtrai en Flandres, qui vient de l'adopter, pouroit venir à l'appui. En très-peu de temps tout y fut arrangé ſans obſtacle, à la ſatisfaction générale des citoyens, qui ne peuvent trop ſe louer aujourd'hui du changement prompt & univerſel, que ce nouveau réglement a produit dans leur ville, en faveur du commerce, des mœurs, de l'ordre & de la tranquillité publique [IX].

Pourquoi ne pouroit-on pas exécuter en France ce qui ſe pratique dans cette ville & dans pluſieurs autres avec tant de ſuccès &

d'avantage ? Ne nous faifons point un faux honneur de ne pas vouloir être ici les imitateurs des autres peuples, nous qui les imitons fi volontiers en d'autres chofes bien moins importantes. Adoptons fans peine ce qu'ils ont de meilleur ; & fuivant le génie propre à notre nation, perfectionnons-le même, s'il eft poffible. A la place de ces fondations magnifiques, mais infuffifantes & plus brillantes qu'utiles ; à la place de tant d'aumônes, qu'une foule importune de mendians nous arrachent tous les jours fans reconnoiffance comme fans mérite ; à la place de tant de charités mal diftribuées, & plus propres à entretenir la fainéantife qu'à foulager l'indigence, fubftituons une aumône générale, une fage diftribution, une prudente économie, des travaux lucratifs, qui puiffent fournir aux befoins réels de tous les vrais pauvres. Tous les indigens feront nourris, tous les fainéans occupés ; tous les malheureux fecourus, tous les pauvres malades foulagés. Sans ôter entièrement de deffus la terre la pauvreté, qui dans les deffeins de la providence y eft néceffaire, on abolira pour toujours la mendicité qui y eft au moins inutile. Loin d'en être plus miférables, les mendians eux-mêmes n'en deviendront que plus heureux, en devenant plus utiles à l'Etat.

*Fin du Mémoire.*

# SUPPLÉMENT
## AU
## MÉMOIRE SUR LA MENDICITÉ.

[I.] *P*AR-TOUT *il a fait connoître les véritables pauvres*, &c. C'eſt le témoignage que rend à cet établiſſement avantageux l'Auteur de *l'Encyclopédie économique, ruſtique & politique*, imprimée à Yverdun, petite ville aſſez peuplée du pays de Vaux en Suiſſe. Ce pays, ſitué au nord du lac de Geneve, a Lauſane pour capitale, & ſept ou huit autres petites villes. Le réglement dont je parle, fut d'abord établi à Yverdun où il ſe pratique depuis 1760, & fut ſucceſſivement adopté par les autres villes de ce pays.

[II.] *La maniere dont cela ſe fait dans une petite ville de Flandres, eſt auſſi ſimple que facile*. C'eſt à *Ruremonde*, ville des Pays-Bas Autrichiens. La police qui s'y obſerve à l'égard des pauvres, eſt digne de ſervir de modele. Le plan en a été donné par un zélé citoyen, qui avoit parcouru à ce deſſein pluſieurs Contrées de l'Europe, pour y recueillir tout ce qu'il trouveroit de mieux en ce genre. A ſon retour, il a fait de très-beaux réglemens, qui ont délivré ſa patrie de la mendicité. Ils s'y obſervent depuis plus de vingt ans, à l'avantage des pauvres & de tous les habitans. C'est à de tels bienfaiteurs de l'humanité qu'on devroit ériger des statues.

[III.] *Dans quelques endroits on fait la quête toutes les semaines, &c.* L'Apôtre recommandoit aux premiers fidelles de mettre de côté un des jours de la semaine ce que chacun d'eux avoit intention de donner à la quête qui se faisoit pour leur freres indigens (1). On a vu parmi nous des maîtres charitables, & entr'autres M. *B*\*\*\*, un des meilleurs Imprimeurs & Libraires de Liege, engager tous leurs ouvriers par leurs conseils & par leur exemple, à réserver une petite partie de ce qui leur revenoit chaque semaine de leur travail, pour la bourse des pauvres. Cette légere aumône dont ils ne s'appercevoient presque pas, ils la faisoient avec joie, non-seulement par charité, mais parce qu'ils pouvoient eux-mêmes se trouver dans le cas un jour d'avoir besoin de l'aumône générale. La plupart des personnes du commun sont aussi plus en état & donneront plus volontiers une petite somme chaque semaine, qu'une plus considérable tous les mois.

On fait à *Sedan* la quête pour les pauvres tous les Dimanches & les plus grandes Fêtes de l'année. Ce sont les Dames qui la font tour à tour. Un des principaux de la ville leur donne la main, & les conduit dans toutes les maisons & les assemblées. On assure que pendant cette quête elles font plusieurs fois

---

(1) *De collectis autem quæ fiunt in sanctos, &c.* I. Cor, 16.

obligées de vider leur bourfe dans une plus grande, qu'elles font porter par leur domeftique qui les fuit. On refuferoit fouvent à fon égal, qu'on n'ofe le faire à une perfonne au-deffus de foi, & fur-tout aux Dames, qui naturellement font plus perfuafives & plus engageantes que les hommes, pour les bonnes œuvres auxquelles elles s'intéreffent.

[IV.] *On lui affociera deux fous-maîtres, &c.* comme on le fait à Ruremonde. Chaque propriétaire de maifon y eft obligé d'être maître de quartier à fon tour pour un an. Il a pour adjoints ou fous-maîtres les deux propriétaires voifins, & l'un d'eux lui fuccede l'année fuivante. Perfonne n'eft exempt de cette charge ; il faut la faire par foi-même, ou mettre quelqu'un à fa place. Si l'on trouvoit dans chaque quartier deux ou trois perfonnes zélées, qui vouluffent enfemble fe charger pour toujours de cet emploi, cela feroit peut-être encore mieux. Cette peine, qui d'ailleurs ne feroit pas fort grande, parce qu'ils feroient plufieurs pour s'aider ou fe fuppléer, tire du fein de la religion & de la charité un prix infini.

[V.] *Ils faifiront & meneront à la maifon de force tous ceux qu'ils trouveront mendier, &c.* Je crois qu'on doit mettre quelques modifications à la défenfe générale de laiffer entrer aucun pauvre ou mendiant, & à celle de leur faire l'aumône. Il peut fe trouver des indigens, qui foient obligés de paffer par un pays pour retourner dans le leur. Une calamité furvenue dans une contrée voifine, ou l'impuiffance d'en soulager tous les pauvres, peut forcer ses malheureux habitans à chercher dans les pays voisins de quoi subvenir à leurs pressans besoins. Dans ces cas & quelques autres semblables, leur refusera-t-on inhumainement les secours qui leur sont nécessaires? & ne vaut-il pas mieux être trompé quelquefois par de faux certificats, que de s'exposer à violer la loi divine & naturelle, qui ordonne de traiter charitablement les étrangers lorsqu'ils viennent pour demeurer quelque temps ou qu'ils passent, & de prêter une main secourable à tous les pauvres (1) qui se trouvent dans la nécessité, puisqu'ils sont tous nos semblables & nos freres? Le besoin unit tous les hommes par les liens respectables de l'humanité, & fait de l'univers entier une société d'amis qui doivent s'entr'aider réciproquement. Mais après avoir lu & examiné les certificats des pauvres étrangers, il faut les conduire à l'Hôpital ou à la personne chargée de la bourse des pauvres, afin d'en recevoir une légere aumône, sans leur permettre de mendier dans l'endroit.

Pour veiller à la manutention de ces divers réglemens, & pour parvenir à purger entiérement un pays de vrais bandits & vagabonds, rien ne seroit peut-être mieux que l'établissement d'une *Maréchauffée*, composée d'un certain nombre d'hommes bien armés. C'est la plus

---

(1) *Frange esurienti panem tuum, & egenos vagosque induc in domum tuam, &c.* Is. 58. *Præcipio tibi ut aperias manum fratri tuo egeno & pauperi.* Deuter. 15.

grande terreur qu'on puisse donner aux voleurs & aux coquins, à qui la couleur seule de l'uniforme impose. Prétendre détruire la mendicité dans l'intérieur du pays sans en garder les entrées, ce seroit vouloir épuiser les eaux d'une riviere, sans avoir détourné les sources qui les augmentent.

La levée & l'entretien d'un tel corps si nécessaire à la sureté publique, coûteroit beaucoup moins & serviroit bien davantage, que ces patrouilles qu'on fait en plusieurs endroits, & qui de la maniere dont elles se font sont aussi inutiles qu'onéreuses. C'est ce qui avoit engagé quelques villages du Comté de Namur, à substituer à la place un homme de la Maréchaussée de Bruxelles, qu'on avoit fait venir. Il veilloit sur quatre ou cinq villages, & il étoit payé par tous ceux qui étoient obligés de faire la patrouille. Une personne qui a été chargée plusieurs années de faire la répartition de ce que chaque contribuable devoit donner pour sa part, m'a dit que chacun d'eux n'en étoit par an qu'à neuf ou dix sous du pays, qui font quinze ou seize sous de France; & qu'on ne voyoit plus aucun coquin ou vagabond. Un si utile établissement, qui subsiste encore dans plusieurs endroits de la Flandre, dura trop peu dans ceux dont je parle. L'homme de la Maréchaussée fut renvoyé, & les patrouilles furent rétablies par les intrigues d'un Maire qui retiroit quelque profit, lorsqu'elles se faisoient, ou plutôt, lorsqu'elles se faisoient mal. L'intérêt particulier sera toujours le plus grand ennemi de l'intérêt public.

[VI.] *L'occupation, le seul titre légitime à la nourriture.* On doit distinguer les gueux proprement dits, c'est-à-dire, ceux qui le sont par libertinage & par paresse, de ceux que la foiblesse de l'enfance, la caducité de la vieillesse, les infirmités empêchent de gagner leur vie par le travail. C'est un devoir indispensable de la charité chrétienne, & de l'humanité même, de contribuer à la sustentation de ces derniers. Mais c'est aux hommes robustes à se charger de la portion du travail des infirmes, & les gueux n'en sont pas exempts ; & c'est d'eux sur-tout que l'Apôtre a dit que *qui ne veut point travailler, ne doit pas manger.* Il en donnoit lui-même l'exemple aux Chrétiens de la primitive Eglise, en travaillant à des ouvrages de tapisserie, afin de ne pas leur être à charge.

Le travail doit être la premiere ressource du pauvre ; & les personnes même déchues, qui prétendroient, par rapport à leur naissance ou à leur état, qu'elles ne doivent rien faire, seroient indignes d'être aidées de l'aumône publique. L'homme est né pour le travail ; & lorsque Dieu lui en imposa la peine, ce fut en la personne du premier & du plus ancien des nobles. Un fainéant doit être regardé comme un monstre dans la société dont tous les membres doivent concourir au bien commun, par des travaux de l'esprit ou du corps, en travaillant soi-même ou en dirigeant le travail des autres. Il est des travaux honnêtes, dont les personnes de naissance &

les complexions les plus délicates font capables. Celui qui a pu s'adonner à des exercices & à des plaisirs fatigans, peut bien se prêter à des occupations moins pénibles, pour avoir du pain, sans que sa paresse lui fasse trouver dans sa naissance un motif d'être à charge au public.

[VII.] *Elles n'alloient pas à la moitié de ce que leur coûtoient autrefois les aumônes faites aux mendians, &c.* A peine le dessein fut-il formé en Saxe d'abolir la mendicité, que tout le monde s'empressa de seconder un projet si utile, & l'on comprit qu'on ne pouvoit l'exécuter que par le travail. » On employa, dit le Baron *de Bielfeld*, les mains des mendians à filer la laine & le coton, à tailler des bouchons de bouteille, à préparer le chanvre pour la corderie, & à d'autres travaux faciles à apprendre. L'expérience m'a fait connoître, ajoute-t-il, qu'au bout de dix ans on n'a plus eu à nourrir que quatre cents pauvres dans une ville capitale, qui contenoit au moins cent mille habitans. L'entretien de ces quatre cents personnes coûtoit, par année commune, environ huit à neuf mille écus d'Allemagne : ce qui revenoit à vingt ou vingt-deux écus par tête. Les mêmes quatre cents personnes peuvent encore gagner par leur travail quatre mille écus par an. Ainsi chacun de ces pauvres coûte à l'Etat dix écus, pour lesquels il peut être honnêtement vêtu, logé, chauffé, nourri; & cent mille citoyens ne contribuent que quatre mille écus ou quelques liards par tête à ce sage établissement, qui les affranchit de toutes les vexations des mendians. »

[VIII.] *Dans les cas extrêmes, où le salut du peuple devient la premiere loi.* Il n'eſt point de vrai citoyen, qui ne déſire de voir la mendicité abolie, au moyen même d'une contribution plus forte que la ſomme qu'il emploie pendant le cours de l'année en aumônes. Dans le cas où la libéralité ſeule ne ſuffiroit pas, on pouroit, comme on le fait dans quelques endroits, mettre en faveur des pauvres des impôts ſur les chevaux, ſur les chiens (1), ſur les cartes, ſur les aſſemblées de jeux, ſur tous les ſpectacles & divertiſſemens publics. Les plaiſirs ſont toujours ce qui coûte le moins ; & n'eſt-il pas juſte que ceux qui les goûtent, contribuent au ſoulagement des malheureux qui ſouffrent ?

Comme les impôts qui ne tombent pas ſur le peuple ne ſont point deſtructifs, on pouroit auſſi taxer les maîtres à proportion de leurs domeſtiques & de leurs équipages, faire payer les galons, les dentelles, les broderies, les étoffes précieuſes. Les perſonnes qui ont le moyen de les porter, n'en ſouffriront pas beaucoup ; & celles qui veulent ſe mettre au-deſſus de leur condition, méritent bien de payer leur folie. Il eſt bon, ſur plus d'un objet, de tourner au profit des pauvres, le ridicule de ceux qui ne le ſont pas.

[IX.] *En faveur du commerce, des mœurs, de l'ordre & de la tranquillité publique.* Si l'on

_____

(1) On m'a dit que dans un gros village où l'on avoit mis une taxe ſur les chiens, on avoit tué plus d'une vingtaine de ces animaux, qui mangeoient du pain inutilement.

consulte l'Ecclésiastique & le Séculier, le Noble & le Roturier, le Citoyen riche & celui qui ne l'est pas; tous se plaignent de la multitude des pauvres & des vexations qu'ils en éprouvent. Mais ce qui se passe à cet égard dans les villes, n'est nullement comparable à ce qu'en souffrent les habitans de la campagne, où les mendians, moins gênés par la Police, demandent avec un certain empire, exigent même avec insolence, & souvent peu contens de la charité, la reçoivent avec menace. Qu'on se figure le spectable hideux d'une troupe de mendians, qui se présentent sur le soir à l'habitant de la campagne, pour demander l'hospitalité. Osera-t-il la leur refuser? il s'exposeroit à leur ressentiment. La leur accordera-t-il? sa maison en sera toujours pleine; & le gueux, qui sent bien qu'il entre plus de crainte que de compassion dans cette complaisance, n'en est que plus insolent & plus à craindre.

Comme ces troupes aussi redoutables que crasseuses de gueux, qu'on voit quelquefois dans les campagnes, n'y ont pour l'ordinaire ni feu ni lieu, elles se retirent dans les bois, dans les petits cabarets, y font des mariages crapuleux, & y commettent des horreurs. C'est de ces bandes de mendians, que sortent souvent les voleurs, les incendiaires, & tous les genres de scélérats qui infestent les villes & les campagnes.

Tant d'abus & de désordres ne font que trop sentir la nécessité d'établir pour les campagnes, comme nous l'avons dit, une espece de Maréchauffée : elle les purgera des bandits & vagabonds, & servira à y maintenir une police, au moyen de laquelle, en obligeant chaque Communauté de nourrir ses pauvres, on poura, ainsi que dans les villes, y abolir entiérement la mendicité. Dans les malheurs particuliers, ou lorsqu'un village ne sauroit absolument nourrir tous ses pauvres, on ordonneroit pour eux des quêtes ailleurs, ou, ce qui vaudroit sans doute encore mieux, il faudroit avoir dans les principales villes de chaque canton un fonds public, destiné à fournir des secours prompts aux besoins pressans dans lesquels pouroient se trouver quelquefois les pauvres des villages circonvoisins. Les Seigneurs de ces endroits, & sur-tout ceux qui n'y demeurent point & qui en retirent la principale richesse sans y rien dépenser, ne doivent-ils pas aussi alors signaler leur bienfaisance & leur charité, comme l'a fait une Dame Espagnole dans un village du Comté de Namur ? Instruite par une personne zélée & charitable de l'état de ce village qui lui appartient, elle a ordonné, pour remplir ses justes obligations, qu'on distribuàt aux pauvres du lieu une certaine quantité d'argent ou de pain : ce qui s'exécute. Heureux les villages qui ont le bonheur d'avoir des Seigneurs si humains & si disposés à soulager les malheureux !

*Fin du troisieme & dernier Volume.*

# TABLE
## *DES MAXIMES*

Contenues dans le troisieme Volume.

XXV. *Reprenez sans aigreur,* p. 1
*Louez sans flatterie,* 17
*Ne méprisez personne,* 25. *Entendez raillerie,* 46

XXVI. *Fuyez les libertins,* 50. *Les fats,* 59. *& les pédans,* 65
*Choisissez vos amis,* 71. *Voyez d'honnêtes gens,* 88

XXVII. *Jamais ne parlez mal des personnes absentes,* 93
*Badinez prudemment les personnes présentes,* 104

XXVIII. *Consultez volontiers,* 114
*Evitez les procès,* 128
*Où la discorde regne, apportez-y la paix,* 133

XXIX. *Avec les inconnus usez de défiance,* 139
*Avec vos amis même ayez de la prudence,* 144

XXX. *Point de folles amours,* 150. *Ni de vin,* 173. *Ni de jeux,* 181
*Ce sont là trois écueils en naufrages fameux,* 186

XXXI. *Sobre pour le travail*, 219. *Le sommeil*, 219. *Et la table*, 230
XXXII. *Jouez pour le plaisir, & perdez noblement,* 244
*Sans prodigalité dépensez prudemment,* 250
XXXIII. *Ne perdez point de temps à des choses frivoles,* 264
*Le Sage est ménager du temps & des paroles,* 272
XXXIV. *Sachez à vos devoirs immoler vos plaisirs,* 285
*Et pour vous rendre heureux modérez vos désirs,* 304
XXXV. *Ne demandez à Dieu ni grandeur ni richesse,* 316
*Mais pour vous gouverner, demandez la sagesse,* 340

PORTRAIT *de l'honnête homme & du sage,* 345
MÉMOIRE *sur la Mendicité,* 371
I. PARTIE. *Insuffisance des moyens employés pour la détruire,* 376
II. PARTIE. *Moyens propres à l'abolir,* 384
*Réponses aux objections,* 398
SUPPLÉMENT *au Mémoire,* 412

Fin de la Table du troisieme Volume.

# TABLE ALPHABÉTIQUE

*Des traits d'Histoire & des autres principales matieres contenues dans les trois Volumes.*

N. B. Le second & le troisieme Tome sont indiqués par les chiffres romains (II) & (III).

## A.

ABBÉ noble qui dit la messe, II, 281
Qui plaide, III, 132, 133
Acard & un petit-maître, II, 236
Achat & vente injustes, II, 200, 201
Adrien, Empereur, ne se venge pas, II, 210
Adultere, grand péché, III, 156 & suiv.
Afflictions, leurs avantages, II, 338
Agatocle, fils d'un Potier, II, 296
Agésilas qui a fait une promesse, 179, 180
Albéroni officieux, 185, 186
Alexandre-le-Grand & les Scythes, 376
Et un Pirate, ibid.
Et un Historien flatteur, III, 22
Sa mort, 233
Il se bouche une oreille, 350
Alexandre IX, Duc de Savoie, & un chasseur, II, 170

Alexis Comnene prisonnier, II, 331
Algérien reconnoissant, 352, 353
Alipe, Magistrat incorruptible, II, 98
Aux spectacles, III, 215
Allemand, terme de mépris III, 34, 35
Alphonse-le-Grand, humain, 364
Chez un Joaillier, III, 94
Alphonse loué de sa noblesse, II, 278
Alphonse le Courageux, sa réponse sur un songe, III, 111
Alphonse IX ne vend pas la paix, II, 262
Alphonse, sa soumission à son pere, 322, 323
Aman orgueilleux, II, 286, 287
Ambassadeur Turc & une Dame, 221
de France malade, II, 126
Et un Lord, III, 34
Et des Dames fardées, 112

# ALPHABÉTIQUE. 425

*Amboife* Cardinal, prête généreufement, II, 15
*Ami* parvenu qui méconnoît, III, 76
Qui demande une chofe injufte, 83, 84
Qui trompe fon ami, 146, 147, & *fuiv.*
*Ami* des enfans, III, 54
*Amour* criminel, fes peines, III, 157 & *fuiv.*
Sa honte, 161, 163
Ses effets funeftes, 187
Ses punitions, 193, 194
Ses remedes & préfervatifs, 197, 198
*Amyot* & Charles IX, III, 337
*Anaximenès*, grand parleur, 250
*André*, (Marquis de Saint-) & M. de Louvois, III, 15, 16
*Anglois* qui fe coupe la gorge, 127, 128
Qui ne paye pas fes ouvriers, 248, 249
Humain & fenfible, 363, 364
Devenu Secrétaire d'Etat, II, 288
*Animaux* fauvages ou domeftiques, 120, 121
Excès blâmable, III, 63, 64
*Anne de Bretagne* & Louis XII, 266
*Anne d'Autriche* ne s'afflige pas, II, 221, 222
*Anne de Boulen*, fa fin malheureufe, III, 157, 158
*Antoine*, (S.) fon refpect pour les Eccléfiaftiques, 338
*Apelle*, Peintre célebre, III, 117

*Argent*, fon ufage, III, 260, 261
*Ariftippe* & un pere, 85
Et Efchines, II, 222
Sa réponfe à un grand Lecteur, III, 270
*Arnauld* révele fon fecret, II, 271, 272
*Arruis* & Bourdaloue, II, 304
*Artaxerxès* fait un repas groffier, III, 242
*Aubigné* jette au feu des papiers, II, 178, 179
Confeille Henri IV, III, 115, 116
*Augufte* traité familiérement, II, 45
Ce que lui dit un accufé, 49
Regrette deux amis, III, 74
*Aumône*, à qui il faut la faire, II, 144, 145
Elle n'appauvrit pas, 165
Faux prétextes de ne la pas faire, 167, 168 & *fuiv.*
Combien on doit donner, 156
Obligation de faire l'aumône, 370 & *fuiv.*
La faire plutôt pendant fa vie, III, 352
Aux pauvres étrangers, III, 414
*Aumont*, Evêque hautain, II, 286
*Aurengzeb*, Empereur du Mogol, III, 296
*Avare*, faux généreux, 357
Comparé avec le prodigue, III, 254, 255
*Avare* qui donne un repas, 263
*Avare* miférable, 333, 334

*Aveugle* qui se console, II, 323

*Avocat* fâché d'avoir menti, 169

## B.

BABILLARD est insupportable, II, 243, 244
Est difficile à corriger, 245
*Bacon*, sa réponse sur sa maison de campagne, II, 295, 296
Sur un homme grand, III, 31, 32
*Bals*, III, 203
*Barnevelt*, Dame, sa réponse, 392
Les juges de son mari, III, 111, 112
*Bassompierre*, Maréchal, se dit plus jeune, II, 272
Boit dans sa botte, III, 178
*Bautru*, son bon mot sur la justice, III, 129
*Bayard*, II, 139, 189
*Bayle*, les doutes, II, 122
*Bénédicité* & les graces, III, 241
*Benoît XII*, sa belle réponse, III, 353
*Benoît*, Dame se rend aimable, 238
*Bernard*, Prêtre pieux, III, 329
*Bernard*, Demoiselle Poëte, III, 314
*Berry*, ( Duc de ) & son Sous-Gouverneur, 49
Et un Officier réformé, 63
*Bielfeld*, son témoignage, III, 418
*Blanche* & S. Louis, 131
*Boivault*, Dame, son éloge, III, 281

*Bolingbrocke*, sa mort, II, 105
Son beau trait, III, 104
*Booz*, époux de Ruth, II, 374
*Boucicaut* salue des Courtisannes, 231
*Boulanger* impie converti, II, 121, 122
*Bourgeoise* jolie & vertueuse, III, 165, 166
*Bourgogne*, Duc, petit-fils de Louis XIV, & un vieux Officier, 221, 222
Petit-fils de Louis XV, & son Gouverneur, III, 349
*Brébeuf*, ce qu'il dit d'un grand parleur, II, 242, 243

## C.

CALIFE avare, II, 138
*Callisthene*, ami fidelle, III, 80
*Cambise* loué par Crésus, III, 24
*Canut* & la mer, 109
Le bon, II, 142
*Capucins* traités inhumainement, 369
*Cardinal* & son chapeau, II, 285
*Cassagne* satirisé, III, 98
*Cassien*, ses mouvemens de colere, 199
*Castelnau*, ses sentimens à la mort, 313
*Catéchisme* historique, 16
Philosophique, III, 37
*Catherine* de Médicis pardonne, II, 208, 209
*Catinat* modeste après une victoire, II, 309
*Caton* se repentoit de trois choses, II, 269

ALPHABÉTIQUE. 427

Célius & un complaisant, 193
Chantal, II, 165
Chapelain, ami peu généreux, 357
 Sa mort, III, 260
Chapelle ivre, III, 175
Charbonnier, sa foi, II, 66
Charles II, Roi d'Espagne, II, 45
Charles IV, Empereur, & un traître, 382
Charles-Quint, & un criminel d'Etat, 369
 Et deux Dames, II, 293
 Il abdique la couronne, III, 318
Charles VII, Roi de France, III, 292
Charles VIII, est secret, II, 267
Charles IX & un Gentilhomme, III, 14
Charles XII, Roi de Suede, & un domestique, 367
 Et la Reine sa mere, III, 180, 181
 Il dort peu, 226
 Vit frugalement, 235
Charles, Roi de Naples, & un vieux cheval, III, 297
Charles Borromée, (S.), malade, II, 323
 Il renvoie les médecins, III, 239
Charleval, Poëte, meurt vieux, III, 308
Chinois & un mauvais Précepteur, 91, 92
 Et son pere, 320
 Et des envieux, II, 33, 34
Choix d'un état, 253
 D'une femme, 287, 288
Claude, Empereur imbécille, III, 147, 168
Claville, Auteur, sa morale, III, 153, 366

Clément XIV, & un petit-maître, 223
 Et un Peintre, III, 77
Cochin, Avocat modeste, II, 311
Colere, passion odieuse, &c. 197
 Colere des femmes, 202
Colomb & ses envieux, II, 27
Colonne, la Connétable, laide, 290
Comédie, III, 208
Complimens peu sinceres, III, 19, 20
Comte de Valmont, par M. Gérard, 2, 16 III, 209
Condé & un parleur, II, 243
 Méprise un soldat, III, 32
Confesseur brutal, III, 3
Conseiller qui reçoit un soufflet, 270
Conseils de la Sagesse, par Boutaut, 12, 63
Conseils à une amie, III, 185
Consolation de la calomnie, II, 317
 De la perte des biens, II, 318
 D'un accident, II, 322
 De la mort d'un proche, II, 326
 Des maux futurs, 334
 De la mauvaise humeur, II, 334, 335
Conteur qui se répete, II, 243, 244
Conti, bon maître, 304
 Modéré dans ses désirs, III, 311
Conversation, regles qu'on doit y observer, II, 248
 Longues conversations, III, 273

*Cornélie*, Dame Romaine, III, 302
*Corps* humain, admirable, 124, 125
*Cotin* fatirifé, III, 97
*Courtifan* devenu riche, II, 216
Qui reffemble à un bœuf, III, 108, 109
*Courtifane* & un jeune Seigneur, III, 155
Et deux Efpagnols, 188
Et un Païen, 193
*Couvreurs* de toit tués, 369
*Crainte* de Dieu, 130, 131, 178
*Crantor*, fa belle fiction, III, 343
*Créfus* & fa boulangere, II, 264
*Crillon* avertit Fervaques, II, 41, 42
Eft duellifte, 186
Pardonne par religion, 219
*Cumberland*, (Duc de) humain, 361
*Curé* chargé de commiffions, 190
Qui accommode des procès, III, 133, 134
Interrogé fur les revenus de fa cure, 340
*Curiofité* déplacée d'un jeune homme, II, 275
*Curius*, fa réponfe aux Samnites, II, 262
*Cuttler*, avare Anglois, III, 334
*Cyrano* & fon nez, III, 47
*Cyrus* & des hommes ivres, III, 174, 175

## D.

*D*ACIER, Dame peu polie, 219, 220
Charitable, II, 164
Savante & modefte, 300
*Daens*, marchand d'Anvers, III, 257
*Dame* & deux miniftres, 139
Allemande & fiere, 212
Qui ne joue qu'à la bête, 265
Epoufe complaifante, 273
Qui donne un foufflet à fon domeftique, 308
Qui parle par envie, II, 29, 30
Grande parleufe, 253
Impatiente dans fa maladie, 321
Dame & un jeune étourdi, III, 35
Et un Cordon-bleu, III, 113
Qui va au marché, 141
Sollicitée au crime, 156
Qui fait deux pas en arriere, 199
Qui confulte un médecin, 229, 230
Qui fait de bons marchés, 259
Qui achete fon repos, *ibid.*
Efpagnole charitable, III, 421
*Danès*, Evêque généreux, 354
*Danfe*, & autres exercices, 97
*Darius*, confolé d'une perte, II, 321
*David* pardonne avec gloire, II, 217
Devient criminel, III, 222
*Déifme* réfuté par lui même, II, 112
*Démétrius*, refufe des offres, II, 264
*Démocrite* & Héraclite, III, 50
Devenu vieux, 289

# ALPHABÉTIQUE.

*Demoiselle* laide & méritante, 291
  Qui cache son âge, II, 272
*Démonax* & un Lacédémonien, 200
*Denis-le-Tyran* & le fils de Dion, 29
  Reprend son fils, 62
  Fait une question à un Philosophe, II, 299
  Prend un trésor, III, 261
  Ce que lui répond un Philosophe, 339, 340
*Descartes* supérieur aux injures, II, 206
  Mange de friands morceaux, III, 230
*Des Fontaines* & un Magistrat, II, 49
  Et Piron, III, 26
*Des Houlieres*, joue peu, III, 185
*Desportes*, Poëte riche, 287
*Despréaux* fidelle à sa parole, 174
  Et Patru, 386
  Et Boursault, II, 229
  Il fait prier Dieu pour Furetiere, 235, 236
  Se moque de deux freres, 305
  Est satirique injuste, III, 96, 97, 98
*Dévotion* & dévots, 144, 145, 146
*Dialogue* de Damon, III, 170 & *suiv.*
*Diane*, épouse mal-propre, 264
*Dictionnaire* encyclopédique, III, 60
*Didier*, Evêque de Verdun, II, 375
*Diogene* sur un cimetiere, II, 283, 284
  Ce qu'il dit de Callisthene, III, 92
  A un prodigue, 255
  A Alexandre, 327, 328
*Disputes* sur la religion, 138, 139
  Dans la conversation, II, 252
*Dissimulation* permise, 169
*Domestiques* Espagnols, 311
  Comment on doit reprendre les domestiques, III, 7
  Domestique Anglois & un petit chien, 62, 63
*Domitien* qui tue des mouches, II, 247
*Duel* & duellistes, II, 180
*Dugas* & des boulangers, II, 265
*Dumoulin*, Médecin bienfaisant, II, 7
*Duras* loué par Louis XIV, 334, 335

## E.

ECCLÉSIASTIQUES doivent être honorés, 338
*Ecriture-Sainte*, II, 86 & *s.*
*Edouard*, fils du Prétendant, II, 261
*Eglises* peu respectées, 157, 158
*Eléonore*, Impératrice, 273
  Charitable, II, 153
  Courageuse, 345, 346
*Elie de Beaumont*, ses conseils aux femmes, 281
*Elisabeth* pardonne à Marie Lambrun, II, 207
*Eloi*, (S.) sa probité, II, 103 & *suiv.*
*Enfant* interrogé où est Dieu, 15
  Qui veut avoir la lune, 21, 22
  Qui est trop avancé, 70

Enfer, s'il existe, II, 111, 116
Epaminondas refuse des présens, II, 178
Epictete a la jambe cassée, II, 347, 348
Epicuriens, leur système, 126, 127
Espagnol pauvre & orgueilleux, II, 299
Qui tue le fils d'un Maure, 332
Espinosa, Cardinal, sa fin tragique, II, 314
Esprit, ce que c'est, II, 59
Bel esprit & bon esprit, 257
Sujet d'orgueil, III, 42
Est (d') Cardinal, généreux au jeu, 355
Etoiles & le Soleil, 115
Euclide, sa réponse sur la nature divine, II, 62
Eugene & un Général Palatin, 335, 336
Et l'Empereur Charles VI, III, 123, 124
Eurique, Roi d'Espagne, bon maître, 311
Eveillon, Archidiacre charitable, II, 372
Evêque qui a une grande barbe, II, 287
Méprisé, III, 28
Exemple, ses effets sur les enfans, 40, 41
Exercice du corps, ses bons effets, III, 242, 243
Existence de Dieu, prouvée par les merveilles de l'univers, 114

## F.

Fabricius & le Médecin de Pyrrhus, II, 263, 264
Faluere répare sa faute, II, 47
Fanfaron bâtonné, III, 112
Farnese Cardinal, & une femme pauvre, II, 145
Fat qui parle de ses défauts, II, 306
Fats raillés, III, 59, 60
Favori d'un Prince, discret, II, 34
Femmes, sans religion, 138
Doivent être soumises à leur mari, 268, 269
Supporter ses défauts, 357
Sont jalouses des préséances, II, 293
Dupes des louanges, III, 22, 23
Médisantes, 95, 96
Commerce des femmes est dangereux, 152, 153 & suiv.
Galantes qui jouent pour l'honneur, 162
Femmes estimables, 279
Mondaines, 277, 302
Fénelon aimé, 235, 236
Sa maniere de corriger, 49
Ce qu'il dit de Bossuet, II, 31
Ferdinand (Archiduc), son beau trait, II, 173
Fille mariée contre son gré, 254
Qu'on veut faire Religieuse, 256
Fils maltraité par son pere, II, 358, 359
D'une Dame coiffée ridiculement, 359
Financier confondu par un Sage, III, 323
Financiere à un Sermon, II, 298
Firmus ne ment point, 164
Folard & un Gouverneur, III, 293
Fontenelle n'a jamais raillé la vertu, 145

ALPHABÉTIQUE.    431.

Ses deux axiomes, 226
Son bon mot fur un Préſident, 357
Sa charité, II, 371
Force ( Maréchal de la ) touché d'un ſermon, II, 194
François Premier raille une Dame, III, 49
Converſe avec les ſavans, 88, 89
Tue un Grand-d'Eſpagne, 246, 247
François-de-Sales, (S.) ſa douceur, 195
Sa réponſe à un emprunteur, II, 16, 17
Son beau mot ſur Dieu, 62
Son zele pour l'honneur de Dieu, III, 3, 4
Sa modeſtie avec une Dame, 201
Frédéric IV, Empereur, ſa modeſtie, II, 313
Sa maxime dans les malheurs, 324
Frédéric Morel, ſon inſenſibilité, II, 325, 326
Frere jeté dans la mer, II, 374, 375
Fuller & le Docteur Conſius, III, 106

## G.

GAIETÉ utile à la ſanté, III, 243
Gayot paye un procès, II, 48
Généreux prodigue, & ſes faux amis, 356, 357
Gentilhomme peu inquiet de ſes dettes, 248, 249
A l'Ecole militaire, 328, 329
Qui remercie d'un refus, 390, 391
Qui trompe un Juif, II, 204
Qui ſe vante de ſa nobleſſe, 281
Enterré près d'un gueux, 283
Frappé par Charles IX, III, 15
Mépriſé par un jeune Prince, 27
Geoffroi, citoyen généreux, 355
Georges III, bon époux, 274, 275
Godeau & le Pere le Cointe, III, 118, 116
Gondomar & Jacques Premier, III, 67
Gonſalve, Capitaine, ſon beau trait, III, 191
Gourmand, ſon portrait, III, 233
Gouſſaut, Préſident, ſot, III, 6
Goutteux voluptueux, III, 237
Grammaire françoiſe, 68
Grammont & un Gentilhomme, 187
Grand qui a tort, II, 290, 291
Grands faits pour les petits, 362
S'il faut les voir, III, 90, 91
Grandeur d'ame, II, 261, 262
Grandpré réprime un médiſant, III, 102
Gregorio Léti, Apoſtat, III, 56, 57
Grimaldi, Peintre bienfaiſant, II, 6
Guébriant & le Général Banier, II, 260
Guiſe (Duc de) donne un ſac d'or, II, 31

Pardonné par religion, 231
Gustave-Adolphe & deux duellistes, II, 184
Gustave III, & une jeune Suédoise, 323, 324
Et un Poëte, II, 229
Et un rapporteur, III, 138.

## H.

HABILLEMENS, sujet d'orgueil, III, 43
Harlai, reconduit une Dame, 284
Reprend une Dame & un Chef de Comédiens, III, 6, 7
Des Procureurs & un Financier, 10, 11, 12
Harlai, Archevêque, gagne les cœurs, II, 255, 256
Heidegger, Suisse, très-laid, III, 47
Helvétius repris par Bandot, III, 14
Henri IV quitte Dieu pour Dieu, 149
Est repris par Sully, 172, 173
Réprime sa colere contre Crillon, 190, 200
Paie ses dettes, 247
Pardonne à d'Aubigné, 314, 315
Refuse honnêtement, 391
Récompense en peinture, II, 19
Aime son peuple, 149
Pardonne à ses ennemis, 213
Son beau mot sur la vengeance, 233
Il fait du bien à un ennemi, 234

Il reprend un Gentilhomme trop familier, III, 2
N'aime pas les louanges, 23
Se réconcilie avec Villeroy, 83
Raille un Gentilhomme, 108
Loue une Dame chaste, 161, 162
Craint un escadron de Dames, 200
Ce qu'il dit à un grand mangeur, 233
Sur la royauté, 317
Ce qu'il pensoit de l'état médiocre, 327
Henri V, Roi d'Angleterre, III, 290
Henriette de France, III, 213
Hérode & S. Jean-Baptiste, 180, 181
Honneur & son temple, II, 185
Huet, sa pratique à l'égard des lettres, III, 208.
Il abdique son Evêché, 294

## I.

IMPIE, ses sentimens à la mort, 143, & II, 127, 128
Impôts en faveur des pauvres, III, 419
Imprimeur, sa réponse, 197
Ingrats punis, 343, 344
Insensibilité blâmable, II, 325, 326
Iroquois & un Officier François, III, 31
Jacques Premier & deux Evêques, III, 128
Japonois & leur mere, 329
Jarnac, son duel, II, 182, 183

*Jean*

## ALPHABÉTIQUE. 433

Jean (S.) & un Chef de voleurs, III, 51, 52
Et un chasseur, 220
Jean l'aumônier (S.) & un Seigneur, II, 214
Jean Premier garde sa parole, 175
Jesus-Christ bienfaisant, 377
Doux dans sa sévérité, III, 5
Jeune homme qui se loue, II, 302
Qui est corrompu par un libertin, III, 55
Qui a plusieurs amis, 74, 75
Qui épouse sa servante, 89
Qui secourt son vieux Gouverneur, 192
Qui brûle un livre, 270
Jeunes efféminés, 265
Jeunesse, temps précieux, III, 264
Jointe à la vieillesse, 289, 290
Jeux qu'on doit éviter, III, 181, 182
Quand & comment on doit jouer, 245, 246
Job perd ses biens, II, 319
Est l'appui des malheureux, 369
Joseph II, Empereur affable, 211
Peu fier de sa noblesse, II, 282
Cache sa grandeur, 292
Préfere les devoirs aux plaisirs, III, 296
Journaliste vain, humilié, II 302
Jugemens faux; leurs causes ordinaires, II, 48
Juifs, II, 84
De Mets, III, 333

Jules-César, humain pour un malade, 371
Il pardonne à ses ennemis, II, 210
Méprise la calomnie, 318
Ce qu'il dit de la défiance, III, 142
Juges, leurs obligations, II, 471, III, 297, 298
Julien l'apostat, II, 83

## L.

LACÉDÉMONIENS, ménagers des paroles, III, 273
Lally, Gouverneur puni, II, 367, 368
Languet, Curé charitable, II, 172
Lanoue montre un escalier, II, 294
Latin, quand on doit l'apprendre, 68, 69
Launai, ce qu'il disoit aux pauvres, II, 146
Laurent Celse, Doge, & son pere, 317
Lauriere, fidelle à sa parole, 175
Lauzun & Mlle. de Montpensier, 267, 268
Et une araignée, II, 33
Lecture, son utilité, III, 267
Léon X, & un Chimiste, II, 22
Léoniceni, Médecin Italien, III, 243
Léonidas, sa réponse à Xerxès, II, 263
Léopold refuse gracieusement, 391
Oblige un ingrat, II, 2
Perd au jeu, 9, 10
Aime à faire des heu-

*Tome III.* T

reux, 142, 143
Lettres d'une mere à son fils, 14
Lettres sur les spectacles, III, 209
Littleton & Gilbert Werst, II, 67
Lion reconnoissant, 347
Lionne, femme discrete, II, 270
Logique de Port-Royal, 100
Longueville (Duc de) permet la chasse, 383
(Duchesse de) ne ment pas, 167
Lothaire parjure, 176, 177
Louis VIII, sa mort chrétienne, 132, 133
Louis, (S.) & Joinville, 132
Sa piété à la messe, 157
Sa droiture, II, 103
Sa grandeur d'ame dans les fers, 330
Louis XI récompense son Chancelier, 349
Et Raoul de Lannoi, II, 20
Est trop dissimulé, 276, 277
Louis XII, Roi chéri, II, 141, 142, 143
Ses beaux traits de clémence, 220
Il reprend un Gentilhomme, III, 29
Louis XIV & Lauzun, 203
Et un valet de Chambre, 204
Et M. d'Huxelles, 217, 218
Et le Comte de Marivaux, 221
Bon maître, 308
Donne gracieusement, 389, 390
Rassure un Évêque timide, II, 46
Refuse de parler pour un procès, 196
Juge mal des vers, 289, 290
Voit périr sa famille, 328, 329
Est guéri de sa fistule, 329
Il loue le grand Condé, III, 18
Reprend un railleur, 103
Met la paix entre deux Dames, 134
A honte de ses amours, 152
Louis XV, son respect religieux, 158
Son humanité, 374
Louis Dauphin, donne une belle leçon à ses fils, 60
Sa piété, 159
Bon époux, 275
Blesse son écuyer, 375
Ce qu'il dit du festin d'Assuérus, II, 144
Louis XVI fait du bien secrétement, II, 10
N'aime pas les louanges, III, 23
Défend de fouler des blés, 290
Louis, Duc de Bourbon, clément, II, 212
Louis de Canosse & un emprunteur, II, 18
Louise de Vaudemont, Reine pieuse, 155
Simple dans ses habillemens, III, 252
Louvois, sa réponse à un Officier envieux, II, 28
Lulli & un jeune Poëte, 170, 171
Luxe, défendu, III, 250, 251
Luxembourg (Duc de)

chante une chanson, II, 237

## M.

MABILLON, savant, humble, II, 310
Magistrat, & les enfans de son ami, 387
Mahadi Calife & un de ses Officiers, 299
Mahomet & sa religion, II, 81
Mahomet II, inhumain, 369
Maintenon, ses conseils sur la piété, 161
Sur le mariage, 278
Elle obtient enfin une pension, 393
Gouvernante du Duc du Maine, 10
Convertie, 19
Son aveu sur son état, 312
Maire qui harangue le Roi, 207
Maître laissé dans un fossé, 298
Appelé Roi des sots, 303
Malade qui fait des legs, 312, 313
Maître-d'Hôtel non-payé, 248
Malherbe, sa réponse a un Evêque, 217
A Henri IV, III, 65
Il se brouille avec Desportes, 86
Manilius & sa femme, III, 209
Marchand qui a donné tout son bien, 261
Marchands ennemis réconciliés, II, 232
Qui cache ses pertes, 349
Maréchal de bois, II, 283
Maréchaussée, utile, III, 416, 421
Marguerite Gordong, épouse malheureuse, 258
Mari qui craint l'éclat, II, 350
Marie de Médicis, & Louis XIII, 25
Marie Leckzinska, Reine de France, charitable, II, 156
Fait le mal, III, 103
Marie-Thérèse, Impératrice, va voir une femme vieille, II, 133, 134
Punit le duel, 183, 184
Marie-Antoinette, Reine de France, II, 366
Marolles, mauvais Poète, II, 302
Marquise & sa guenon, 310
Martin (S.) honoré à la Cour, 338, 339
Mathématicien à la mort, II, 123
Matignon, sa réponse, II, 178
Maupertuis perd sa montre, 388
Maurice de Nassau, sa réponse modeste, II, 305
Maurice, Empereur, puni, II, 343, 344
Maximin, de berger Empereur, II, 297
Mazarin & Brequigni, 181
Et Quillet, 382
Il donne de mauvaise grace, 389
Trompe un Financier, II, 200, 201
Méad, Médecin, & son ami, III, 81
Méchant qui affirme avec serment, 166
Médecin, & un dissipateur, III, 48
Et un joueur, 142, 143
Et un Calife, 237
Et le Pere Bourdaloue, 238

*Mélanie* (Dame) & un saint Abbé, II, 8
*Mendians*, ce qu'en dit Rousseau, II, 151
*Mendiant* paresseux, III, 380
*Ménécrate*, Médecin, sa vanité, II, 312
*Ménédeme*, sa réponse sur les désirs, III, 304
*Mensonge*, vice honteux, 164
Puni dans un enfant, 83
*Menuisier* pauvre, & un riche, II, 137
*Menzikoff*, Général Russe, III, 17
*Mer*, image de la Divinité, 117
*Mere* & ses dix enfans, 318
*Mesme* refuse une place, II, 7, 8
*Messaline*, ses excès honteux, III, 167
*Méthode* courte pour discerner la véritable religion, II, 129
*Mézerai*, ses sentimens, a la mort, 145, 146
*Milan* (Duc de) & son cuisinier, II, 353
*Ministre* bienfaisant, 381
Qui place un homme de mérite, 93
Trop loué par un Poëte, III, 18, 19
*Ministres* Protestans, II, 129
*Miracles*, s'il y en a de vrais, II, 56, 57
*Mithridate* & son fils, 333
Et un Officier Romain, II, 331
*Modes* qu'on doit suivre, III, 251
*Moliere* & un pauvre, III, 29
*Monique* (Ste.) & son mari, 271

*Montaigne*, poli avec des Soldats, 224
*Montausier* & le Dauphin son éleve, 61
Loué délicatement, III, 20
*Montécuculli* pardonne à un soldat, II, 210, 211
*Montesquieu*, ce qu'il dit de la religion chrétienne, 378
*Montmaur* parasite, II, 256
*Montmorenci* (Duc de) bienfaisant, II, 139
*Moréri* meurt jeune, III, 221
*Mort*, réflexions à ce sujet, III, 282, 283
*Morus* renvoie deux flacons, II, 265
*Muncer*, Anabaptiste, II, 114
*Musique*, son utilité, 98

## N.

*Napolitain* qui offre par politesse, 360, 361
*Nature*, sa définition, 127
*Néron*, son beau mot, 368, 369
Haï, III, 120
*Neubourg* (Duc de) charitable, II, 167
*Niger*, Empereur, refuse son éloge, III, 23
*Ninon Lenclos*, Courtisane, III, 168
*Noblesse*, sujet de fierté, II, 278
*Nouvelliste* ridicule, II, 51

## O.

*Officier* qui a de l'honneur, II, 179
Qui a vu des maladies honteuses, III, 195, 196
*Oisiveté*, ses mauvais effets, III, 222

*Oracle* des nouveaux Philofophes, II, 59
*Orange* ( Duc d' ) garde fon fecret, II, 266
*Orégius*, fa chafteté, III, 200
*Oreilles* longues, III, 113
*Orléans* ( Duc d' ) Prince charitable, II, 363
*Oudin* & un Athée, 142

## P.

PACÔME converti, 378
*Palaprat* & M. de Vendôme, 296
*Papinien* & Caracalla, III, 93
*Papirius* garde le fecret, II, 35
*Parafite* médifant, III, 72
*Parens*, on doit être leur appui, II, 373
*Pafcal* inftruit par fon pere, 69
  Devenu vifionnaire, III, 40
  Meurt jeune, 221
*Pauvre* de la Thébaïde, II, 320
  Pauvres, héritiers d'un fils unique, 328
*Peintre* & un amateur, 245
*Péliſſon* mené chez un Peintre, III, 30
*Penſées* théologiques, II, 131
*Pere* traîné par fes enfans, 319
  Suédois & fon fils à Alger, 320
  Anglois & fes douze enfans, 327
  Pere qui conduit fon fils dans un Hôpital, III, 194, 195
  Pere économe, 257

*Perès de Vergas*, fa noble vengeance, II, 192
*Périclès* & Anaxagore, 385, 386
*Perrault* & fes faux amis, III, 76, 80
*Perrier*, Poëte vain, II, 302, 303
*Perroquet* perdu, III, 64, 65
*Perfan*, fa fiction ingénieufe, III, 275, 276
*Petit-Maître*, fon portrait, III, 59, 60
*Peur*, la corriger dans les enfans, 81, 82
*Philémon*, fot riche, II, 298
*Philippe* de Macédoine, fa lettre à Ariftote, 85
  Averti par un efclave, 172
  Il pardonne un outrage, II, 209, 210
  Fait du bien a fon ennemi, II, 233
  Souhaite un malheur, II, 322
  Reprend un Muficien, III, 292
  Eft repris par une femme, 296
*Philippe I*, Roi de France, III, 107
*Philippe-le-Bel* & un Évêque, II, 212
*Philippe*, Duc d'Orléans, humain, 368
*Philippe II*, Roi d'Efpagne, fa piété, 159
  Son humeur égale, 234, 235
  Sa réponfe fur la perte de fa flotte, II, 325
  Il achete une perle, III, 25
*Philopémen*, Général Grec, II, 294

*Philosophe* qui censure le Gouvernement, 336
  Qui répond à son écolier ingrat, 343
  Qui est tout visage, 5
  Qui fait l'aumône, II, 147
  Qui se rit de ceux qui se moquent de lui, 177
*Philosophes* sensibles aux injures, 237, 238
  Réponse d'un Philosophe à un censeur, III, 12
  A un Athénien, 34
  A un riche affranchi, 44
  A un rapporteur, 137, 138
*Philosophe* trompé par ses associés, 325
*Philosophes* mal-nommés, II, 57
*Phocion*, refuse des présens, III, 321
*Pic de la Mirandole*, & un Cardinal, III, 109
*Pitaval*, & le Noble, 227
*Plaisirs* vains, plaisirs purs, III, 216, 217
  Si on peut aimer les plaisirs, 285, 286
*Platon*, son beau mot à ses amis, II, 235
  Avec des étrangers, III, 70
  A un faiseur de rapports, 137
  A un de ses disciples sur le jeu, 182
  Est frugal, 240
*Pleurs* des enfans, 31
*Pline le jeune* & sa mere, 324, 325
*Poëte* & Philosophe qui s'injurient, 206
*Polignac* complaisant, 194
  Sa réponse à la Duchesse du Maine, 218

Aux Hollandois, II, 307, 308
*Pompadour*, ses lettres, III, 319, 320
*Pompée le jeune* tient sa parole, 174
*Pompone* refuse de se marier, 294
*Portes* de l'enfer, II, 128
*Poussin*, Peintre, & un Cardinal, 297
*Pradon* sifflé & battu, III, 124, 125
*Praslin* bienfaisant, II, 136
*Précepteur* doit être respecté, 86
  Honoré, *ibid.*
  Pleuré par un Prince, II, 326, 327
*Prédicateur* vain, humilié, II, 304
*Prédiction* sur le Duc de Montmouth, II,
*Prince* qui fait des sottises, III, 119
*Princesse* qui abrege sa vie, III, 232
  Qui aime la lecture, 267
*Prodigues*, ce qu'on a dit de deux, III, 254, 255
*Proverbe* Italien, II, 235
  Proverbe Russe, III, 33
*Provincial* trop poli, 229
  Qui attrape trois joueurs, II, 199, 200
  Qui répond à un Parisien, 249
*Pythagore* loue la bienfaisance, 375
  Recommande le silence, II, 241

## R.

RACAN, ruiné par des procès, III, 134
*Racine* parle peu, II, 255

# ALPHABÉTIQUE.

Raille Despréaux, III, 110
Lit bien, 272
Raillerie & plaisanterie, III, 46
Railleur confondu, III, 109, 110
Ramsai & M. de Fénelon, II. 30, 31
Rapports souvent funestes, III, 136, 137
Rats & leur pere vieux, 331, 332
Regnier-Desmarets modere les désirs, III, 330
Reine de France, Epouse de Louis XV, III, 103
Reine d'Espagne inconsolable, II, 327
Religieux & de jeunes Officiers, 140
Religieux tenté, III, 223, 224
Religieux méprisés injustement, 35, 36
Religion mondaine, 148, 149
Causes ordinaires de l'irréligion, 142, II, 52
Dangers de l'irréligion, 58
Etude de la Religion, 67
Son établissement merveilleux, 74
Ses martyrs, 79
Foiblesse des objections, ibid.
Sa supériorité reconnue, 88, 89
Console dans les afflictions, 306
René II, Prince bienfaisant, 379
Réputation, on doit en avoir soin, II, 177, III, 353

Résurrection de Jesus-Christ, II, 73
Retz (Cardinal de) & ses créanciers, 251
Richesses, sujet de fierté, II, 295, III, 44
Peu propres au bonheur, 335, 336
On en rendra compte a Dieu, 253, 254
Rigorisme outré, 151, 152
Roboam & ses Conseillers, III, 125
Rodolphe de Hapsbourg, 159
Rohan (Françoise de) trompée, III, 164
(Catherine de) vertueuse, 169
Roi de Prusse & une Actrice, 359
De Perse & un pauvre, II, 145, 146
Rois doivent être honorés, 335, 336
Rolland, Prince de Sicile, II, 203
Rollin & un Président, III, 264, 265
Romains, jugent pour eux, II, 202
Rotrou sacrifie sa vie, III, 303
Rousseau de Geneve, son Emile, 14, 31
Ce qu'il dit des Livres Saints, 378
Ses sectateurs, II, 56 & suiv.

## S.

Sadi, Poëte Persan, 381
Repris par son pere, II, 301
Saint-Pierre (Abbé de) & Fontenelle, III, 119

*Sallo*, Conseiller, secourt un Cordonnier, 372
Se ruine au jeu, III, 183
*Salomon*, son aveu sur la vanité, III, 314
Il demande la médiocrité, 336
La sagesse, 340
*Samson*, Chevalier de Malte, III, 48, 49
*Sannazar*, Poëte, sa mort, II, 319
*Santeuil* & le Prince de Condé, II, 291
Et du Perrier, 303
*Saprice* & Nicéphore, II, 226
*Sarasin*, Poëte, sa mort, II, 275
*Satire* est dangereuse, III, 98, 99, 100
*Savant*, devenu tel en écoutant, II, 238, 239
Méprisé par un jeune Prince, III, 33
*Scaliger* ignore trois choses, III, 42
*Scarron*, & M. Nublé, II, 198
*Science*, sujet de vanité, III, 40, 41
Aujourd'hui peu estimée, 68, 69
*Scipion l'Africain*, sa continence, III, 191
*Sébastien*, Carme, récompensé, II, 22
Modeste, 310
*Secret* des autres, II, 36, 37
Le sien, 275, 276
*Sedan*, quête qu'on y fait, III, 413, 414
*Séguier* & une méchante femme, 203
*Sénault*, Auteur Oratorien, III, 152

*Sensibilité* louable, 362, 365 & *suiv.*
*Sérapion* charitable, II, 154, 155, 156
*Shaftsburi* & M. Hollis, II, 40
*Sibille*, épouse généreuse, 277
*Sigismond*, bienfaisant pour ses ennemis, II, 234
*Sixte-Quint* reconnoissant, 346
Généreux & ménager, 354
Se souvenant de sa premiere condition, II, 296, 297
*Sobriété*, ses bons effets, III, 235
*Socrate* insulté, II, 237, 318
Supporte les humeurs de sa femme, 356, 357
Est repris par Platon, III, 12
Méprise un brutal, 132
Se promene avant ses repas, 242
Son conseil à un prodigue, 256
Sa réponse sur sa table, 262
A Archélaüs, 327
*Soissons* ( Comte de ) & son débiteur, 242, 243
*Soldats* Romains, parjures, 177, 178
*Soldat* qui rappelle un service, II, 4, 5
Qui a perdu ses deux bras, 18
Qui refuse cent louis, 175, 176
*Soliman II*, & un traitre, 178
Repris par une femme, III, 16

*Solitaire*

# ALPHABÉTIQUE.

*Solitaire* modéré dans ses désirs, III, 311
*Sotade*, satirique puni, III, 100
*Spectacle de la Nature*, par Pluche, 120, 121
*Stanislas* le Bienfaisant, 379
*Sterling*, monnoie, sa valeur, 389
*Suédois*, & le Gouverneur du Prince, 335, 336

## T.

*Tabithe* ressuscitée, II, 159, 160
*Table*, ses plaisirs, III, 230, 365
 Ses dépenses, 262
*Tasse*, qui garde le silence, II, 245, 246
*Temps* souvent perdu, III, 273, 274
*Thémistocle* & sa fille, 286, 287
*Théocrite* raille un Roi, III, 107
*Théodoric* défend le duel, II, 191
*Théodose-le-Grand* & S. Amphiloque, 136, 137
 Et le Précepteur de son fils, 42
 Sa lettre à Rufin, II, 211, 212
*Théodose-le-Jeune*, bon envers ses ennemis, II, 212
 Son aveu à un Anachorete, III, 318
*Théophile* & un pédant, III, 66
*Théophraste* & un taciturne, II, 239
*Thomas* (S.) & un Religieux menteur, 165, 166
*Thompson* & Quin, 389

*Tibere* & un Grammairien, III, 68
*Timidité*, comment on doit l'ôter, II, 43
*Timur-lench* & Bajazet, III, 322, 323
*Tort*, avouer ses torts, III, 15
*Tour & Taxis*, & un Marchand, II, 23, 24
*Trajan*, Empereur affable, 210
*Turenne* qui paye ses dettes, 250
 Généreux, 355
 Pere des soldats, 370
 Révele un secret, II, 39
 Renvoie un duelliste, 189
 Refuse cent mille écus, 198, 199
 Rappelle sa défaite, 308
 Supporte M. de la Ferté, 360
 Reçoit un coup sur le derriere, III, 7, 8
 Est loué par un soldat, 20, 21
 Refuse de prendre des contributions, 324

## U.

*Usurier* au Sermon, II, 12, 13
 A la mort, III, 324, 325
*Vair* refuse des Evêchés, III, 338
*Valentinien I*, sa mort, 201, 202
*Valincourt* perd sa bibliotheque, II, 319
*Vanité* nuit au mérite, II, 301, 302
*Venceslas* récompense un buveur, III, 233
*Vendôme* (Duc de) trop bon maître, 314

*Tome III.* V.

Respecte l'Abbé Albéroni, III, 35, 36
Vengeance coûte cher, II, 221, 222
N'appartient qu'à Dieu, 224
Se venger, par sa bonne conduite, 235, 236
Par le mépris, 236
Vintimille, son beau mot, III, 132
Versification Françoise, 100
Veymur, Dame & ses enfans, 78
Vic cherche les honnêtes gens, III, 88
Vie des Saints, 155
Vieillard Athénien, 342
Singulier, II, 273
Qui noircit ses cheveux, III, 111
Vieillesse respectable, 315, 316
Villageois de Vérone, 188, 189
Villars loué par un Gascon, III, 21
Vincentine-Lomelin, Dame charitable, II, 146
Douce & patiente pour son mari, 358
Réglant bien sa maison, III, 278
Vivonne lit utilement, III, 268, 269
Voiture emprunte à Costar, 384

Voltaire, sa vanité jalouse, II, 30
Ses disciples & son histoire de Charles XII, 59
Son aveu sur Jesus-Christ, 65
Sa mort, 124
Sa conversation avec s'Gravesande, 254
Vossius, son aveu modeste, III, 42
Voyageurs avides, punis, III, 309, 310
Waller loue Cromwell, III, 18, 19
Walpole & un Seigneur Anglois, III, 332
Williams Gooels salue un Negre, 230
Wirtemberg (Duc de) sauvé par son épouse, 277, 278
Humain, 368
Wolsey Cardinal, & Fitz-Williams, 350, 351

## X.

XÉNOCRATE, qui se tait, II, 245
Ximenès, Cardinal, outragé, II, 222

## Z.

ZÉNON, son beau mot sur les injures, II, 236

*Fin de la Table Alphabétique.*

www.ingramcontent.com/pod-product-compliance
Lightning Source LLC
Chambersburg PA
CBHW071101230426
43666CB00009B/1785